JN128008

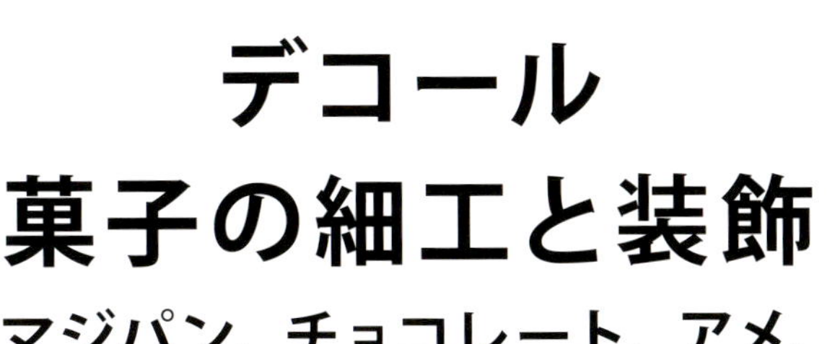

デコール
菓子の細工と装飾

マジパン、チョコレート、アメ、絞り、その他の技法

レオ・フォルストホーファー
エルンスト・リーンバッハー 共著
日本版監修：柳 正司

柴田書店

DEKOR

Süße Kunst
Dekor in Konditorei und Patisserie
Marzipan · Schokolade · Zucker · Gebackenes
By Leo Forsthofer & Ernst Lienbacher

Köglstraße 14, 4020 Linz, Austria

Layout and design: Bettina Victor, Elisabeth Stöttner
Editing and Product Management: Claudia Kraml
Correctorate: Mag. Silvia Wiedemann
Cover picture: Mag. Bernhard Bergmann, Hartberg
Films: Werner Steinkellner, Pischelsdorf

Japanese translation rights arranged
with TRAUNER Verlag + Buchsevice GmbH
through Tuttle-Mori Agency, Inc., Tokyo

Printed in Japan

INHALTSVERZEICHNIS

目次

翻訳　本郷はつき（p.34-307）、
本間純子（p.14、16-33、308-347）
監修　柳 正司
日本版デザイン　中村善郎（yen）
編集　池本恵子（柴田書店）

FOTO-GALERIE

フォトギャラリー

以下は、本書に掲載された作品の一部です。個々の作品の詳細な説明（指定、構成、主な技法）を示しています。
これらの画像は、原書を出版したオーストリア・トラウナー社のホームページからも見ることができます。
http://www.trauner.at/redirect/SüßeKunst_Fotogalerie/
※画像の公開期間や内容、および推奨環境などについては、トラウナー社が管理しています

1章 古代から21世紀へ

p.23
歴史的なひな型を参考に
彫塑したマジパンレリーフ

p.25
フルーツのシロップ煮を
のせたデコレーション
ケーキ、歴史的見本を
もとに再現

p.30
クロカントの上部飾り
（タワー）

p.33
マカロンの上部飾り
（タワー）

2章 絞りの基礎と応用

p.36
菓子職人
土台：パスティヤージュ、
アイシング
菓子職人、葉、大きな曲線：
絞り絵技法
花、こまかい曲線：
アイシング

p.42
カリブ海へ
ケーキの上面：
パスティヤージュ
椰子の木：
絞り用チョコレート、
チョコレートの網模様
ケーキの縁：シンプルな葉

p.46
母の日
ユリ：フォンダンを使った
埋め込み技法
文字：絞り用チョコレート

p.48
聖なる洗礼のために
絵柄、名前：埋め込み技法
文字：アイシング
花：シュガーペースト（市販品）
葉：マジパン
ケーキの縁：アイシング

3章　マジパン

p.100
ハッピーバースデー

p.102
バラのアレンジメント

p.104
カーネーションのアレンジメント

p.108
スイレンのアレンジメント

p.108
フリージアのアレンジメント

p.109
カラーのアレンジメント

p.110
ランのアレンジメント

p.111
50年代のケーキ

4章　チョコレート

p.118
菓子職人
土台：クーベルチュールを流す
本体：チョコレートを切りとる
湾曲部：型に入れて成形し、メタリックパウダーをクーベルチュールに噴き付ける
花：偉大な太陽

p.119
チョコレートへのオマージュ
土台：クーベルチュールのブロック
フィギュア、カカオの実、立体構造物：型どり（中が空洞）
葉：クーベルチュールをコームで成形する

p.124
クランプス（訳注：オーストリアで有名な聖人の従者）
土台、皿：クーベルチュールを流す
胴体、腕：チョコレートの筒
角：型どり（中が空洞）
頭、手、足：型どり（卵型の半分）
耳、ベルト、尾：プラスチックチョコレート
舌、鼻、髪：クーベルチュールを切りとる

p.127
ピエロ
土台：クーベルチュールを流す
本体：チョコレートを切りとったパーツ
絵柄：ステンシル（型紙を使ってスプレーする）技法
チョコレートのボール

p.129
金属の世界
土台：クーベルチュールを流す
ギア、ナット：カカオパウダーにクーベルチュールを流す
立体構造物：チョコレートのパーツを切りとり、塗装風にブロンズ色をスプレー

p.133
ワルツ
土台、湾曲部：クーベルチュールを流す
本体：チョコレートを切りとる
絵柄：ステンシル技法
花：シリコン型にクーベルチュールを流す
シンプルな葉

p.138
グッドハンティング
本体：チョコレートを切りとる
絵柄：カカオで描く
ドングリ：型どりと
プラスチックチョコレート
葉：クーベルチュールを
熱成形した型に流す
抽象的なパーツ：粉糖に
クーベルチュールを流す
ケーキの縁：チョコレートを
流してパーツをつくる
文字：絞り用チョコレート

p.141
素晴らしき音楽
ピアノケース：チョコレートのパーツを切りとる
ピアノの脚：型どり
ケーキの縁：
クーベルチュールを貼る
ケーキの表面：クーベルチュールを噴き付ける
ケーキの上：プラスチック
ホワイトチョコレート
文字：絞り用チョコレート

p.144
真夏の夜の夢
土台：クーベルチュールを流し、スプレーする
球：粒状のチョコレート
本体：切りとったチョコレートで立体構造物をつくる
蝶(半分)：クーベルチュールをシリコン型に流す
葉：クーベルチュールを熱成形した型に流す
ロザリアの花

p.145
カンムリシジュウカラ
土台：クーベルチュールを流し、スプレーする
本体：チョコレートの網模様を成形する
半球：砕いたカカオ豆をクーベルチュールでコーティングし、中空型で成形する
湾曲部：二次元の型に流し、クーベルチュールを噴き付ける
カンムリシジュウカラ：
絞り絵技法
球：中空型にチョコレートの線を絞り出す

p.147
ハミングバード
土台：クーベルチュールを流す
枝：チョコレートの筒
身体、羽：型どり(卵の半分)
頭部：中空球
羽、花、葉：クーベルチュールを伸ばす
クチバシ：チョコレートの
円すい形

p.149
"フリーダ・カーロ"のケーキ
本体：チョコレートの筒、
パーツを切りとる
球：粒状のチョコレート
湾曲部：型にクーベルチュールを絞る
半球：中空体
リング：チョコレートを絞り、
砕いたカカオ豆を振りかけて
スプレーする
花：クーベルチュールを絞り、
成形する
葉：シリコン型にクーベルチュールを絞る
ケーキの表面：チョコレートを
噴き付ける

p.155

18歳の誕生日

土台、数字：クーベルチュールを流す
靴：クーベルチュールを流し、スプレーでビロード加工
本体：チョコレートを絞り、切りとる
ケーキの表面：ホワイトクーベルチュール

p.160

アフリカの女王

土台：クーベルチュールを流し、ワイヤーブラシでこすって表面を加工
枝：カカオパウダーにクーベルチュールを流す
本体(胴体)：円すいのチョコレート筒
衣服：クーベルチュールにデコレーションフィルムを貼る
頭：シリコン型にクーベルチュールを流す
首とイヤリング：クーベルチュールを熱成形した型に絞る
髪：チョコレートを絞る

p.161

タツノオトシゴ

土台：クーベルチュールを流す
レリーフ：シリコン型にクーベルチュールを流す
チョコレートの円すい形
抽象的なパーツ：クーベルチュールを氷の中に流し、赤色をスプレーする
チョコレートの中空ボール
海藻：チョコレートを切りとる

p.168

月夜の花

土台：クーベルチュールを流し、磨いてメタリックに仕上げる
本体：チョコレートの大理石(テラゾー)
枝：クーベルチュールを粉糖に流す
湾曲部：二次元の型で成形し、部分的にスプレーする
ロザリアの花
シンプルな葉

p.169

蝶の世界

土台：クーベルチュールを流し、スプレーする
本体：クーベルチュールを流して三次元のパーツをつくり、スプレーする
枝：カカオパウダーにクーベルチュールを流す
カカオの実：型どり
チョコレートの晶洞(ドルーズ)
自然の葉
蝶の羽

p.172

ダリアのアレンジメント

土台：クーベルチュールを流し、スプレーする
チョコレートの円すい形
枝：カカオパウダーにクーベルチュールを流す
葉：クーベルチュールをコームで成形する
花：クーベルチュールを熱成形した型に絞る

p.176

Peace, Love & Freedom

湾曲部：クーベルチュールを二次元の型に流す
本体：チョコレートを切りとる
鳥：クーベルチュールを熱成形した型に絞る
鳥の羽：クーベルチュールを絞り、切りとる
花：チューリップ
シンプルな葉
ケーキの中央：定型化された小さな葉(連続してつくる葉)
文字：絞り用チョコレート

p.180
コウノトリ
土台：クーベルチュールを流す
本体：チョコレートの筒、切りとったチョコレートのパーツ、絵柄はステンシル技法
コウノトリ：チョコレートのパーツを切りとる
翼：クーベルチュールを貼る
葉：クーベルチュールを熱成形した型に流す
花：プレキシガラスの型にクーベルチュールを流す
湾曲部：クーベルチュールを型に絞る

p.182
ファンタジーの花
土台：クーベルチュールを流す
本体：チョコレートの大理石
ロザリアの花
中空球
湾曲部：クーベルチュールをシリコン型に流す
抽象的なパーツ：クーベルチュールを貼る

p.196
百獣の王
土台（土）：クーベルチュールを貼り付け、成形し、スプレーする
本体：チョコレートを切りとる
絵柄：ステンシル技法
枝：クーベルチュールを絞り、スプレーする
花、葉：クーベルチュールを絞り、成形する
チョコレートの円すい形

p.199
婚約
土台：クーベルチュールにデコレーションフィルムを貼る
本体：絞り絵技法
ハート形：中空の型にチョコレートを絞る
リング：クーベルチュールを熱成形した型に絞る
湾曲部：クーベルチュールを流し、メタリックパウダーをスプレーする
ケーキの縁：切りとったチョコレート

5章　アメ細工

p.206
菓子職人
土台：クリスタルパスティヤージュ
本体、湾曲部：型に入れた流しアメ
菓子職人：流しアメ、パスティヤージュ
こまかいカーブ：パスティヤージュ
偉大な太陽

p.219
ウエディングケーキ
本体、縁飾り：流しアメにエアブラシで絵柄を描く
花、葉：引きアメ

p.222
ランのアレンジメント
土台、本体、球：流しアメ
花、葉：引きアメ

p.225
ユリのアレンジメント
土台、白鳥：流しアメ
球：クリスタルパスティヤージュ
花、葉：引きアメ

p.227

太陽神の象徴

土台、本体、球、茎：
流しアメ
葉：引きアメ
偉大な太陽

p.231

フルーツバスケット

バスケット、葉：引きアメ
フルーツ：吹きアメ
湾曲部：流しアメ

p.232

コンゴウインコ

土台、本体：流しアメ
胴体：吹きアメ
枝、羽、羽、クチバシ：
引きアメ
緑のパーツ：気泡入りと
糸状の細いアメ

p.235

春のめざめ

土台：流しアメ
花、葉：引きアメ
鳥：吹きアメ

p.237

フェニックス

土台、本体、球：流しアメ
胴体：吹きアメ
翼、葉：引きアメ

p.249

ランのアレンジメント

土台：流しアメ
抽象的なパーツ：流しアメを粉
糖に流す
花、葉：フラワーペースト

p.256

**ハイビスカス、
砂糖の晶洞（ドルーズ）**

土台：流しアメ
花、葉：フラワーペースト
緑のパーツ：吹きアメ
さまざまな砂糖を使った
結晶化

p.257

クリスタルの白鳥

土台、本体：流しアメ
白鳥、球：クリスタルパスティ
ヤージュ
白鳥の翼：型で成形したアメ
湾曲部：パスティヤージュ

p.260
チャイニーズドラゴン
ドラゴン：パスティヤージュ
土台、球：流しアメ
花、葉：引きアメ
金の球：吹きアメ

p.263
カジキ
カジキ：パスティヤージュ
土台、本体、球、海藻：流しアメ
花、葉：引きアメ
その他のパーツ：気泡入りと溶岩のようなアメ

p.265
アプロディテ
土台、円柱：流しアメ
本体：クリスタルパスティヤージュ
湾曲部：パスティヤージュ
バラ：引きアメ

p.266
鳩のペアとウエディングケーキ
ペアの鳩：流しアメ
バラ、リボン：引きアメ

p.268
ウエディングケーキ
土台：流しアメ
新婚夫婦、湾曲部：パスティヤージュ
花：フラワーペースト

p.273
ユリのアレンジメント
土台：クリスタルパスティヤージュ
本体、湾曲部：パスティヤージュ
花、葉：フラワーペースト

6章　焼いてつくるデコレーション

p.278
菓子職人
本体、湾曲部：レープクーヘン
細いカーブ、菓子職人：メレンゲ
花：ヒッペン生地
葉：マカロン生地
抽象的なパーツ：クロカント生地

p.292
冬のワンダーランド
メレンゲ

p.293
イチゴ爆弾
メレンゲ、シュー生地の葉

7章　作品制作

p.312
チャイニーズドラゴン
土台、湾曲部：クーベルチュールを流す
ドラゴン：プラスチックチョコレート
チョコレートの中空体
三角形のパーツ：クーベルチュールを絞る
ケーキの縁：シンプルな葉

チーム（著者紹介）

本書は、レオ・フォルストホーファー氏とエルンスト・リーンバッハー氏による共著である。アメ細工(p.204-275)の章はリーンバッハー氏が、それ以外はフォルストホーファー氏が、それぞれ技術監修と実演を担当した。

LEO FORSTHOFER

レオ・フォルストホーファー

オーストリア・ウィーンの老舗菓子店「オーバーラー」でデコレーションと特別注文を担当。また、厨房長代理として、ケーキとプラリネの責任者でもある。

1992～2007年にかけて国内外のコンテストに積極的に参加。当初は料理人ナショナルチームのパティシエとして、その後、リヨンで開催される国際大会「クープ・デュ・モンド・ドゥ・ラ・パティスリー」に代表チームのメンバーとして3回出場。また、02年のラスベガスでの大会はチーム・マネージャーとして参加した。さらに、07年のパリにおけるワールド・チョコレート・マスターズでは個人で出場を果たした。出場した大会では数多くのゴールドメダルを受賞し、4度「オーストリア・チョコレート・マスター」に選ばれるなど最前線で最高位を度々受賞している。

92年からは絵画や彫刻にも熱心にとり組み、その情熱は職業や大会にも反映されている。07年で競技会への参加を卒業し、それ以降は主に世界ジュニア製菓技術者コンクールの審査委員、および監督として活動を継続中。国際技能競技大会では2度、ジュニアチャンピオンの監督を務め、数多くの州大会勝者、および菓子見習い全国大会優勝者を輩出している。

ERNST LIENBACHER

エルンスト・リーンバッハー

1986年からアストリート夫人とともに、ケルンテン州のシュピタール・アン・デア・ドラウにおいて模範的な菓子店を経営。ここでは数々の素晴らしい菓子のほかに手づくりのチョコレートやプラリネを揃えており、デコレーションケーキの注文にも応じている。2006年にはオーストリアで最高のカフェ・菓子店の評価を得た店に与えられるJacobs und Gault Millauの「黄金のコーヒー豆（Goldene Kaffeebohne）賞」を受賞。

85～2004年にかけて、ケルントナー料理人クラブのメンバーとして国内外のコンテストに参加し、多くの金メダルを受賞。99年のリヨンにおけるクープ・デュ・モンド・ドゥ・ラ・パティスリーでは、ハネス・ルービンガーとレオ・フォルストホーファーとともにオーストリア代表チームのメンバーとして出場し、アメ細工を担当した。また、経営する菓子店からは多くの見習いが州大会で優勝しており、製菓における指導者としての高い能力も裏付けられている。

10年からはケルントナー州菓子職人組合の組合長を務め、菓子職人の地位向上に尽力している。

日本の読者のために

殺菌卵白パウダー
(Pasteurisiertes Eiweißpulver)
低温殺菌した卵白を粉末状に加工したもので、水と混ぜて使用する。加熱せずに使うアイシングなどに。

W480タイプの小麦粉(Mehl, W480)
粒子がこまかく、粘りの少ない小麦粉。微粉タイプの薄力粉で代用できる。

W700タイプの小麦粉(Mehl, W700)
薄力粉で代用できる。

R960タイプのライ麦粉(Mehl, R960)
粗挽きのライ麦粉で代用できる。

小麦でん粉(Weizenpuder)
グルテン質を除いた小麦粉。入手しにくければ、和菓子の「浮き粉」がほぼ同じ成分。

シロップ(Läuterzucker)
本文中のシロップは、グラニュー糖と水を1：1で合わせたもの。ボーメは22°。

生クリーム(Obers)
乳脂肪分36%のクリームを使用。

砂糖(Zucker)
粒子がこまかい順に、粉糖(Puderzucker)、微細グラニュー糖(Staubzucker)、グラニュー糖(Kristallzucker)を使い分ける。

マルペン(Encaustic Mal-Pen)
直訳は「焼き付けペン」。製菓専用器具ではないが、チョコレートの加工時などにパーツを切り分けたり、接着するために当てた部分を溶かしたりできる。

半分ほど固まりかけた(Wachsweich)
直訳は「ワックス状になった」。チョコレートの加工時に使われる表現で、まだ完全には固まっていない状態を指す。チョコレートが完全に固まる前に、作業を行なう場合の目安となる。

- 本書に記載されている、製菓材料、器具、消耗品(プラスチック製品)などは、日本で流通しているものと内容や製法・仕様が異なる場合があります。
- 分量や調理・加工、焼成時間などは、あくまでも目安としてください。

監修者より

マジパン、チョコレート、アメ、絞りのテクニックから、ピエスやデセールまで…。
これだけ多彩なジャンルを網羅し、さらに古典から最新技法まで幅広くカバーした製菓の技術教本は、ほとんど例がないかもしれません。
著者のフォルストホーファー、リーンバッハー両氏のこの仕事にかける情熱とともに、受け継いだ技術を「若い職人に伝えたい」という熱い想いが伝わってくる1冊です。

若い方はまず、本書に掲載されている細工と装飾の技術をひと通り学んでから、それぞれの専門ジャンルを究めてほしいと思います。
本書では基礎技術はもちろん、オリジナルの型のつくり方や表面加工のアイデア、効率的な生産方法なども多数紹介されていますので、コンクール対策としてだけでなく、日々の営業にも大いに役立つことでしょう。

本書が、読者の創造力を刺激し、豊かな才能を開花させる一助となることを願います。

パティスリー　タダシヤナギ
シェフ
柳 正司

VON DER ANTIKE BIS INS 21. JAHRHUNDERT

古代から21世紀へ

菓子職人の技は芸術と深く結びつき、そのルーツははるか昔までさかのぼることができる。
本章では、デコレーションにおけるさまざまな技法を歴史的背景から考察。
今ではすっかり忘れられてしまった菓子や製法を実例やレシピとともに解説しているので、
試してみたり、真似てみたりするヒントになればと願っている。

甘い菓子のデザイン

本書では、主に製菓におけるビジュアルな外見をとり上げている。デコレーションやデザインは流行や文化だけに左右されるのではなく、むしろ感覚的な要素の方が優先されるべきである。

- お菓子を眺めている人を、食べたいという気持ちにさせることができるか？
- お菓子を見るだけで、それが何の食材からつくられているかがわかるか？
- 思わず微笑んでしまうような製品であるか？

これらすべての質問に「はい」と答えることができれば、見た目も味も完璧な菓子を創造できたことになる。

菓子職人は美しい製品によって、人びとに楽しみと人生の歓びを贈ることができる。愛情を込めてデコレーションしたシンプルなイチゴケーキの場合も、手の込んだ細工がほどこされ、皆に注目される展示品の場合もある。この他、実に多様なバリエーションがあるが、すべては私たちの職の名刺代わりであり、最高の宣伝となる。

すべてに始まりがある

メソポタミア、古代エジプトそして古代ローマの時代から、料理に手の込んだ装飾をほどこしていたという証拠が多数残っている。今までに発見された焼き型のなかで、もっとも古いのは紀元前2500年頃のもので、インダス川流域で発掘されている。陶土でできた型にはらせん形の模様があるが、これは太陽のシンボル。おそらく宗教上の用途に使うパンを焼くために用いられたと見られる。メソポタミアとエジプトにおける発掘では、4000年前の焼き型も見つかっているが、これには狩りのシーンや植物といったモチーフが描かれている。型は主に宗教上の目的で使われたほか、王族も使用していた。

古代ローマ帝国で装飾がほどこされた菓子類が流行するのは比較的遅い。ローマの一部であるオスティアで発掘された焼き型は紀元後200～250年のものである。甘いケーキがあったという最初の証拠は4世紀の型から見つかっている。今日も広く知られ、人気のあるグーグルフップフ（訳注：クグロフ）の原型は古代ローマまでさかのぼることができる！

中央ヨーロッパでは２世紀頃の焼き型が発見されているが、ここでは陶土製のものだけではなく、ブロンズ製の焼き型もあり、今日使われている焼き型とほぼ同じ形をしている。違いは、型の中央部分、いわゆる煙突が、今日のように突出していない点ぐらいである。

このように、人びとは昔から料理に飾り付けをしたいという欲求があったために、料理の装飾には長い伝統がある。とりわけ菓子の分野では、伝統はつねに進化を続け、各時代と文化に合わせて発展していった。

始まりはレープツェルター（レープクーヘン職人）で、砂糖が広く知られるようになる前から、レープツェルターは甘い菓子のツンフト（同職組合）における立役者であった。エジプトおよびギリシャ、そしてローマ時代の著述家たちの記述からも明らかなように、ハチミツ菓子は古代の時代から好まれ、人気のある奉納品であり、先に記したような型や焼き型でつくられていた。中世の時代には、こうした甘い菓子は主として修道院で製造されるようになり、後に、ここからレープツェルターやろうそく職人といった職業が誕生するのである。

今日もレープクーヘンはクリスマスシーズンの伝統菓子として人気が高く、さまざまな味のバリエーションがある。チョコレートコーティングされているもの、あるいはされていないものなどの他に、飾り付け用のフィギュアやオーナメントのレープクーヘンもある。

18世紀および19世紀のレープクーヘン型の複製

中世のホワイトゴールド

十字軍の遠征によって、小アジアからヨーロッパにはじめて砂糖が持ち込まれてから、菓子職人が誕生したとみることができるだろう。当時、砂糖はぜいたく品であり、非常に希少でもあったために高価な香辛料とされた。このため、1652年当時のバウムクーヘンのレシピには「砂糖で味をつける……」と書かれている。

砂糖の取引が増えるにしたがい、まずイタリアで、その後は他の欧州各国にも次々と精糖所ができた。当時の砂糖はいろいろなサイズの棒砂糖の形で取引されるのが一般的であった。

菓子職人のことを「ツッカーベッカー(Zuckerbäcker)」と呼ぶのは、いろいろな大きさの棒砂糖をつくる際に、ザラメ砂糖を固めることを「バッケン(Backen)」と表現したことに由来する。似ているが、煮炊きを意味する「backen」からきているのではない。

棒砂糖に小さな彫刻をほどこしたものが、砂糖からつくられた最初の芸術品であった。それまで、彫るという芸術的行為はもっぱら修業を積んだ彫刻家が行なっていた。モチーフは宗教に関連するものが大半を占め、世俗的なモチーフを題材にするのは、ずっと後のこと。その後、華やかなデコレーションが登場するようになる。

砂糖彫刻の細工は、トラガント(編注:パスティヤージュに入れることもある増粘剤のひとつ。現在はゼラチンなどで代用することが多い)の砂糖細工とマジパン細工の出現によってすたれていく。さらに、アメを煮詰める技術が知られるようになると、この砂糖による芸術はすっかり忘れ去られてしまうのである。

バロック時代の砂糖工芸

トラガントは昔から、造形用の生地をつくる重要な成分のひとつで、中世に港町として栄えたヴェニスからヨーロッパに入ってきた。砂糖、マジパン、そしてチョコレートと同様に、当初はトラガントも薬局でのみ販売してたが、早い時期に一般にも親しまれるようになった。もっとも、昔も今も、トラガントは増粘剤として砂糖と一緒に使われるだけである。

17、18世紀のほぼすべての薬品本、料理本、パン・菓子本には「かさ増しした砂糖」のレシピが掲載されている。これは砂糖、少量の卵白、ローズウォーターとトラガントを合わせてつくった造形用ペーストである。500ポンドの砂糖に1オンスのトラガントを合わせ、ここに調味料と着色料を加える。さらに、オーナメントや花をつくるために、引っ張っても糸を引かずにちぎれる生地になるまでコーンスターチを加えていく。この後、薄く油を塗った型に生地を詰めて、およそ2時間後に注意深く型からはずす。嗜好品、薬品、そして装飾の境が曖昧であったために、この「トラガント砂糖」を糖菓として食すこともあった。

バロック時代に入ると、領主たちは絢爛豪華な建築物を建てたり、華やかなお祭りを開催したりして権力を誇示した。豪華な宴からも裕福でぜいたくな生活ぶりが見てとれる。華やかな食卓を飾る手の込んだ装飾をつくるのに、トラガント砂糖は重要な材料のひとつであった。造形に理想的なマジパンと組み合わせながら、多くの時間と人を使って、祭典のテーマに合った巨大な食用彫刻が制作されたのである。

下の部分がコンザーブシュガーでできたテーブルのセンターピース

古代のトラガント砂糖のための押し型

以下のレシピは、1609年にサー・ユーゴ・プラット(Sir Hugh Plat)によって書かれた『婦人を喜ばせる(Delightes for Ladies)』から抜粋した。

成形して金箔を付けるための トラガント砂糖生地

トラガントパウダーを一晩ローズウォーターでふやかす。500 gの粉糖を100gのコーンスターチとともにふるいにかけ、卵白とふやかしたトラガント生地をクルミの大きさほどの量を混ぜ合わせ、これを粉に加え、固めの生地に仕上がるまでよくこねる。

こねる際は、生地が手にくっつかないように、手に粉糖、もしくはタルカム・パウダーを振りかける。木型に乾いた粉糖もしくはタルカム・パウダーを振り、適量の生地を分割して型に入れ、しっかりと押し付け、麺棒で表面を平らにする。型から生地をとり出しやすくするために、木型をテーブルの角ですばやくたたく。生地はできるだけ早く成形する。生地が固くなりすぎた場合には、ふやかしたトラガントを加える。必要なだけの量の生地を伸ばし、粉糖を振りかけ、容器の内側に指で均一に生地を押し付けることによって、生地からはボウル、コップ、皿などをつくることができる。縁の部分のはみ出した生地はナイフでカットする。内側の面が固まるまで、オーブンの近くで乾燥させ、その後に気をつけながらナイフで容器からはがし、生地の外側も乾燥させる。縁の部分にはていねいに卵白を塗り、軽く乾かし、金箔を綿球で押しながら貼り付けていく。

同じ方法でフィギュアや装飾にも金箔を付けることができる。生地は、一般に市販されているカラーシュガーに少量のふやかしたトラガントとローズウォーターを加えて混ぜて着色する。

古代オリエント発
装飾の喜び

本物のマジパンは、アーモンドと砂糖とローズオイルを混ぜ合わせたものであり、その起源は古代オリエントにまでさかのぼる。ヨーロッパでは1300年頃にカタルーニャの医師アルナルドゥス・デ・ヴィラノヴァ（Arnaldus de Villanova）がはじめてマジパンについて言及している。マジパンは18世紀まで薬の一種とみなされ、主に薬局で調剤されていた。砂糖の割合が多いために、マジパンはぜいたく品とされ、表面に金箔が貼られることも多かった。バロック時代に入ると、菓子職人がマジパンを製造するようになり、芸術的な展示品を制作するようになる。世界中でサトウキビが栽培されるようになった19世紀初頭に入って、それまでは金持ちだけの特権であった甘い菓子に、一般大衆も手が届くようになったのである。

1540年の本『Ryff, Confect Buch und Hauß Apoteck』に、伝承されたマジパンローマッセのもっとも古いレシピが掲載されている。

アーモンドは皮をむきやすくするために、沸騰した湯の中に入れる。むいた後で、臼の中でこまかく挽き、同量の粉糖を加えよく混ぜ合わせ、そしてこねる。

この生地を丸く平たく、もしくはパンの形に成形し、オブラートの上にのせ、蓋付きの銅製平鍋に入れ、弱火にして乾かす。

好みによって、こまかくすりつぶしたシナモンを生地に加えてもよい。

石膏と硫黄から作られた鋳型

歴史的なひな型を参考に彫塑したマジパンレリーフ

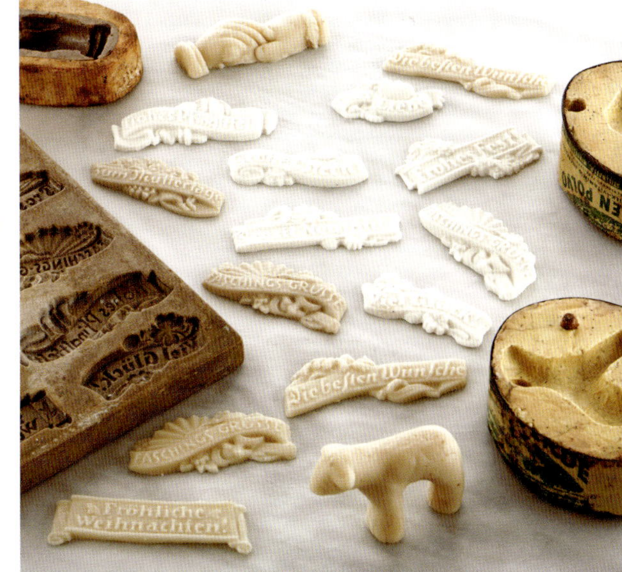

1950年代のマジパン押し型

素晴らしい職業が育まれる

1650年にティーメン（Thiemen）によって専門書が出版されるが、この中には細工ができるマジパン、絹のようなアメ細工、溶岩のようなアメなど、一部は今日も菓子職人が使っている技術について書かれている。本書は、創造力を必要とする菓子職人にとってパーフェクトな基礎本である。素晴らしい職業が育まれていった！

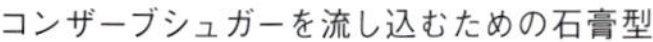

コンザーブシュガーを流し込むための石膏型

チョコレートの鋳型

今日の多様な個性をもった菓子店にとって、基本となっている知識は19世紀初頭のものである。知識は時代の変遷のなかでつねに進化し続けており、製品づくりのために別の素材を使ったり、最新の機械を導入したり、新しい製造技術を駆使するようなったりと、つねに更新されてはいるが基本的な部分は変わらない。すべての創造性において、変わることのない基本的な規則がいくつかある。「伝統とは灰を崇拝することではなく、火を次の世代に渡すこと」。本書によって、私たちも伝統の火を次世代に渡したいと考えている。

HISTORISCHE TECHNIKEN UND REZEPTE

歴史的技術とレシピ

本章では、祖父の代の人たちが夢中になって用いながら、今ではすっかり忘れられてしまった、歴史的な技術とそれに関連するレシピを紹介する。復活させる価値があり、インスピレーションが湧くデコレーションである。

フルーツのシロップ煮による
ケーキの装飾

フルーツのシロップ煮（コンフィ）を使ったケーキのデコレーションは今日ではほとんど見かけない。これらのデコレーションは20世紀初頭に非常に人気があったが現在はフランス、および南欧の一部で使われているだけである。それ以外のヨーロッパではこうした伝統的なフルーツのシロップ煮は工場で量産されるようになった。

以下は、1911年の『実用的な菓子職人（Der praktische Konditor）』からのレシピ。

640 ケーキにのせたり、
シロップ煮にする赤いチェリーII

種を取り除いたサクランボ4ポンド（約2kg）を水2リットル、シロップ1/2ポンド、砂糖1ポンド、および少量の赤い着色料でおよそ6分間強火で煮る。2日目に果汁だけを新たに砂糖1ポンドと合わせて煮詰め、ここに果実も入れてさらに煮詰める。3日目にさらに砂糖を1ポンド加え、同じ工程をくり返す。サクランボを冷まし、冷蔵庫の中で保存する。4日目に果汁を煮詰め、これにサクランボを加え、砂糖が糸を引くようになるまで長時間煮る。つねにていねいに泡（アク）を取り除き、冷ます。

フルーツのシロップ煮をのせたデコレーションケーキ、歴史的見本をもとに再現

続けて、読者は飾り付けの貴重なヒントを見つけるだろう。

フルーツは必ず銅鍋で煮ること、また、泡をすくい取るレードルと漉し器も銅、もしくは真鍮の器具を使うこと。これによって、フルーツは美しい自然の色を保つ。

すべてのフルーツのシロップ煮と保存するためのすべてのフルーツは、それぞれの目的に合ったフルーツと純粋で良質な砂糖を使用すること。また、処理の仕方と食器が清潔であることはすべての保存食をつくる際にもっとも重要である。フルーツを扱う際には、いいかげんに扱ってはいけないが、急いでもいけない。どんな種類のフルーツもしっかりと砂糖をとり込むためには、充分に時間をかけなければならないからである。

煮詰める際は、フルーツが焦げないようにすること。また、変色しないために煮上がったフルーツはできるだけ早く冷ますように注意すること。

本の中で、この技法を詳しく説明しているのは、当時はこれが重要な技術だったことの表れだろう。材料としては、黄色や赤、黒いサクランボ、パイナップル、アプリコット、洋ナシ、レーヌクロード、桃、メロン、イエロープラム、セイヨウトウキ、セイヨウスグリ、ローズヒップ、マルメロ、プラム、オレンジ、イチジク、クルミの砂糖漬け(schwarzeNüsse)、グリーン・アーモンド、そしてグリーンのインゲン、と実に多様な材料に言及している。

すべてのフルーツは赤いサクランボと同様の方法でシロップで煮て、そのほとんどがデコレーションに使われている。つくり方はフルーツの固さによって変り、やわらかいフルーツの場合には、煮くずれしないようにあまり長時間煮ない。一方、固いフルーツはシロップで煮る前に熱湯に通し、クルミの砂糖漬けをつくるときのように水に浸す。

コンザーブシュガーの成形とフィギュア

コンザーブシュガー（編注：直訳は保存用砂糖。煮詰めた砂糖を意図的に結晶化させることで、表面が溶けないようにつくった糖菓と推察）は今ではすっかり忘れられてしまっている製法である。しかし、およそ50年前までは、製菓業界においては確固たる技術であり、型に流してウサギや花瓶などのフィギュアや形がつくられていた。

このつくり方の特徴は石膏型を使う点である。最初に、制作するモノの立体的な模型を粘土で作り、いくつかの部品から成る石膏型を流して作る。完成した石膏型に砂糖の溶液を流す前に、中心部までしっかりと湿らせるために石膏型を冷水に浸す。乾いた状態では使えない。

以下のつくり方のバリエーションは、1911年の教本『実用的な菓子職人（Der praktische Konditor）』からのものである。

741. フィギュアや型用のコンザーブシュガー

…上質の精製糖を火にかけて濃い糖液をつくるが、この際、こまかい点に充分に注意する。砂糖は濃度の濃い状態で溶かす。沸騰前に溶けていなければならない。砂糖が沸騰しはじめたら、数回に分けて水を加え、表面の泡をすくう。砂糖はつねにきれいな状態に保ち、できるだけ素早く炊き、砂糖が乳白色になり、こまかい結晶ができ、被膜、または固い部分ができるまで砂糖を煮詰めた液を、木のスプーンかヘラを使って鍋肌の近くでよく攪拌する。次に、このコンザーブシュガーをよく湿らせた型に流し、しばらくその中にとどめ、また別の型に流す。シュガーが冷めたら、素早く型をゆるめ、とりはずし、フィギュアをとり出す。

742. コンザーブシュガーII

上質の粉糖を水と濃い濃度で混ぜ合わせ、鍋で温め、好みの色を加え、事前に作っておいた型に流す。表面に被膜ができるまでしばらくそのままにしておく。この砂糖液を別の型に流す。

コンザーブシュガーを流し込むための歴史的な石膏型

クロカントとマカロンでつくる上部飾り（タワー）

クロカント（ヌガー）かマカロンでつくった優美な上部飾りは、18世紀までさかのぼる伝統的なデコレーションである。

フランスやベルギーの菓子店では、今日も展示作品にクロカントや他のシュガーデコレーションを組み合わせた飾りを見かけることがあるが、私たちの地域ではこのシュガーアートはほとんど消えてしまっている。

以下は、1911年の教本『実用的な菓子職人』からレシピを3つ掲載する。クロカント作品をつくるための上部、およびその他の飾りのレシピと、マカロンでつくる上部飾りと組み立て方について。

181. クロカント作品、あるいはアイスクリームなどを飾るためのクロカント製のアーチと先端部分

砂糖500gと薄くスライスしたアーモンド300gを使う。砂糖には不純物が混じっていないこと、そして乾燥していること。同様に砂糖を溶かす銅鍋も乾いていること。アーモンドはオーブンの中で多少の焦げ目をつける。砂糖は溶かすが、一度にではなく、最初に1/4ほどを溶かし、残りの砂糖はスプーンで少しずつ加えながら溶かしていく。砂糖が溶けたら、アーモンドを加えてかき混ぜる。完成した生地を、あらかじめ温めておいた御影石のプレート、もしくは天板の上で目的に応じて加工する。たとえばアーチ、先端部分、曲線模様などの飾りをつくる。クロカントづくりに使用する、型、ナイフ、麺棒などすべての用具は事前に良質のオイルを塗り、冷ました後に布でていねいにぬぐう。

1913年の『実用的な製菓・芸術』掲載のマカロン上部飾り

曲線用生地：ビターなアーモンドが混じった白いアーモンド400gを卵白6〜7個分と一緒にこまかく挽き、粉糖400gと少量のヴァニラと混ぜ合わせる。
マジパンでつくる曲線用生地：マジパン500gと粉糖150gに少量のヴァニラを混ぜ合わせる。

174. マカロンの上部飾り

上述の曲線用生地でつくる。下段にある曲線の方が太めにがっしりとつくられているとよい。すべての曲線のパーツは乾燥し、固く焼成されて、ロイヤルアイシングかシルバードラジェの装飾をほどこさなければならない。曲線はパーツに分けて上にいくにしたがい小さくつくる。そして、キャラメルシュガーを使って組み立てていき、クロカントアーチ、アーモンドスライス、フォンダン、シロップ漬けのアーモンド、そしてキャラメルでツヤを付けながらデコレーションする。

RUND UM DIE SPRITZTÜTE

絞りの基礎と応用

絞り袋はウィーンの製菓店が「シュタニッツェル」と呼ぶ、
菓子のデコレーションには欠かせない
多方面で活躍する製菓ツールのこと。
同じものをフランスやスイスでは「コルネット」、
ドイツでは「ガニトゥアトゥテ」と呼び、
その名はつねに尖った円すい形を指している。
つくり方と扱いの両方で、正確さとある程度の練習が必要となる。

VOM DREIECK ZUR TÜTE

三角形からつくる
絞り袋

絞り袋は、グラシン紙やセロファンなどのクッキングペーパーでつくる。これらは耐水性があり、安定して成形しやすい。紙のサイズは、どんなデコレーションをつくるかで決まる。

- A4、またはA5サイズは、縁の絞りなど。

- A2サイズは大量の場合、たとえば、展示作品など。

絞り袋のつくり方

1　紙を斜めに切る。この切り口が絞り袋の先端をつくるので、まっすぐに切ること。

2　長いほうの辺の中央部分を持ち、固定する。

3　手で押えた点を軸にして、短いほうの辺を巻いていく。

4　親指で調整する。

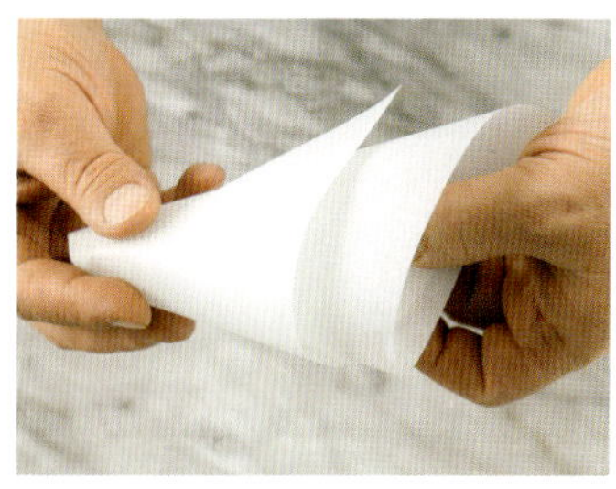

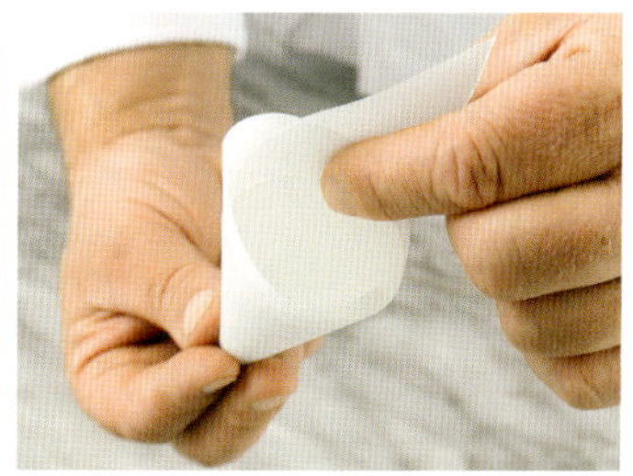

5　もう一方の手で、紙を円すい形に巻き込み、三角形の袋をつくる。先端の尖った部分を調整する。

6　親指と人差し指で袋を固定しながら、紙の内側と外側の端が同じライン上になるように調整する。指の動きだけで袋の先端が開閉できるので、あとからハサミで切る必要がないように、希望のサイズに開けておく。

7　最後に、上部の端を袋の内側に折り込み、固定する。

絞り袋に詰める

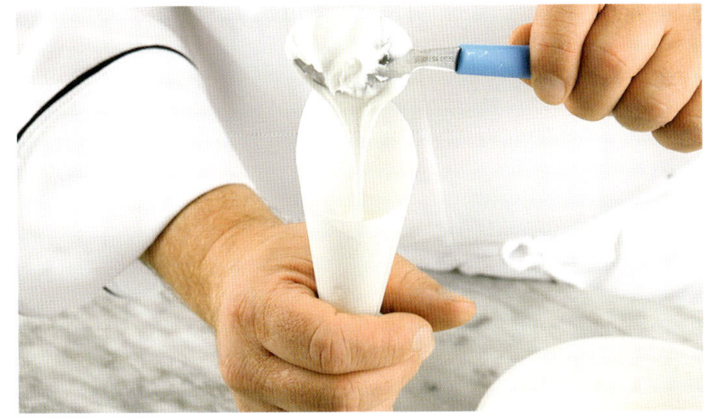

解説動画

1　デコレーション用の絞り生地（クリームなど）は、小さなスプーンなどを使って絞り袋に詰める。袋の縁に付かないように注意。袋に入れる量は、最大で2/3くらいにおさめる。

絞り袋を閉じる

1　袋の両側の角を、後ろへ折る。紙のつなぎ目が、上部または見える位置になるように。

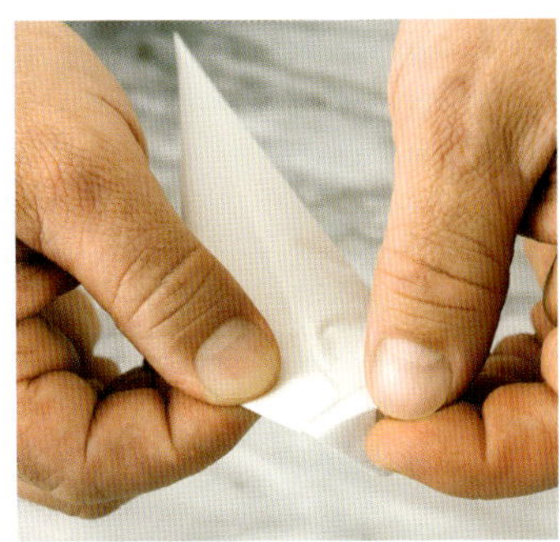

2　上にできた三角形の部分を後ろへ折る。

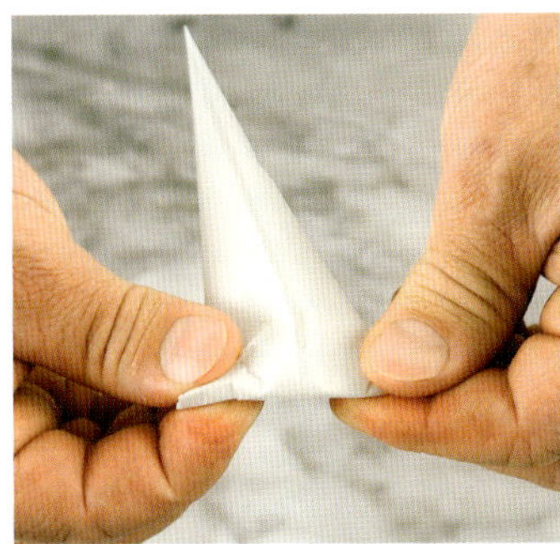

3　同じように折り重ねて、袋の表面がぴちっと張るようにする。

4　よく切れるハサミで先を切る。

絞り袋の持ち方

絞り袋を使うときは、人差し指で方向を決め、親指で圧力を調節する。テンポを一定にして均等に絞っていく。

絞り口のカットと絞り方

絞り袋の先端を、さまざまな方法でカットしたり特別な絞り口を使うことで、さらなる効果が得られる。

葉

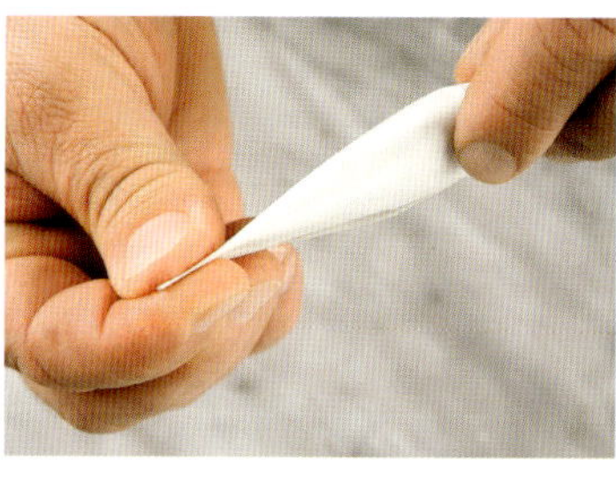

1　絞り袋の先端を押しつぶして平らにする。

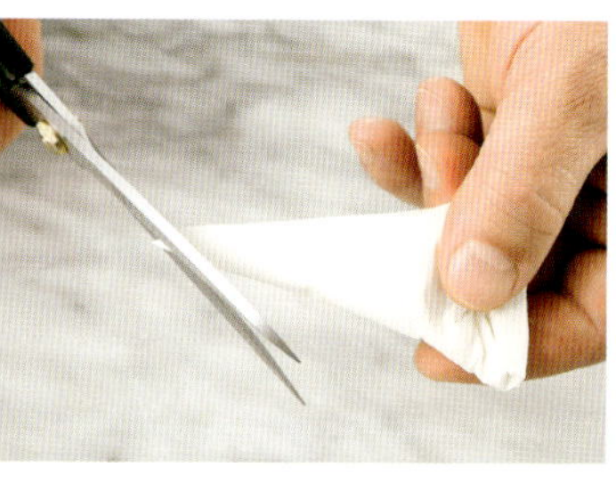

2　平らにした部分を左右から斜めに切り落とす。

3　小さい葉が絞り出せる。

花

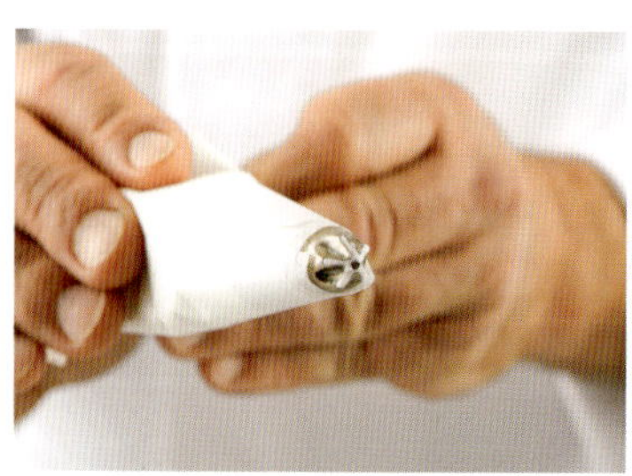

1　袋の先端に花用の口金を入れ、生地を詰めて絞る。

フリル

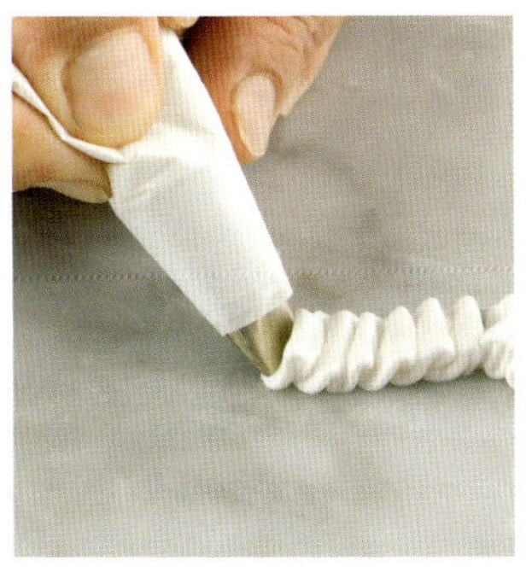

1　絞り袋にカーネーション用の口金を入れて絞る。

曲線模様

1　絞り袋にサントノーレ用の口金を入れ、曲線模様をつけて絞る。

バラ

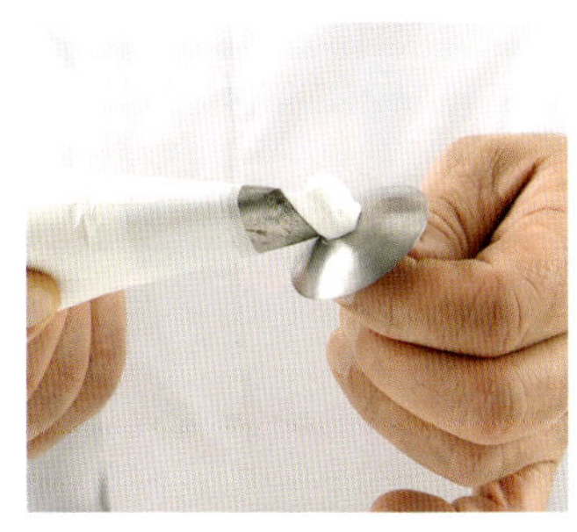

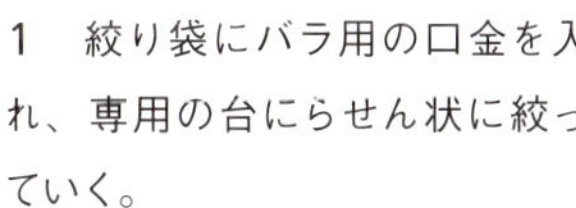

1　絞り袋にバラ用の口金を入れ、専用の台にらせん状に絞っていく。

2　外側の花びらは、少しカーブさせるように絞る。

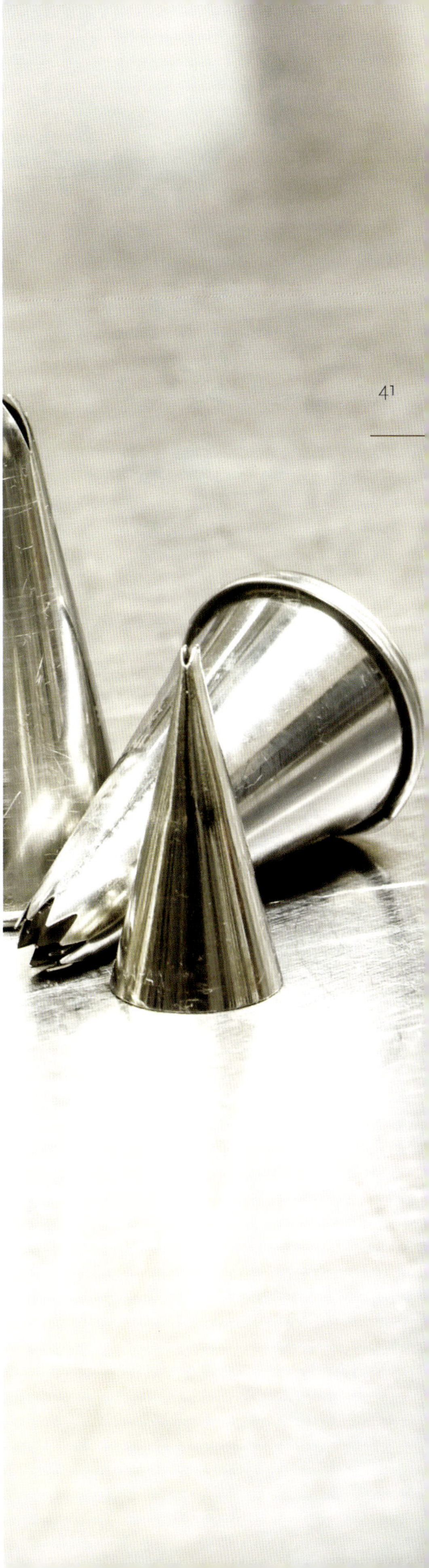

DEKORMASSEN

絞り用の生地

チョコレートの絞り生地（文字や細い線などに）

チョコレートの絞り生地は、さまざまなバリエーションがある。もっとも簡単なのは、テンパリングしたクーベルチュールに液体（シロップ、アルコール、水、コンデンスミルク）を加えて、絞り出しができる濃さに調節する。その際に重要なのは、テンパリングしたクーベルチュールを使うこと。そうしないと、乾いた後にブルームを起こす。テンパリングしたクーベルチュールは、オーナメントの制作にも適している。

もうひとつのバリエーションは、溶かしたクーベルチュールに水アメやコンデンスミルクを加えて40～45℃で合わせたもの。

ダーククーベルチュールでつくる

材料

クーベルチュール　100g
水アメ　10g
無糖コンデンスミルク　30g

- クーベルチュールを45℃に温める。
- 水アメを加える。
- コンデンスミルクを少しずつ入れて混ぜる。

豆知識

加工中にチョコレートが固まったときは、植物油を加える。

ホワイトクーベルチュールでつくる

材料

水　15g
水アメ　30g
きざんだホワイトクーベルチュール　100g

- 水と水アメを沸騰させる。
- クーベルチュールを加えて、なめらかになるまで混ぜる。

グラサージュでつくる
チョコレートの絞り生地

このデコレーション生地はとてもやわらかく、何かにかけたり、模様を描くのに適している。たとえばエスターハージー（訳注：白いフォンダンに繊細な黒い筋が入った、オーストリアの伝統的な模様）など、白い生地に黒い模様を描くときに。

材料

グラサージュ　100g
ヒマワリ油　100g
カカオパウダー　200g

- グラサージュを溶かす。
- ヒマワリ油とカカオパウダーを加え、ブレンダーで乳化させる。
- できた液体を漉す。

豆知識

書くために使う場合は、さらにカカオパウダーを追加するとよい。

いまは便利な市販品があり、自分でつくるチョコレートの絞り生地の代わりに使える。すべてのチョコレートの絞り生地は、市販品か自作かにかかわらず、以下の点に注意する。

- 少量で使用する場合、45～50°Cまで加熱したら、そのまま長く保温しない。
- 高温のまま長時間おくと、水分が抜けてぼそぼそになり、熟練の職人でさえ使うのが難しくなる。

アイシング（ロイヤルアイシング）

これはクラシックなウエディングケーキのデコレーションに使う。パスティヤージュやレープクーヘンに最適な接着剤で、マジパンフィギュアやレープクーヘンに模様を描いたり、ケーキの表面をコーティングするなど、多方面で使うことができる。

材料

殺菌卵白パウダー　30g
粉糖　約150g

- 卵白パウダーと粉糖を混ぜる。

豆知識

- 固さ：絞り生地の固さ（粘度）は製造方法によって変わるため、材料の分量はおおよその目安を示した。機械でつくっても手づくりでも、製造に充分な固さは得られる。機械でつくると卵白の安定に必要な砂糖が少なくてすむが、でき上がった装飾パーツは空気の影響を受けて多孔的となりくずれやすい。

- 酸の添加：いくつかの酸は卵白を安定させ、より速く硬化させる（訳注：アイシングにレモン汁を加えると、すぐに固くなり安定する）。一方で、酸が多すぎると逆の効果を引き起こし、アイシングは固まらない。一般的に、手で混ぜたアイシングは酸を省いてもよい。

- 着色：液体の食用色素は、固さに大きく影響し、アイシングがやわらかくなる。この場合は、粉糖の量を増やす。

- 安定性：殺菌卵白の代わりに、アルブミナを加えたアイシングはさらに安定する。1000gの水を300gのアルブミナと混ぜて、ふやかす（約24時間）。途中、アルブミナが沈むのでかき混ぜること。必要に応じて、使用前にブレンダーで乳化させる。最後に、数滴のアラビアガムを加えるとさらに安定感が増す。

- 希釈：デコレーションの表面をすべてアイシングで覆う場合は、アイシングに卵白を加えて希釈し、固さ（粘度）を調節する。

- 扱い方：アイシングを扱うときは、つねに濡れた布で材料を覆っておく。そうしないとすぐに乾燥してしまう。残ったアイシングは密閉容器に入れて冷蔵保存する。

フィギュアとレープクーヘン用のアイシング

材料
粉ゼラチン　15g
水　50g
粉糖　4500g
殺菌卵白パウダー　200g
水　700g
小麦でん粉　250g

- 粉ゼラチンを50gの水でふやかす。
- 粉糖と卵白パウダーを混ぜ、700gの水を加えてよく混ぜ合わせる。
- ゼラチンを湯せん、または電子レンジにかけて溶かし、卵白に混ぜる。
- 小麦でん粉を加えて、よく泡立てる。
- でき上がったアイシングは密閉して乾燥から守り、涼しい場所で保管する。
- 必要量だけ取り出し、よく泡立ててから水溶性の食用色素で着色する。

豆知識

ゼラチンを加えることで、つるつるとした表面にもアイシングがとどまる。たとえば、マジパンやレープクーヘンから簡単にはがれない。

Für
meine
liebe
Mutter!

絞り線の内側をフォンダンで埋める

フォンダンは、輪郭線を絞ったオーナメント、文字、絵柄などの内側を埋めるために使われる。マット（不透明）な仕上がりで、希釈したアイシングよりは光沢があるが、安定性が低いために立てるタイプの装飾パーツの製造には適さない。

材料
フォンダン　150g
水アメ　30g
レモン果汁　2滴
水　適量

- フォンダン、水アメ、レモン果汁を混ぜて40℃まで加熱する。
- 水を加えてちょうどよい固さに調整する。
- 必要に応じて水溶性の食用色素で着色する。

豆知識

フォンダンは固くなりすぎず、表面がある程度なめらかに動くくらいがちょうどよい。ただし、あまり水分が多いと表面に沈み込んでしまう。

飾り用ペーストで埋める（ジュレペースト）

液体のゼリーで仕上げる。食用色素で着色し、約1～2%のレモン果汁でゲル化する。すぐに固まるので少量ずつ作業する必要がある。市販の飾り用ペーストには多種多様な色があるが、自分でも簡単につくることができる。

材料（ベースの生地）
アプリコットジャム　500g
水アメ　500g

- ジャムと水アメは合わせて沸騰させてから漉す。
- このジュレは密閉容器に入れ冷蔵保存する。
- 必要量だけ温めて、少量の食用色素で着色する。

豆知識

- あまり強く混ぜないこと。気泡が入るときれいな色が出なくなる。
- このベースは、わずかに黄橙色があるので、白や青色を出したいときには水アメのみに着色する。
- このベースは熱くしないこと。チョコレートの輪郭線が溶けてしまう。

SCHRIFTEN

文字と書体

ケーキを飾るときは、書体が重要な役割を果たす。書体が繊細で薄いほど、魅力的なケーキになるだろう。ただし、例外もある。それは、とても大きな文字を使ったり、デコレーションとケーキが同じ色（茶色と茶色、白と白など）の場合。そのときは、少し強めのレタリング文字でデザインすること。

書体を選ぶ

書体はモチーフと調和してなければならない。たとえば、子ども用ならばブロック体の文字が合う。ここに着色したジュレや希釈したアイシング、フォンダンで輪郭線を描いたり、埋めたり着色する。表面が広ければ、筆で書いてもよい。

これとは逆に、エレガントなデザインのケーキには手書きの筆記体を選ぶことをすすめる。多くの練習を必要とするイタリック体は、個々のスタイルを強調する。

Alles Gute
Zum Geburtstag
Alles Gute
Herlichen
Glückwunsch
Alles
Herzlichen
Herzlichen
Herzlichen Glückwuns

縁飾りの模様

ケーキの縁飾りは、今日ではほとんど普及していない。なぜならとても手間がかかり、一方で見る人に古風なケーキという印象を与える。しかし、シンプルな模様とやわらかいタッチで絵柄や立体物を強調すると同時に、ケーキの端をエレガントに仕上げることができる。

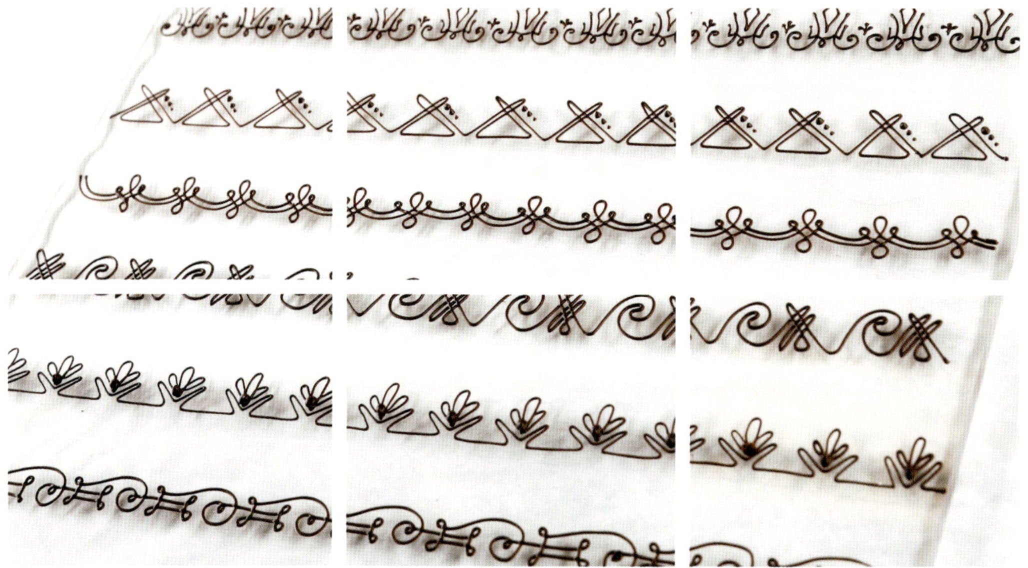

ケーキの縁を飾る

1　絞り袋の先をケーキから約3cmの位置に保つ。この距離が手の震えを補正する。ケーキの縁に、細い線のパターンを描いていく。

2　装飾の間隔は、1周が終わるときに最初と最後のパターンが一致するように調節する。このように模様を描くときは、親指の圧力を少しずつ減らしていくことが重要。

人生の多くのことがそうであるように、絞りの技術もまた、成功までは多くの練習と忍耐が必要となる。

クラシックなウエディングケーキのデコレーション

古典的な純白のウエディングケーキの装飾は、その大半をアイシングでつくる。カーブさせたものや網目模様、オーナメント、装飾パーツなどはアイシングで絞り、乾燥させる。ポイントは以下の通り。

- 平面的な装飾パーツは、プレキシガラスにカカオバターを塗り、その上に絞る。
- カーブさせる場合は、テリーヌ型やケーキ型の形を利用してつくる。
- フィギュアや大きなオーナメント、各パーツなどは、絞り絵技法（訳注：はじめに固めのアイシングで輪郭を描き、その線の内側を卵白などを加えてやわらかくしたアイシングで埋める。p.60参照）で仕上げる。

これらをつくるときは、可能な限りエレガントで印象的なケーキを演出するため、しばしばマジパンやアメ細工の技法も含まれる。しかし、昨今は労働時間が重大なコストとして認識されるため、手間のかかるこのスタイルは少しずつ減少している。

シンプルなオーナメント

1　硬質OPPシートを見本の上にのせる。アイシングでオーナメントの形をなぞり、乾燥させる。

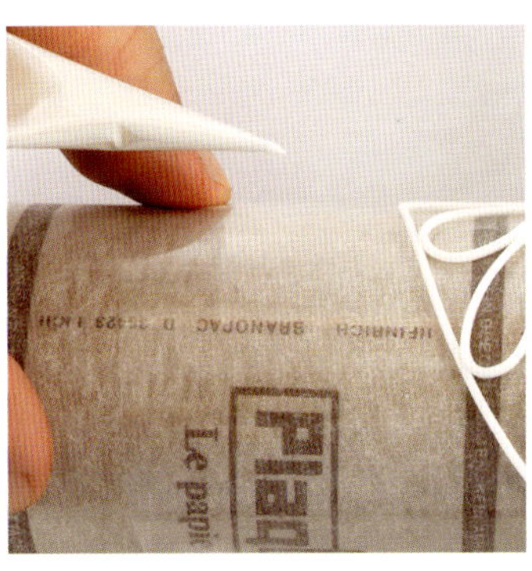
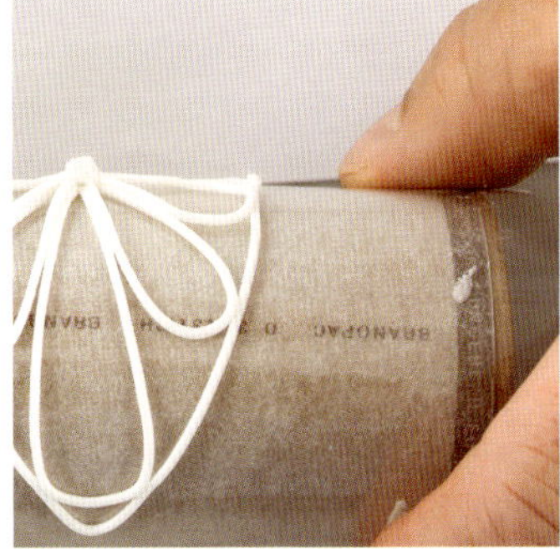

2　カーブさせる場合は、絞ったあとで紙筒の上などにのせて乾燥させる。注意深くシートをはずす。

絞りの線を重ねる

1　硬質OPPシートを見本の上にのせ、オーナメントの輪郭をアイシングで絞り、乾燥させる。

2　乾燥したら裏返して、シートをはずす。

3　輪郭をなぞるように裏側から重ねて絞り、再び乾燥させる。

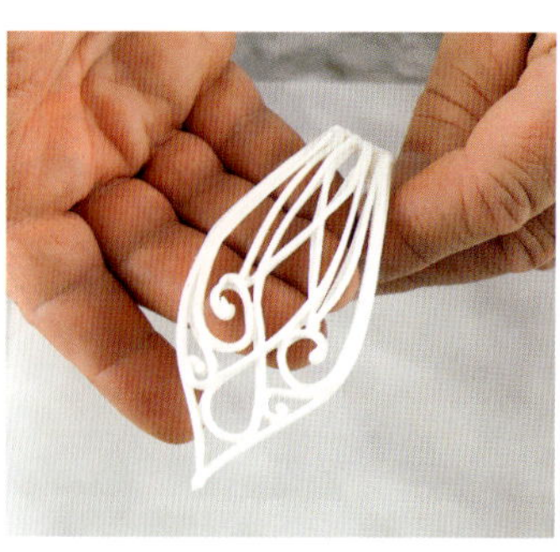

4　両面から絞ることで、オーナメントはさらに安定感を増す。

作品用の装飾パーツ

馬車（「シンデレラ」より）

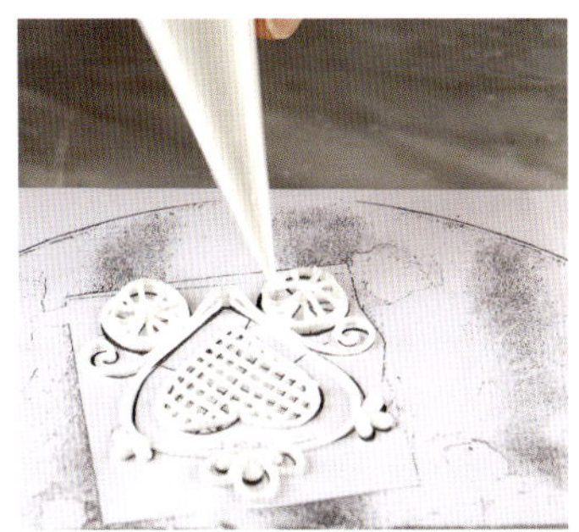

1　硬質OPPシートを見本の上にのせる。輪郭に沿って、馬車の両側面のパーツをアイシングで絞る。

2　立体感を出すために、わずかにシートを反らせる。先ほど描いた輪郭の中に、薄めたアイシングを絞る。24時間乾燥させて、最後にシートをはずす。

3　組み立てるために、2つのうち一方を裏返す。

4　馬車の輪郭に沿ってアイシング（パスティヤージュ）を重ねて絞り、車体をつくる。

5　先ほど裏返したパーツに、でき上がった車体をのせ、注意深く押して貼り付ける。

6　もう一方の貼り付け部分にもアイシングを絞り、残った側面をのせてやさしく押して貼り合わせる。24時間乾燥させる。

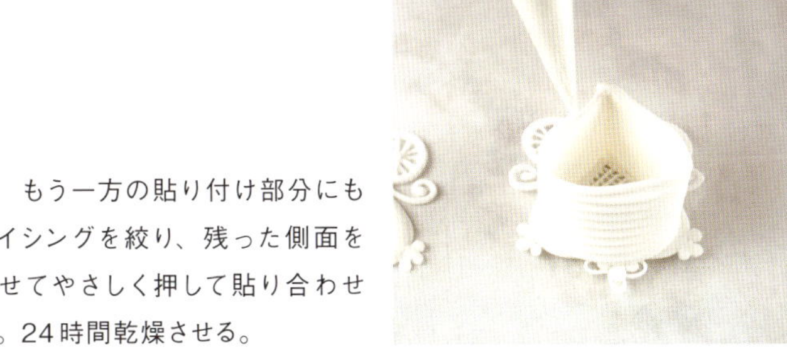

馬（「シンデレラ」より）

1　硬質OPPシートを見本の上にのせる。頭部、胴体、２本の脚をアイシングで絞り、乾燥させる。

2　同じように反対側からも、頭部、胴体、先ほど描かなかった2本の脚を絞り、乾燥させる。シートをはずし、一方にアイシングを絞る。

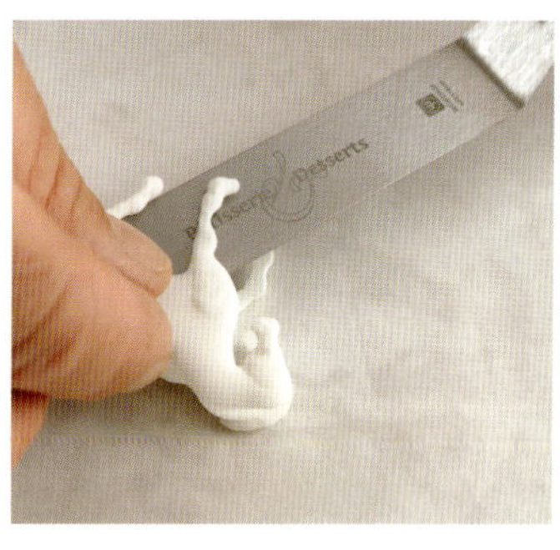

3　パレットを使い、２つのパーツを慎重に配置する。

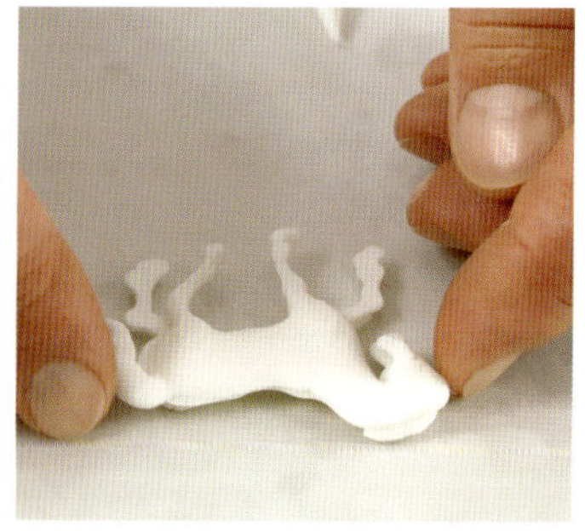

4　正確に組み立てる。

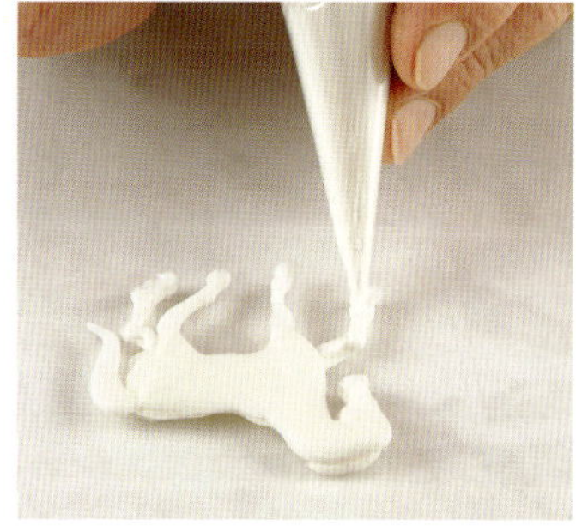

5　平面になっている脚に肉付けするため、アイシングを絞る。

6　最後に、尻尾を絞る。

ドーム(「オリエンタルパビリオン」より)

1　プレキシガラス製の半球型にカカオバターを塗り、乾燥させる。アイシングでドームの外側の太い線から絞っていく。

2　内側の装飾は、より細い絞り口で描き込み、完成させる。

3　乾燥させ、型からはずすときに少しだけ型を温める。こうするとカカオバターが溶けて、容易に型からはずれる。

解説
動画

絞りの技法で絵を仕上げる

特殊な描画能力がなくても、ケーキを芸術的に仕上げることができる。ポイントは絵柄の輪郭線をクリアに美しく描くこと。絵柄のヒントを得るのに便利なのはインターネットで、ほとんどのテーマを見つけることができる。検索サイトの「画像検索」で目的のテーマ（例：うさぎ）を入力し、さらに「線画」を検索項目に加えて（うさぎの線画）を表示させ、輪郭の描き方を参考にする。

一見すると、以下の2つの違いはわかりにくいため、両者の技術を比較する。

埋め込み技法

土台
ケーキの表面、マジパン、シュガーペースト

輪郭線
絞り用のチョコレート

絵柄を埋めるもの
ジュレ、飾り用ペースト、水アメ

絞り絵技法

土台
プラスチックフィルム、マジパン、シュガーペースト、ケーキの表面

輪郭線
アイシング、絞り用のチョコレート、フォンダン

絵柄を埋めるもの
希釈したアイシング、グラサージでつくる絞り用のチョコレート、テンパリングしたクーベルチュール、フォンダン

埋め込み技法

1　マジパンやシュガーペーストを薄く伸ばす。見本の上に置くと、下の絵柄が透けて見えるくらいが理想。ライトテーブルがあればなおよい。または、イメージプロジェクターなどを使い、描く土台の上に直接、絵柄を投影する。

解説動画

2　絞り用のチョコレートで絵柄の輪郭線をなぞる。

3　この線の内側を、着色したジュレや飾り用ペースト、水アメで埋めていく。

豆知識

さらに特別な効果を狙う場合は、エアブラシなどで土台に着色し、さらに絵柄にも着色する。これにより陰影ができ、絵柄がさらに立体的で生き生きとしてくる。

絞り絵技法

解説
動画

薄めたアイシングを使う

1　硬質OPPシートを見本の上にのせる。シートの上から、絵柄の輪郭をアイシングでなぞる。

2　絵柄はいくつかの層を重ねていくので、最初にいちばん下の平面部分をアイシングで埋めて乾燥させる。

3　その上の層、頭部、耳、唇なども重ねて、乾燥させる。

4　口のまわりの輪郭を描く。

5　その中を埋めて、さらに重ねる。

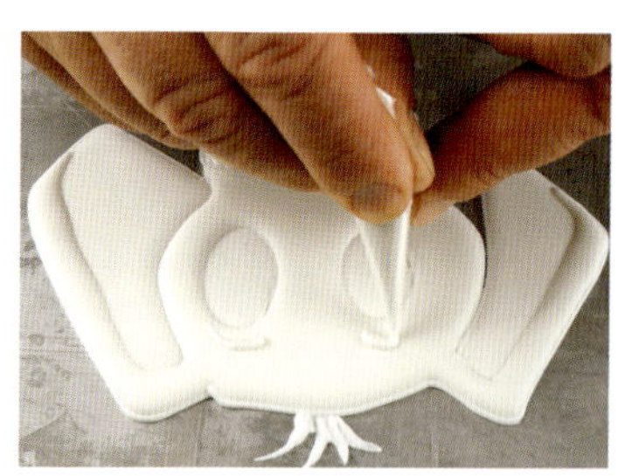

6　眉毛を絞る。

7　鼻の輪郭と瞳を絞り用のチョコレートで描き、鼻の部分を埋める。

8　着色して薄めたアイシング、または着色したフォンダンで首輪を描き込む。

9　アイシングで装飾し、乾燥させる。

豆知識

アイシングの装飾パーツはつくりおきが可能。プラスチックフィルムなどに絵柄を絞って乾燥させておき、必要に応じてケーキの上にのせる。

絞り用のチョコレートを使う（グラサージュのチョコ、またはクーベルチュール）

1　薄手の硬質OPPシートを見本の上にのせる。絵柄の輪郭を絞り用のチョコレートでなぞる。少し乾かして固める。

2　絞り用のチョコレート、またはテンパリングしたクーベルチュールで輪郭線の中を埋めていく。冷し固めて結晶化したら、注意深くシートからはがす。

フォンダンを使う

1　薄手の硬質OPPシートを見本の上にのせる。絵柄の輪郭をアイシングでなぞる。

2　着色したフォンダンで輪郭線の中を埋める。乾燥させる。

Für Alice!

TELLERDEKOR

デザートプレートのデコレーション

トップレベルのレストランは、デザートプレートやデザートブッフェの装飾にも凝っている。どんなに小さくても、甘いデコレーションはゲストを驚かせ、長らく好印象を残す。

重要なのは、装飾ができるだけ繊細で、デザート本体と調和していること。そのため、デザートによく合う場合のみ、チョコレートの装飾を使う。

シューやチュイルの生地でできた装飾は、温かいデザートを創造的に完成させる。フルーツソースと絞り用のチョコレートの組み合わせは、まるで魔法のよう。

絞り用のチョコレートでつくったトンボ

絞り用のチョコレートとフルーツソースのデコレーション

シュー生地でつくった花

MARZIPAN

マジパン

マジパンは、製菓店でもっともよく使われる造形物をつくるための伝統的な材料で、そのすぐれた成型性により、想像力豊かな各世代の菓子職人たちに多大な影響を与えてきた。これらの技術は今日まで受け継がれ、ほかに代わるものがないため、いまでも多くの教科書などで広く詳細にとり上げられている。

才能豊かなマジパンアーティストは膨大な数が存在する。その中の数人は出版物を通して広く知られ、またそれ以外の名が知られていない人たちも卓越した技術をもつ専門家だ。
偉大な伝統は、とくにドイツ語圏の国々で高い芸術性を見ることができる。現在も東ヨーロッパではマジパンフィギュア（訳注：人形のような立体物）が流行しており、ハンガリーを筆頭に、ほかにチェコ、ポーランド、ロシアなどでも根強い人気がある。それは「鉄のカーテン」崩壊後に再び花開いた。

マジパンの偉大な巨匠といえば、その芸術性で多くの菓子職人に影響を与えてきたカール・ファン・レーレ（Carel van Laere）をはじめ、シンダーン（Karl Sindern 4部構成の発明者）やエッゲンスワイラー（Fredy Eggenschwiler 現代のパイオニア）がそれに続き、現在はフランツ・ツィーグラー（Franz Ziegler）とヨハネス・ルービンガー（Johannes Lubinger）がとくに人気を博している。

それゆえ本書では、すでに語られてきたことをくり返したり、よくある成型方法を提示するのではなく、モデリング（成形）、デザイン、および色についての基本的かつ重要な原則のみを伝えたいと考えている。本書の目的は、菓子職人たちが個々のユニークなスタイルを完成させるために、彼らのモチベーションと創造性を刺激することにある。
私たち菓子職人は、ほかにない個性によって仕事を生み出していく。

基礎講座

マジパンローマッセ

マジパンローマッセ（ローマジパン）は、湯がいて皮をむいたアーモンドと砂糖でつくられる。アーモンドは最高品質のものを使い、さらに皮をすべてきれいに除くことが重要となる。残った皮は黒い点として見えるため、でき上った作品の見映えを損なってしまう。

砂糖の含有量は35%を超えないようにし、アーモンドと砂糖の比率は2：1。マジパンローマッセは基本的に砂糖の比率が低いほど純度が高く、高品質なものとなる。

マジパンローマッセをつくるときは、苦みのあるアーモンドと苦みのないアーモンドを最適な量の砂糖とともに石のローラーに入れて挽き、続いて焙煎する。ローラーで挽くことで微細に仕上がり、さらに焙煎による香ばしさも加わる。

マジパンローマッセと同様、細工用のマジパンも、味つきのもの、ナチュラル、着色したものなどさまざまな市販品を購入できる。これらの製品には通常、マジパンのしなやかさと結合を促すための転化糖や、その他の補助的な材料が含まれている。

細工用のマジパン

自分でつくる細工用のマジパンは、市販品よりやや扱いにくいものの、味はとてもおいしい！しかし、味と作業性の両面でよりよい結果を得たいなら、ときには妥協も必要だ。以下のレシピは、自家製マジパンと市販品とのブレンドで、一度に多くの量をつくるときに適していることが証明されている。

材料

マジパンローマッセ　1000g
水アメ　100g
粉糖　1000g
細工用マジパン（転化糖を含む）　2000g

豆知識

粉糖のほうが、微細グラニュー糖（訳注：粉糖よりは粒子が大きい）よりもはるかになめらかに仕上がる。

マジパンローマッセを押してくぼみをつくり、水アメをその中に入れる。

ふるった粉糖をよく練り合わせて、それから細工用マジパンを…

…加えてよく混ぜる。ビニール袋で包み、冷蔵庫で保存する。

加工について

マジパンは原則として手作業で加工するため、清潔さが最優先事項となる。手や作業台、その他の道具すべてにおいても同様だ。
衛生的でないと、外見上が変色するだけでなく味も損なわれる。マジパンは発酵病原体の理想的な培地となるため、汚れにより酸っぱくなったり、ガスが発生したりする。

マジパンの加工でよくある間違いは、ミキサーであまりにも速く、長く混ぜてしまうこと。結果として、作業中に生じた熱により、マジパンからアーモンド油が流出して生地が結合性を失い、なめらかさがなくなり、ぼそぼそになってしまう。水アメなどの液体を加えることである程度は修復できるが、生地はやわらかくなる。

着色

味や衛生上の理由から、マジパンは外側（エアブラシ、刷毛など）からのみ着色する。
着色する場合、基本的に必要最小限の量で行なうが、ときにはお客さまの要望で濃い色に仕上げることもある。魅力的な色は、どんなときでも販売に貢献してくれる。

液体色素 vs. 粉末色素

特別に濃い色は本当の挑戦である。
市販の液体色素を使う場合、つくりたい色に到達する前に、マジパンがすぐにやわらかくなってしまう。そのため、粉末色素を液体色素に混ぜ合わせ、ペースト状にして使うのがよい。ただし、この場合の欠点は、粉末が完全に溶けきらないため、最終的な完成品に見苦しい色の斑点が残ってしまうことだ。それを防ぐために、混ぜ合わせたものを電子レンジで短時間加熱し、よく粉末を溶かしてから使用する。最終製品において均一に色がまわるためには、着色したマジパンを一晩冷蔵庫でねかせて、もう一度、よくこねることがポイントとなる。
市販の濃縮色素ペーストはとても濃い色が出るが、いずれの製品も高価だ。

赤、黄、青

食用色素は、基本的に赤、黄、青があればよい。ほかのすべての色はこれらの基本色を組み合わせてつくることができる。たとえば、緑は黄と青から。また、天然色素でもさまざまな色を実現できる。美しいライトブラウンはカラメルから。ダークブラウンやブラックブラウンはカカオパウダーで。カカオパウダーは液体色素やシロップなどを混ぜてペースト状にしてから使うと、マジパン生地が固くならず、乾燥も防げる。

濃い色調は粉末で、淡い色調は液体で、グラデーションはエアブラシで着色

GRUNDFORMEN

基本の形

マジパンの成形は、すべて基本の形で決まる。
すべてのマジパンフィギュア（訳注：人形のような立体物）の元となるのは球体だ。
なめらかでひびがなく、均等な球体をつくれるように、くり返し練習しよう。
この基本の形から、ほとんどすべての制作物をつくることができる。

球体

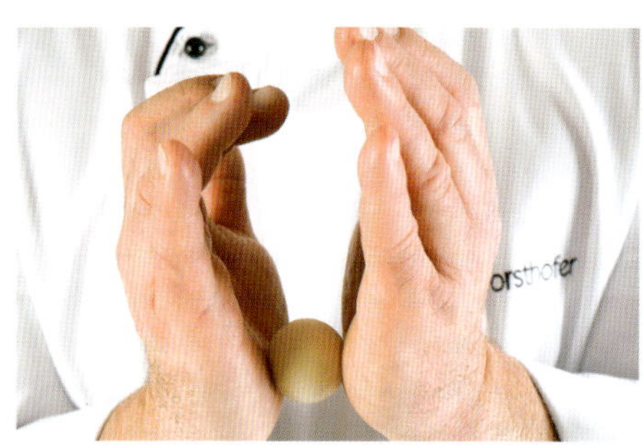

しずく形

ビスケット形

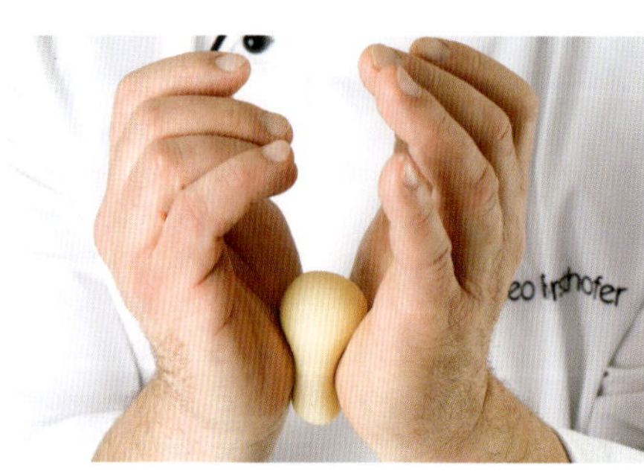

長い鼻

円筒形(丸形、円すい形)

KÖRPERFORMEN

胴体をつくる

解説動画

これらの比較的単純な基本の形は、経験を少し積むとできるようになる。さらに経験を積むと胴体と頭部の、より複雑な形をつくることができる。

マジパンで2、3、4個…とパーツに分かれた胴体をつくることは、熟練者には多くの時間を節約できるが、経験の浅い人はほとんど不可能な課題だろう。

技術よりもはるかに重要なのは、清潔で魅力的な最終製品をつくること。そして忘れてはいけないのは、それに費やす時間だ。なぜなら、時間はお客さまが支払う金額にほかならない。

一体型（胴体）

1　プレキシガラスの板を使い、生地を押しながら転がして円すい形をつくる。

2　薄いほうの端を、二股になるように切り込みを入れる。

3　厚いほうの端を切り落とす。

4　切断した面を下に向け、作業台につけて置く。
→右ページ上・写真A

2部構成（頭部）

1　しずく型（最初の耳）をつくる。

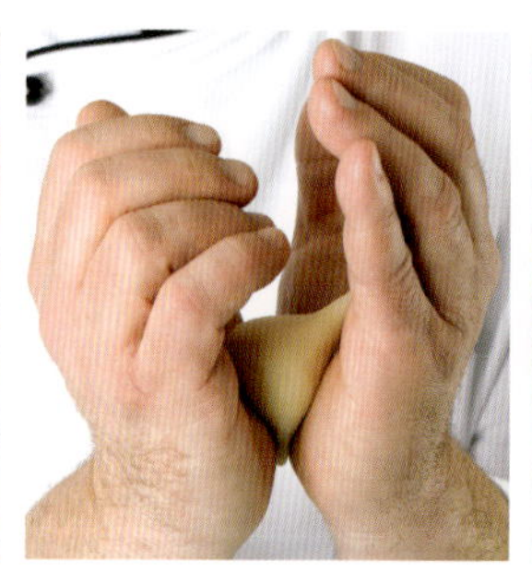

2　2つ目の耳をつくる。
→右ページ上・写真B

3部構成（頭部）

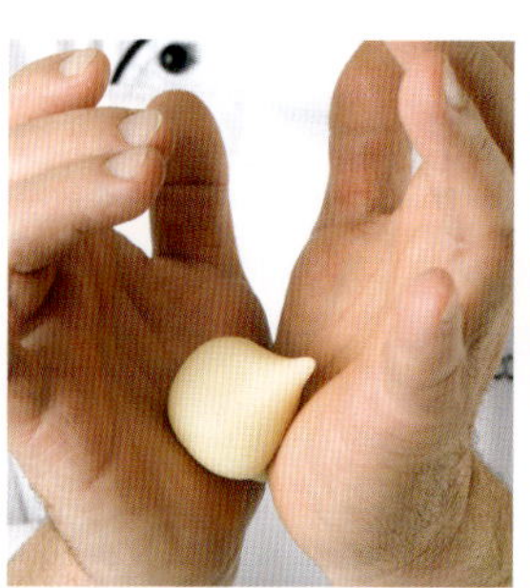

1　2つの耳をつくる。

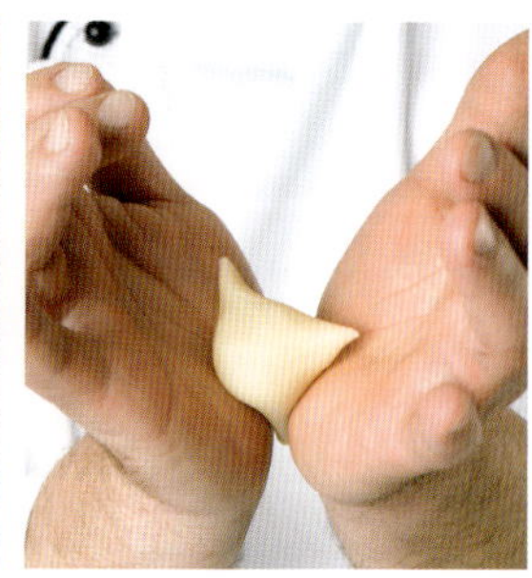

2　鼻をつくる。

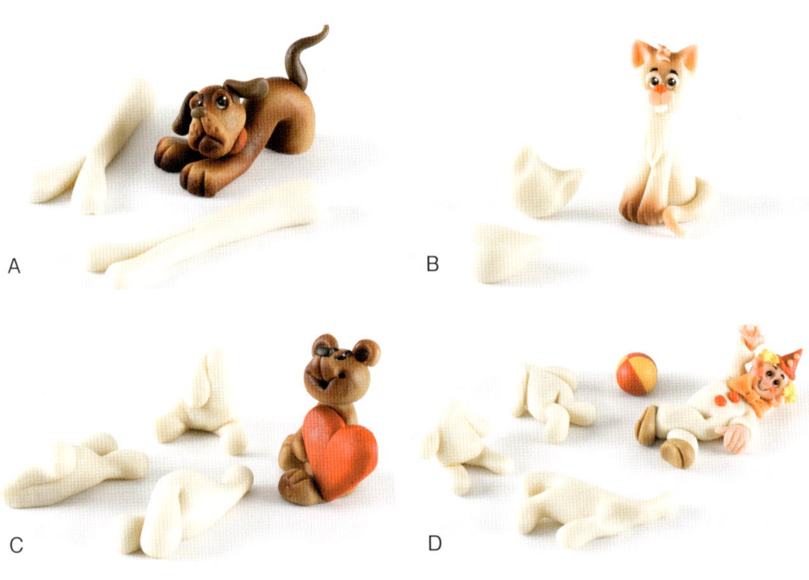

3部構成（胴体）

1　突き出た鼻のような形（1本目の足）をつくる。

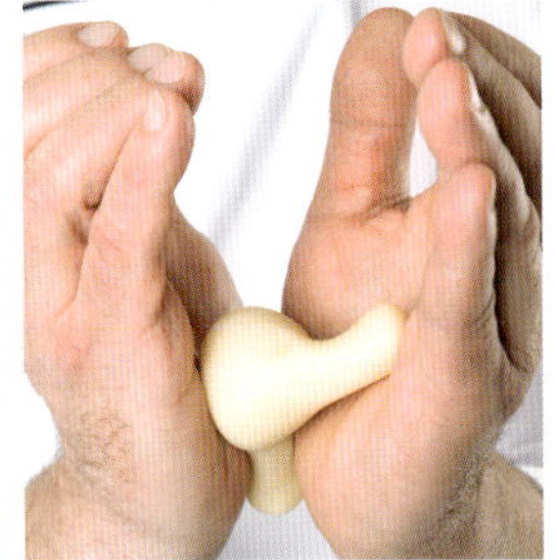

2　2本目の足をつくる。

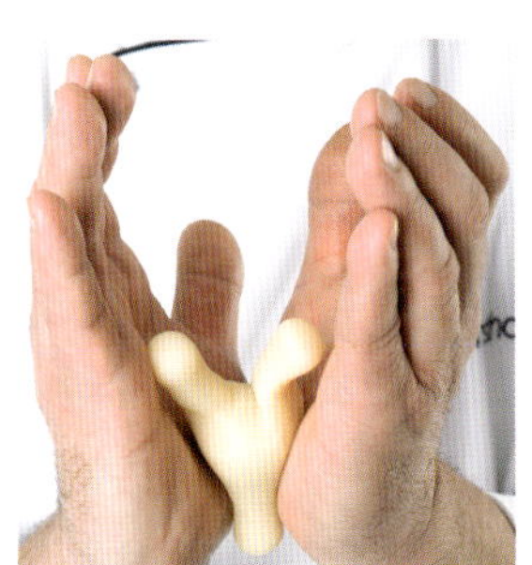

3　1本目の腕をつくる。
→上・写真C

4部構成（胴体）

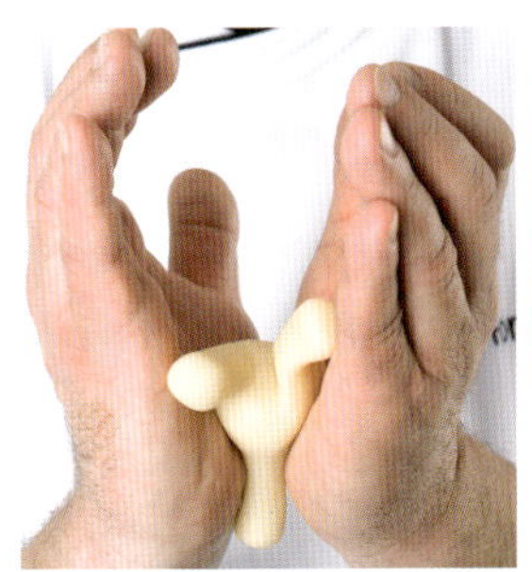

1　3部構成と同じようにつくり、腕を長くする。

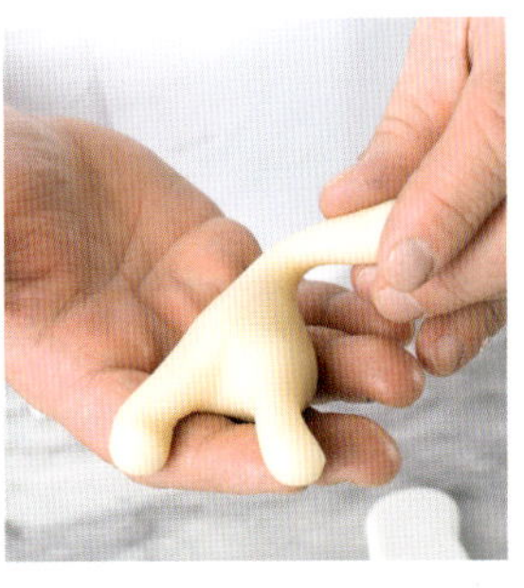

2　その腕を体の上に折りたたむ。

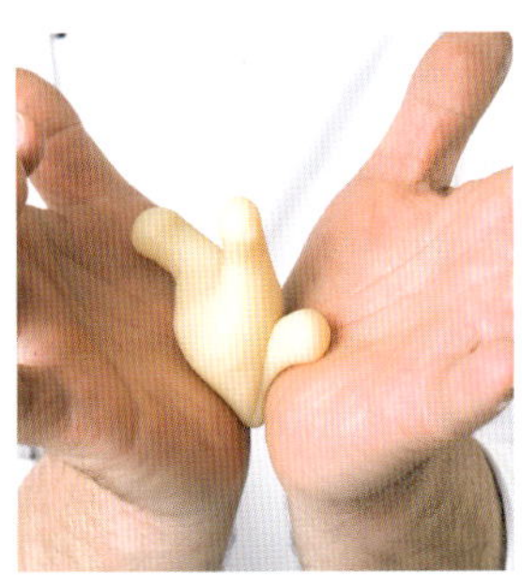

3　2本目の腕をつくる。
→上・写真D

KÖPFE UND GESICHTSAUSDRUCK

頭部と顔の表情

フィギュアの全体的な外観の仕上がりは、正確に成形された胴体に加えて、頭部こそがもっとも重要な役割を果たす。私たちがフィギュアに息を吹き込み、表現力を発揮するなら、店や商品を宣伝する販促費用などは不要になる。思わずお客さまが笑みを浮かべたら、私たちのマジパンは成功したといえるだろう。

ある特定の顔の表情をつくるには、押さえておくべきいくつかの基本ルールがある。

- 目や耳を下のほうにつけると、若々しい姿になる。額が広いほど、幼く見える（左の画像参照）。

- 瞳のサイズと配置により、活発な表情をつくることができる。

- 目の位置も雰囲気や気分を決定する。たとえば、内側に傾斜＝ややナイーブ／愚か。外側に傾斜＝攻撃的／怒っている。

- 鼻に目が近いと、通常は親しみやすい印象を与える。

- 鼻の形と大きさはキャラクターを強調する。たとえば、悪人のかぎ鼻、赤ちゃんの小さくて上を向いた鼻…。

- 口の形や唇の位置は、その人の印象を表す。たとえば、大きな歯は心からの笑顔、ブロンド女性の妖艶さを表す官能的な唇など、さらにその性格を強調する。

気弱な笑い

ニコニコ

笑い

ひっひっひっという笑い

不安顔

気おくれした（落胆）

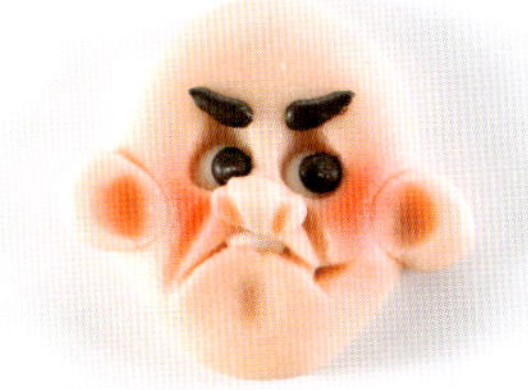

怒った

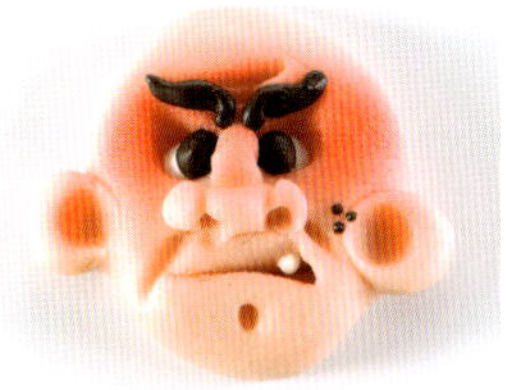

攻撃的な

悲しい

いたずらっぽい

こまっしゃくれた（早熟）

傲慢な

さげすむような

病弱な

愚かしい

まぬけな

愚かな

クレイジー

眠たそうな

ヒステリック

80

FRISUREN

ヘアスタイル

コミックの登場人物や似顔絵と同様、キャラクターを強調するために、フィギュアでは特定の機能が少し誇張される。ヘアスタイルによって、フィギュアの外見や印象が大きく変わる。さまざまな髪型は、しばしばとても簡単な道具でつくることができる。

カーリーヘア

着色したマジパンを茶漉しに押し付け、小さなナイフで切りとる。

ロングヘア

マジパンをニンニクプレス機で成形する。長さを変えることで可能性が広がる。

分け目のある髪型

しずく形を押して平らにし、櫛のように線の入った棒で筋をつける。

このほかドレッドなどの髪型も手づくりできる。また、絞り用のチョコレートやアイシングなどでフィギュアに直接、髪を貼り付けてもいいだろう。それぞれのキャラクターに合うような髪型を創造し、さらにその個性を強調させよう。

ハードロック

パンク

レゲエ

ポップス

BÄRTE

ひげ

ひげの形やスタイルは表情だけでなく、顔のプロポーションも変化させる。

顔一面のひげ

船乗りのひげ

口ひげ

先がとがったあごひげ

OBST UND GEMÜSE

フルーツと野菜

見た目に魅力的なフルーツと野菜は、基本の形と熟練した着色技術との組み合わせでつくることができる。成形するときは、とくに外見上の精度が要求される。なかでも人びとの関心を引くのは、フルーツや野菜に表情をつけたもので、それによってコミックのキャラクターのように生き生きと見えてくる。加えて、フルーツや野菜の特徴的な個性を強調できる。たとえば、レモンが酸っぱそうに見え、イチゴは甘く笑い、ポテトは純朴な心を伝える。

加工のテクニック

かんきつ類の表皮をつくる

こまかい突起がついた2枚の板の間で球体を転がす。

カリフラワーの特徴的な形状をつくる

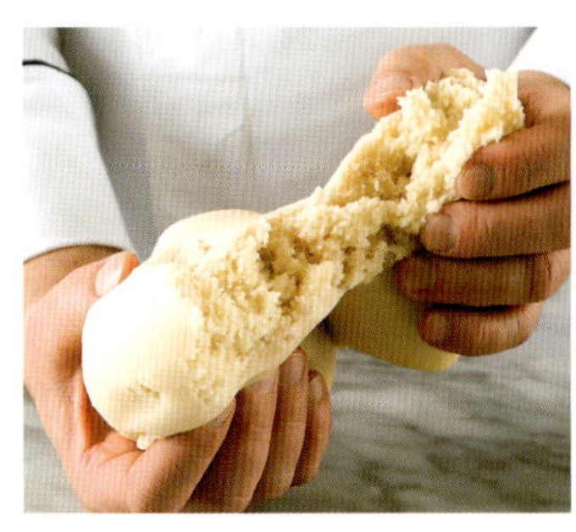

1　マジパンのかたまりを手で引きちぎる。

2　ちぎれた面を利用して形をつくる。

3　余分なマジパンを切りとる。

着色のテクニック

解説
動画

刷毛を使って

エアブラシを使って

1　噴き付ける。

2　噴射ノズルを軽く押して斑点（スポット）を振りかける。

豆知識

斑点をつける別の方法として、歯ブラシ、または網などを使って振りかけてもよい。仕上げに固定剤をスプレーして定着させる。

絞り袋を使って

アイシングで仕上げる。

フルーツ

レモン

オレンジ

アンズ(アプリコット)

リンゴ

バナナ

洋ナシ

イチゴ

桃

豆知識

桃の肌をビロードのように仕上げたいときは、着色したあとにコーンスターチの上で転がし、刷毛で余分な粉をはらう。

野菜

トウモロコシ

かぼちゃ

にんじん

赤カブ(ラディッシュ)

サラダ菜

カリフラワー

ジャガイモ

RELIEFTECHNIK

マジパンのレリーフ

構造上の理由で立体的なフィギュアをつくれないときには、平板の上に、レリーフのフィギュアをつくることをすすめる。そのままケーキの上にのせたり、またはアメやチョコレートでできた安定した台に接着する。レリーフのフィギュアは台座に固定しているので、立てることで効果的な表現ができる。

MARZIPAN IN KOMBINATION
MIT EINER
KULINARISCHEN KOMPONENTE

マジパンのコンビネーション——洗練された味の組み立て

マジパンに関しては大きく見解が分かれる——好きな人もいれば、献身的にマジパンフィギュアに専念する人もいる。あるいは、最初からマジパンを拒絶する人もいる。そして、マジパンフィギュアの大半は、つくられて数か月後にはゴミ箱の中に埋もれる。

外見がとても魅力的であれ、またはそうでなかったとしても、マジパンフィギュアはあらゆる点で喜ばれるものでなければならない。それゆえ胴体部分をプラリネや洗練された半生の製品、たとえばヌガー入りのプラリネ、ヘーゼルナッツのプラリネ、レープクーヘンなどに置き換えることは大きな意味をもつ。また、ガナッシュの詰め物は楽しい選択肢だが、防腐剤を使わなければフィギュアの賞味期限は短くなる。それでも、味わいの面から創造性を発展させるためには使ったほうがよい。マジパンフィギュアの潜在能力を高めるものはすべて認められる。

チョコレートにプラリネを詰める

1　プラスチック製のチョコレート型、たとえば、小さい卵、ハート、尖った形、小さいタルト型などに、テンパリングしたクーベルチュールを流し、余分なクーベルチュールを出して結晶化させる。

2　ここへ、たとえばヌガー入りのプラリネなどを詰める。

3　トライアングルパレットでならして、余分をきれいにそぎとる。

4　詰めた上から、テンパリングしたクーベルチュールを流し、余分をそぎ落として結晶化させる。

5　プラスチックの型を軽くたたいて、チョコレートをとり出す。型から抜けにくい場合は、数分間冷蔵庫で冷やす。

6　胴体部分をクーベルチュールの台座にのせて固める。テンパリングしたクーベルチュールを絞り袋に入れ、グラシン紙の上などに好みのサイズに絞る。表面にココナッツやピスタチオのきざんだものを振り、クーベルチュールが固まりはじめたら、上に胴体部分をのせる。

7　前もってつくった頭部を胴体に固定する。約20体のフィギュア(頭部)を室温におく。胴体の接着する部分に温めたナイフか、熱したマルペンを押し当てて溶かす。そして、まだやわらかいチョコレートを頭部に塗って貼り付ける。チョコレートが適温なら、すぐに接着する。より小さくて軽いパーツの場合は直接、シロップを塗って貼り付けることもできる。

豆知識

- 頭部は数日前までにつくって乾燥させておくと安定する。
- 小さいものを貼り付ける場合、シロップだけで接着できる。たとえば、手、リボンなど。形をつくったらすぐ、清潔なスポンジ布を直接、シロップに浸してフィギュアに塗って貼り付ける。こうすると長いこと接着する。

型抜きしたプラリネを
チョコレートでコーティング

1　ヌガー入りプラリネやヘーゼルナッツのプラリネ、レープクーヘンなどを型抜きしたり、切りとって胴体をつくる。これらは単純な形、たとえば、三角形や長方形、ハート型などでつくるとよい。

2　胴体部分を、テンパリングしたクーベルチュールでコーティングして、クッキングシートの上に置く。

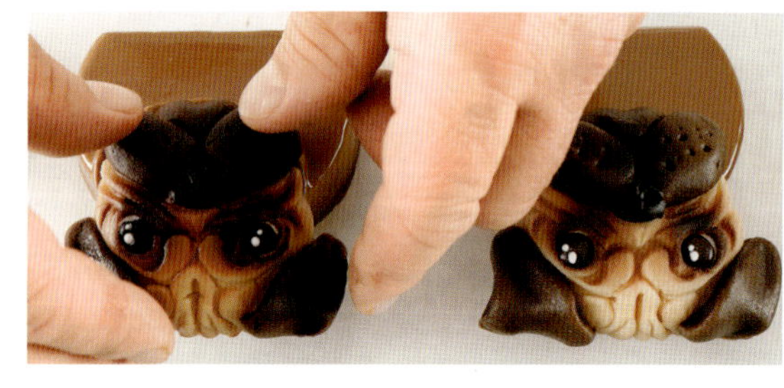

3　頭部とほかの部位を貼り付ける。コーティングした部分はまだやわらかいので、そのまま結晶化させる。

4　固まったら起こして、クーベルチュールでつくった台座に貼り付ける。

自分でつくるシリコン型

同じフィギュアをたくさんつくる場合、独自の型を製作しておくとよい。手作業でいくつも同じフィギュアを仕上げるのは難しく、あなたの同僚やスタッフも全員が同じようにつくれるわけではない。サイズや形状が均一で、品質を一定に保つことは重要だ。

原型からつくる

1　レリーフのマジパンフィギュアを原型にして、型を起こす。作業する前、レリーフに線や欠けた部分がないことを確認する。数日間乾燥させて、必要であれば表面をなめらかにするためにカカオバターを薄くスプレーする。

2　原型よりやや大きい型、たとえば抜き型を用意する。

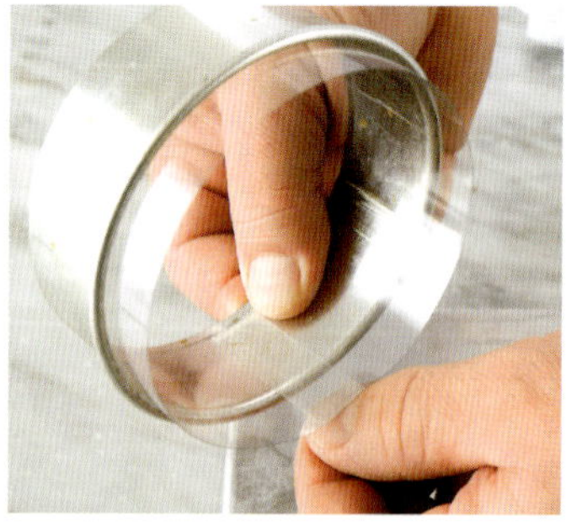

3　型の内側にプラスチックフィルムの帯を巻き、セロテープで固定する。

4　シリコン液が流れ出ないように、型の周囲をマジパンなどで密閉する。

5　必要なシリコン量を測る。食品対応の硬化剤(シリコン量の1～1.5%)を加える。シリコンのベースは一般的に人体には無害。

6　シリコンの混合物をよく混ぜる。この生地は1時間ほど液体を保つ。

7　空気が入らないように、レリーフの上からシリコンを流す…

8　…そして、細部までシリコンが行き渡るようにレリーフの輪郭を刷毛でなぞる。

9　残りのシリコンを型に流す。

10 気泡を逃がすように、作業台をたたく。

11 そのまま12時間ほどおいて固める。周囲のマジパンをはずし、型をとり除き、セロテープをはがし、プラスチックのフィルムをはずす。次に、220℃のオーブンで4時間焼く。これにより有害な物質が蒸発する。

このような型は、仕上げに着色してもしなくても、マジパン全般に向いている。ベーシックな形からさまざまな応用ができるだけでなく、たとえば、手の部分やリボンなど、効率的にパーツをつくってから手作業で複雑に仕上げることも可能だ。さらにエアブラシで着色すれば、いろいろなデコレーションや、フィギュアごとに個性をつけたりできる。

もっとも重要なのは、すべての自家製の型がオリジナルであること。その店にしかないユニークな作品を制作できる。

石膏モデルをつくる

シリコン型は何度もくり返して使用するうちにやぶれてくる。最高のシリコン型ができたときは、その型で石膏モデルをとっておくことをすすめる。これにより、いつでも新しい型を起こすことができる。

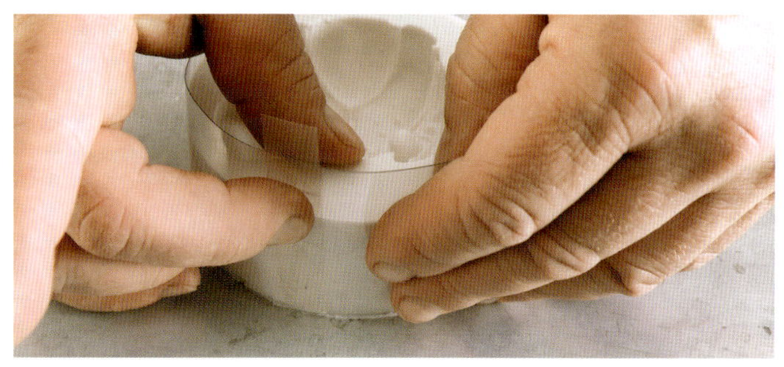

1　シリコンの型を縁のついた天板にのせ、プラスチックのフィルムを巻いてセロテープで固定する。

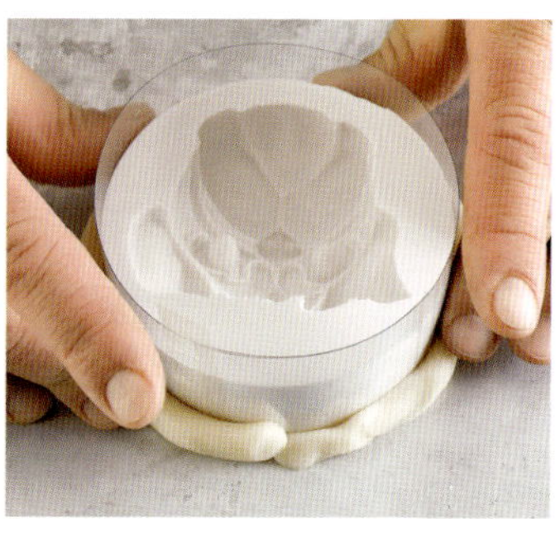

2　型の周囲をマジパンで密閉する。

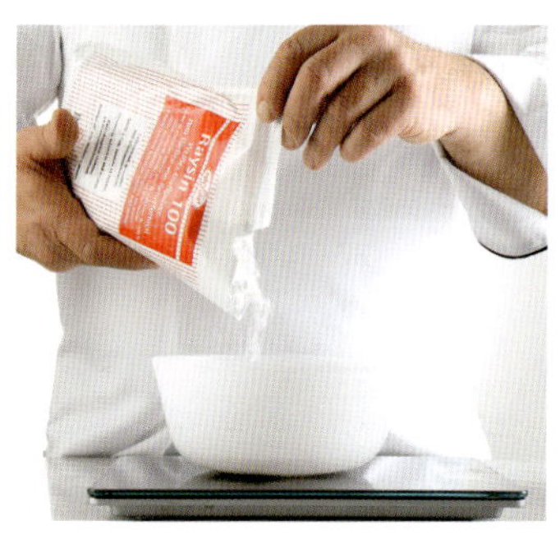

3　石膏パウダーと水を2：1の割合で混ぜる。

4　先ほどの型に注ぐ。シリコン型の上に、10mm以上の高さになるまで流す。気泡が抜けるように、天板をたたく。

5　5～6時間後に乾燥したら、周囲のマジパンをとり除く。

6　セロテープをはがし、プラスチックのフィルムをはずす。

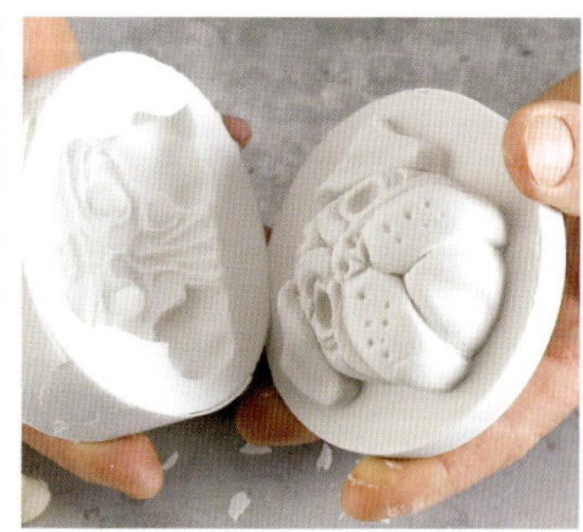

7　石膏モデルをとりはずし、さらに24時間、常温で乾燥させる。

IN SERIE PRODUZIERTE FIGUREN

効率よくフィギュアをつくる

同じフィギュアを一度にまとめてつくることは、コストと時間を大幅に節約し、フィギュア制作を経済的に意味のあるものにする。もちろん、精巧にデザインされた特別な作品はそれだけで説得力をもつ。効率化のために多少のコストをかけても、それを上回る効果が得られ、結果的に売り上げに貢献できるだろう。

周到な計画がポイント

効率よくフィギュアをつくる場合、周到に計画を立てることが重要になる。最初のステップで原型をつくり、修正を加えながら型を完成させていく。フィギュアのおおよその制作数に応じて、以下の手順でつくる。

少量（20個未満）の場合

- マジパンを棒状に伸ばし、均等に切る。
- 切り出したマジパンを、型に詰める。
- 余分をマジパン用のナイフで切りとる。ナイフは、つねにアルコールでふきながら、マジパンにくっつかないように、切断面がなめらかになるようにする。

多量（20個以上）の場合

制作数が増えると、より厳密に作業することが求められる。

- 伸ばし器で、マジパンを好みの厚さに伸ばす。
- 分割器で四角形（3×3cm）にカットする。切り出したものはすべて同じサイズ、重量になる。あらかじめ型に合わせて切り出す量を正確に決めるられるので、余分なマジパンを切りとる手間が省ける。
- マジパンはある程度成形してから、型に詰める。

分割器で3×3cm四方に切ったときの、マジパン片の重さは次の通り。

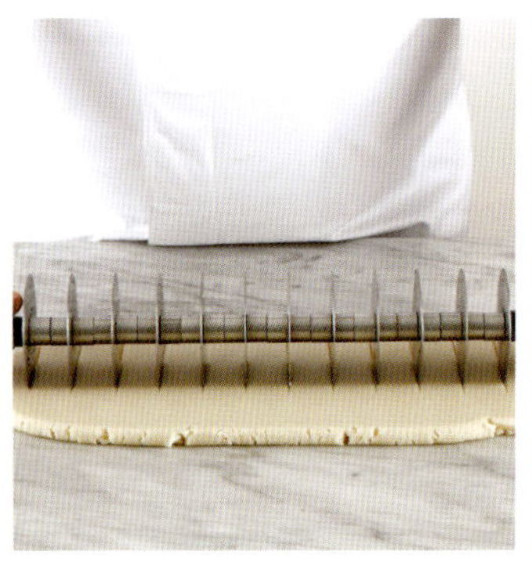

厚さ	グラム
3mm	4g
4mm	5g
6mm	8g
7mm	9g
8mm	10g
10mm	13g
12mm	16g
15mm	19g

もちろん、この数字は100%正確とは言えない。伸ばし器や分割器によっては、誤差が出るものがあるかもしれない。そのため、使用する機器に合わせて、自分で計量した一覧表をつくることをすすめる。分割器は通常、上限40～50mmの厚みまでに対応するため、これ以上に大きな部品をつくる場合は同じようにあらかじめ計量する必要がある。小さい部品は、この表の重量の半分、または1/4として計算する。

この方法は、頭部、手やその他のパーツを効率的に製造できる。

頭部は、天板にクッキングシートを敷いた上に一列に並べる。その後、髪、帽子、またはひげなど、さまざまなディテールを段階ごとに貼り付けていく。一定の自動化効果があり、ルーティン作業を増やすほど、個々のステップをより早く効率的に仕上げることができる。

フィギュアに生命を吹き込む

エアブラシを使ったメークアップは、フィギュアに特別な活力をもたらす。これは、目の描き方によってさらに強化される。目の白い部分は通常、やわらかいアイシングを使う。瞳を描き入れるときに妨げとなるふくらみが生じるので、アイシングは固くしすぎないこと。瞳は、少量の油で薄めたチョコレートを絞り出す。

仕上げに、フィギュア（頭やほかの装飾にも）にカカオバターを薄く噴き付けることをすすめる。マジパンの表面に光沢が出て、乾燥を防ぐことができる。同じ目的で、マジパン用ラッカーなどが使われるが、カカオバターより強固に乾燥を防ぐものの、マジパンの風味を著しく損ない、また輝きも不自然になる。

効率を上げる目的は、まったく同じものをつくるためではない。逆に、マジパンフィギュアは工業製品の印象を与えるべきではない。それぞれのフィギュアにちょっとした表情の違いや特別な表現を加えるだけで、手づくり感を打ち出せる。お客さまは手づくりのものが好きで、とくにクリスマスやイースターではオリジナルの作品を選びたいと考えている。

私たちはお客さまに感動を与えたい。それに見合う価値のある商品を、できるだけ自分たちでつくり、提供しよう。

効率的なつくり方　犬の頭部を例に

1
- 伸ばしたマジパン生地を3×3cmに切る。
- 重量に応じて1～2個をとり、手でしずく型に成形する。
- 残りのマジパンは、乾燥を防ぐためにビニールシートをかけておく。

2　しずく型に成形したマジパンを型に詰める。

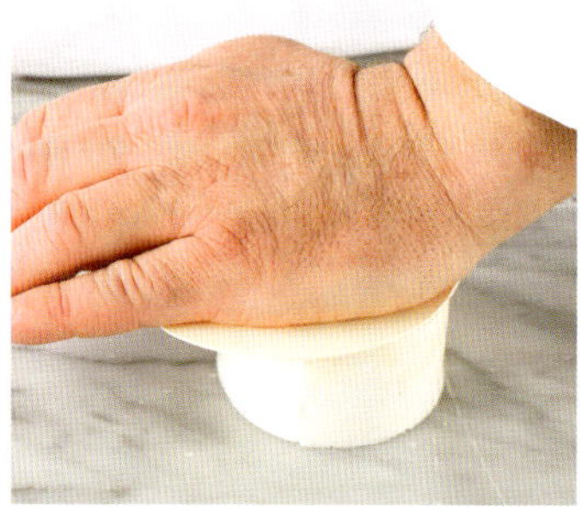

3　カードを使い、平らに押さえる。

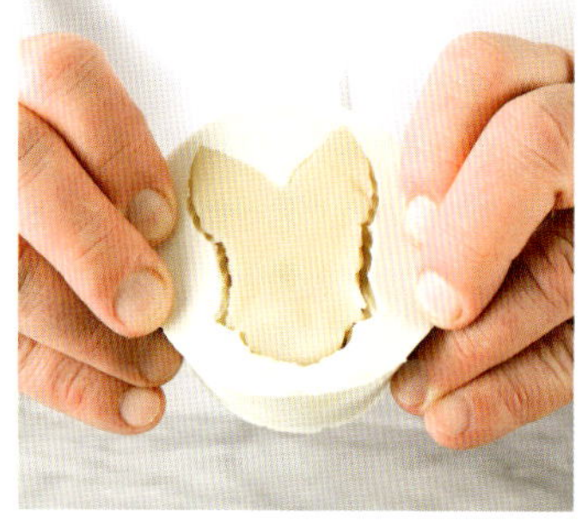

4　型から犬の頭部をとり出す。

5　鼻先に刷毛でシロップを塗る。

6　茶色のマジパン片でだ円形をつくり、先ほどの鼻先に接着する。

7　マジパンスティックで、鼻の穴をつくる。

8　アイシングで目を描く。

9　絞り用のチョコレートで瞳を描き込む。

10 アイシングで瞳の輝き（ハイライト）を絞る。

BLUMEN

花

マジパンの花は、とくに花びらの繊細さによって見る人に魔法をかけることができる。最終製品をしっかりと安定させ、確実に仕上げるためには、マジパンを一定の厚さで加工する必要がある。この技術を確立したのがバラの花である。

バラ

マジパンのバラをつくるときは、4、5、6枚、または10枚の花びらが必要で、抜き型を使うこともあれば、使わない場合もある。つくり方もさまざまで、カードやスプーンの背で伸ばしたり、ビニールシートや2枚のプレキシガラスの板にはさんで圧力をかけることもある。

すべての菓子職人は、何年もの間、自分のつくり方を究めることになる。以降は、花びらが6枚、または10枚のバラのつくり方で、いくつか似た手法を様式化したもの。つくり方は、花びらの枚数により異なる。

バラ（花びら５枚以上）

1　伸ばし器で、マジパンを約3mmの厚さに伸ばし、丸い抜き型で抜く。

2　丸く抜いたマジパンを２枚のビニールシートにはさむ。

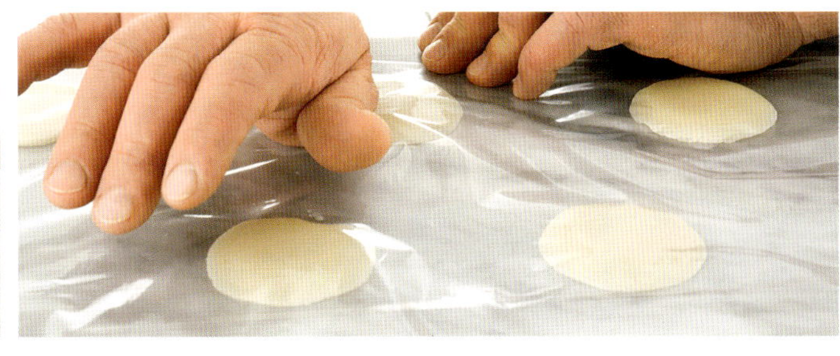

3　親指の付け根あたりで丸形の上部を薄く伸ばす。下のほうは厚いまま残す。

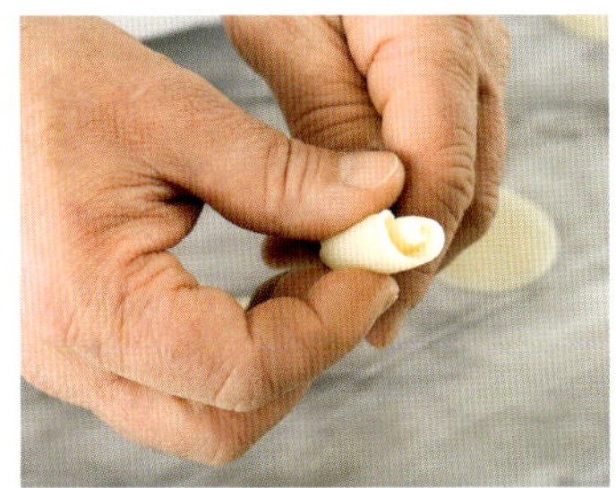

4　1枚を、バラの中心部として巻く。

5　ここに2枚目の花びらを重ねる（＝つぼみ）。

6　残りの花びらを成形し、上の端を少し外側に広げる。

7　それぞれの花びらを、その前の花びらに貼り付けて、全体を巻くように形をつくる。最後の花びらは、最初の花びらに貼り付ける。

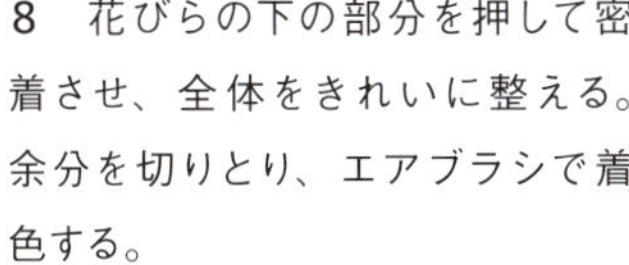

8　花びらの下の部分を押して密着させ、全体をきれいに整える。余分を切りとり、エアブラシで着色する。

バラ（5枚以下）

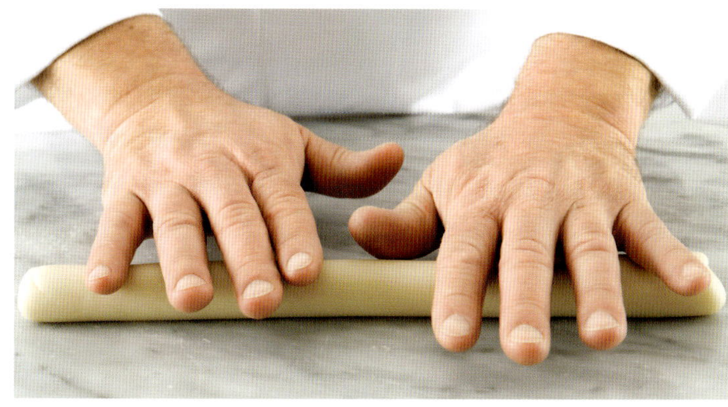

1　マジパンを20～30mm厚さの棒状に伸ばす。太さは、バラの大きさによって決まる。

2　この棒を約10mm幅にカットする。

3　手のひらで押して丸く伸ばす。

4　カードを使って、上部の端を薄く伸ばす。

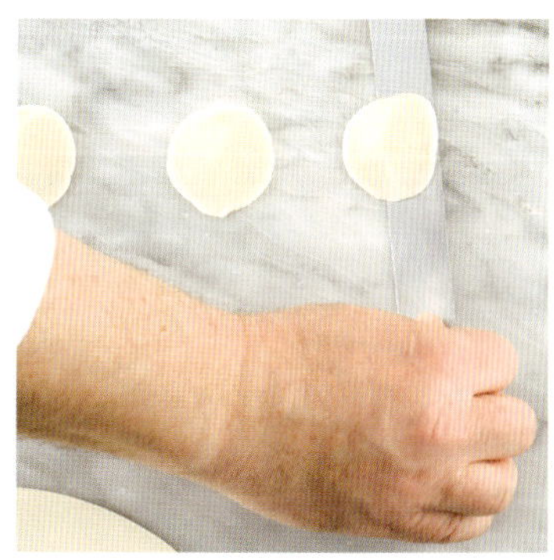

5　1枚ずつ、ナイフなどで作業台からはがす。

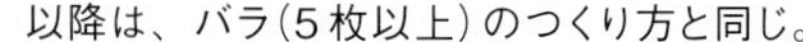

以降は、バラ（5枚以上）のつくり方と同じ。

バラのつぼみ

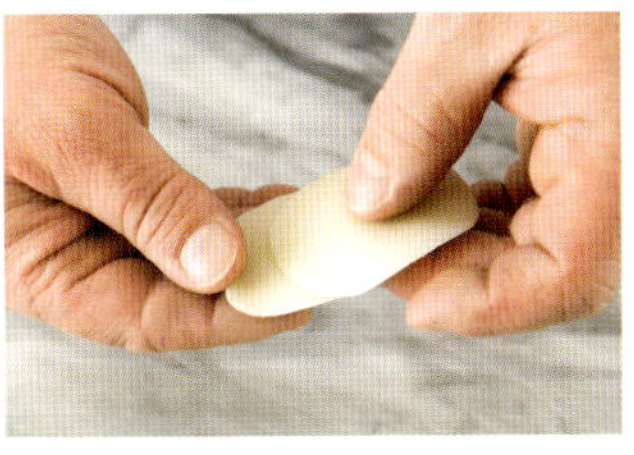

1　2枚の丸くカットしたマジパンを、一部を重ねるようにして巻き上げる。

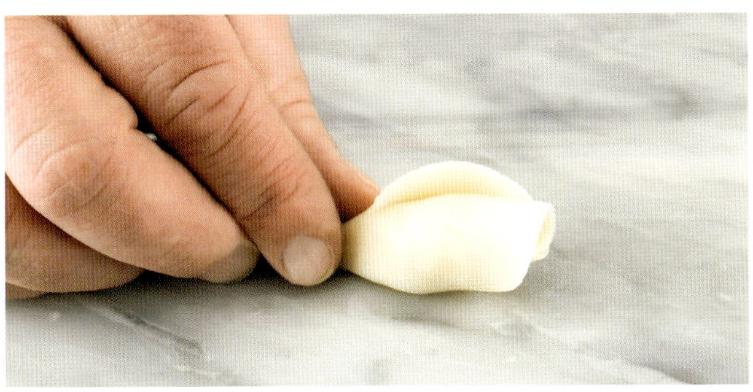

2　ぐるりと巻いて、下の部分を押して密着させる。

3　2～3枚のガク(p.112の葉を参照)を交互につける。

4　ガクの先端の形を整える。

カーネーション

マジパンのカーネーションは、バラよりもはるかに簡単にできる。

1　マジパンを約10mm厚さの棒状に伸ばす。棒の長さはカーネーションのサイズで決まる。

2　この棒を拳の外側で押して平らにする。

3　カードを使い、上部の端を薄く伸ばしていく。

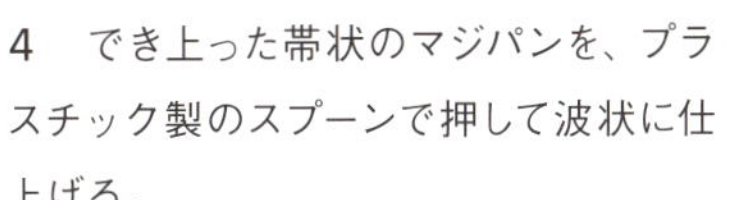

4　でき上った帯状のマジパンを、プラスチック製のスプーンで押して波状に仕上げる。

5　ナイフなどを使い、作業台からはがす。

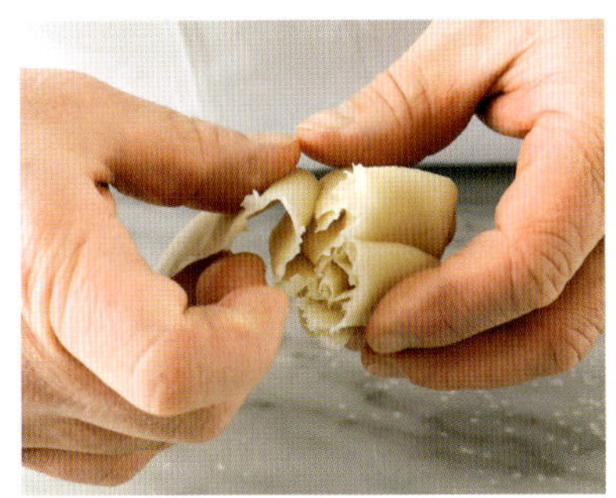

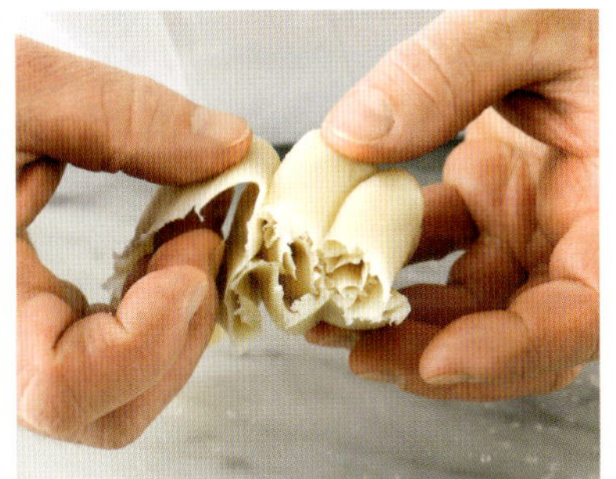

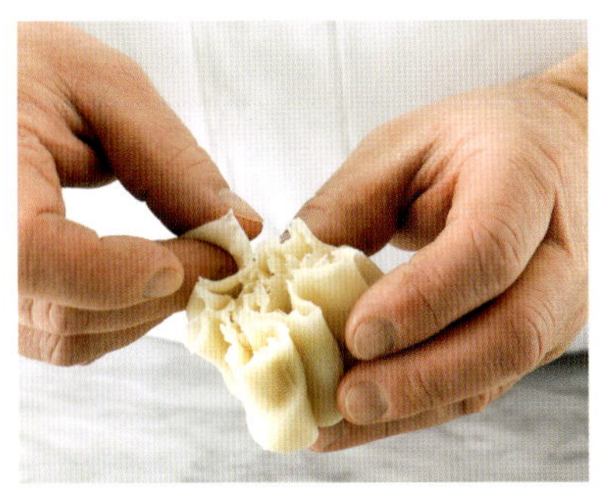

6　スプーンで伸ばした方を上にして、マジパンの帯を前後に動かしながら巻き上げ、カーネーションの形をつくっていく。

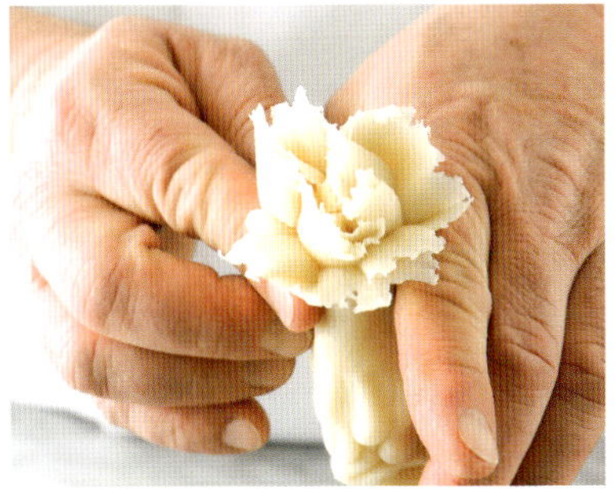

7　花の形に整えながら、下の方を絞るようにして密着させる。下に圧力がかかると、上の花びらが開いていく。エアブラシで着色する。

スイレンなど

スイレン、カラー、胡蝶蘭はパスティヤージュやアメ細工でもよくつくられるが、マジパンのほうがはるかにおいしい。これらはケーキの上や、安定した土台の上に飾る。

スイレン

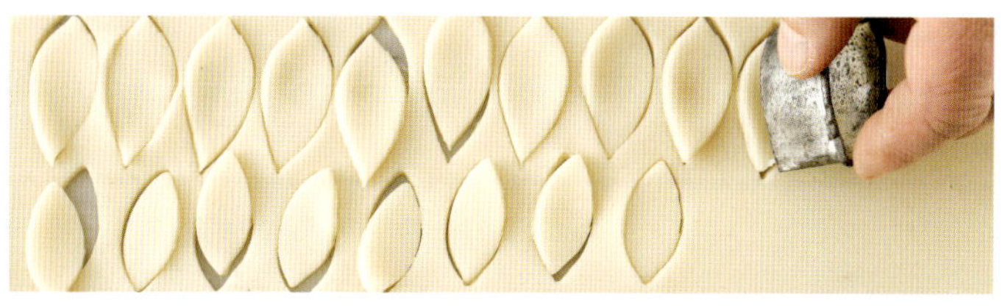

1　伸ばし器で、マジパンを約3mm厚さに伸ばし、2種類のサイズの花びらを切りとる。スイレンは大きいものを10枚、小さいものを8枚用意する。

2　大きいほうの花びらを2枚のビニールシートにはさみ、手のひらで押して上部の端を薄くする。

3　花びらの半分は、片方の端をつまむようにして形をつくる。

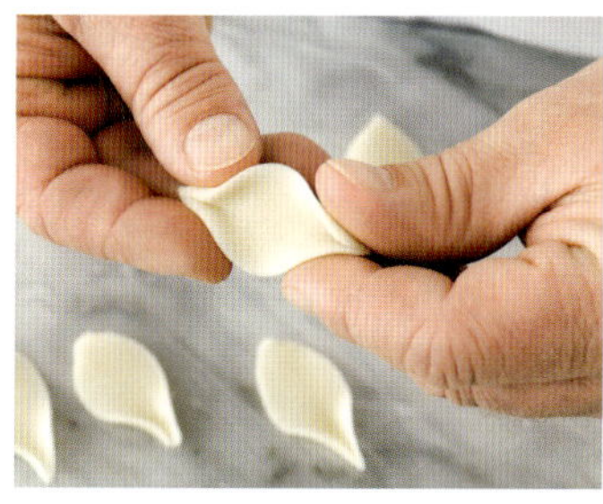

4　残りの半分は、両端をつまんで成形する。

5　丸い抜き型(直径80mm)にアルミホイルをかぶせ、中央部分を軽く押してくぼませる。

6　薄く伸ばしたマジパンの小片をおいて、花びらをのせていく。

7　最初に、片側だけつまんだ花びらを5枚のせ、その上に両端をつまんだ花びら5枚をずらしておく。押して密着させ、約12時間乾燥させる。

解説
動画

8　次に、小さいほうの花びらを先ほどと同じようにつくる。シリコン製のドーム型(直径45mm)に、片側だけをつまんだ花びら4枚をのせる。

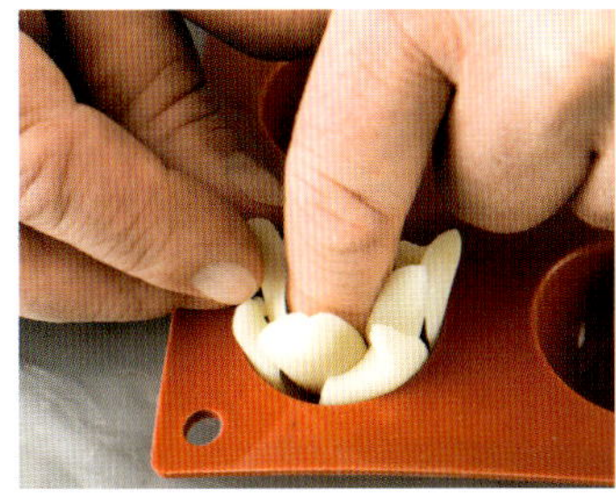

9　その上から、両端をつまんだ花びら4枚をずらしてのせて、押して密着させる。

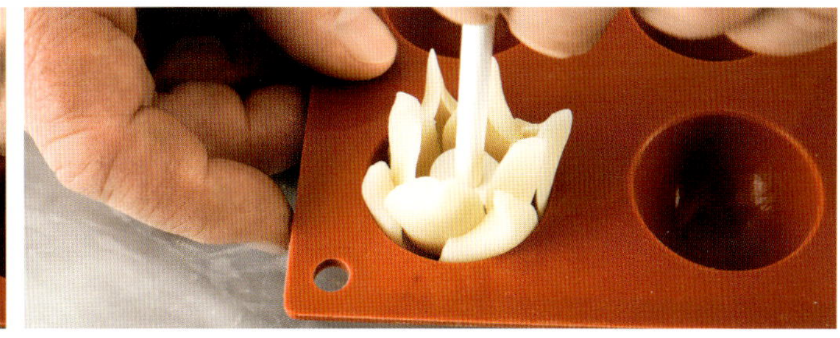

10　マジパンスティック(円すい形)を使い、後から雄しべを挿し込みやすいように中央部を押して広げる。約12時間乾燥させる。

11　大きい花びらを重ねた中央部に、アイシングを絞る。

12　ここに、小さい花びらを重ねたものを注意深くのせる。

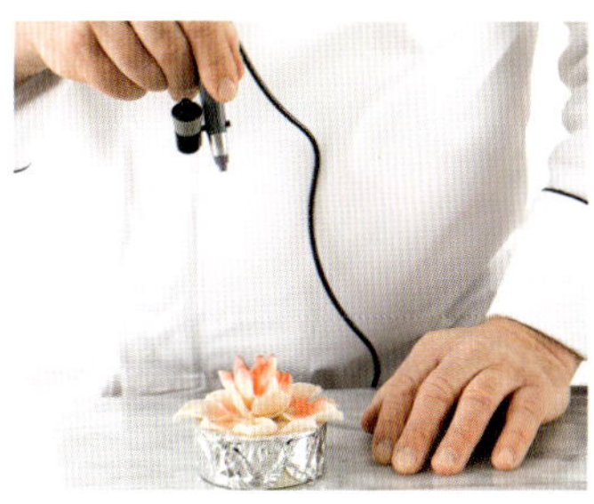

13　エアブラシで着色する。

14　雄しべは、黄色のマジパンをニンニクプレス機に入れて、細く押し出す。

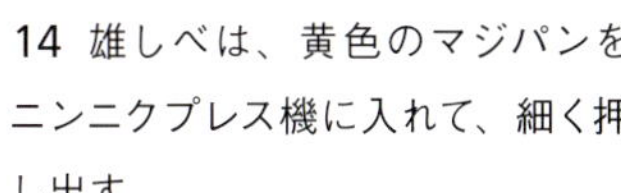

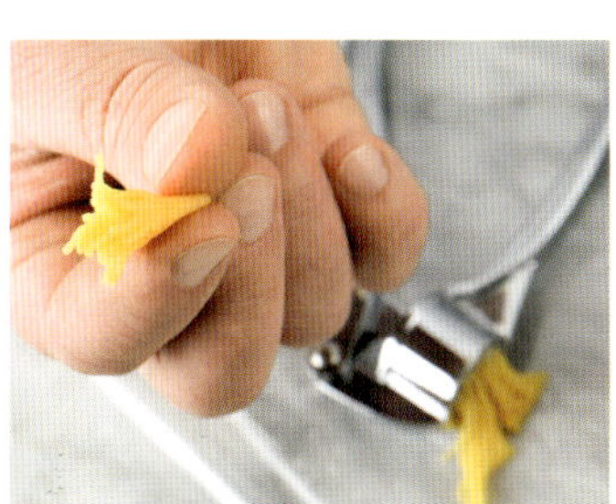

15　一部を小さく切りとり、片方の端をつまんで束にする。マジパンスティックを使って、花のくぼみ部分に貼り付ける。

プルメリア

スイレンと同じように花びらをつくり、乾燥させ、プラリネの型に入れて固める（カラーの項を参照）。

カラー

- 伸ばし器で、マジパンを約3mm厚さに伸ばす。
- 花びらの型で抜き、上になる部分を薄く伸ばして、下のほうを巻くようにして成形する。
- 逆向きの円すい形(たとえばプラリネ型など)に挿し込み、乾燥させる。
- エアブラシで着色する。
- 雌しべは、黄色のマジパンを棒状に伸ばしてカットする。
- 両端が細くなるように手で転がし、グラニュー糖をまぶして形を整えて乾燥させる。
- アイシングで貼り付ける。

豆知識

プラリネの型の代わりに、発泡スチロールの板にアルミホイルを巻き、口金を挿してもよい。

胡蝶蘭

スイレンと同じようにつくる。

抜き型でつくる花

抜き型を使って、さまざまな形の花を簡単かつ効率的につくることができる。ヒマワリ、マーガレット、忘れな草、イマジネーションの花など。

ヒマワリ

- 伸ばし器で、黄色のマジパンを約3mm厚さに伸ばす。
- フラワーカッターで小花を切りとる。
- ひとつの花に2枚の小花を重ね、型(p.106のスイレンを参照)をつくり、その上にのせて乾燥させる。
- エアブラシで着色する。
- 花の中心部は、茶色のマジパンの上に模様のついた棒を転がして表面を加工し、丸い抜き型(直径20mm)で抜く。
- アイシングで貼り付ける。

各種のさまざまな抜き型でつくったシンプルな花

葉と枝

葉と枝は、花を美しく飾るための重要な構成要素。マジパンを薄く伸ばしてから型で抜き、スプーンやナイフで葉の形をつくったり、葉脈の模様を付けたりする。たとえば、バラの葉はとても繊細な手作業でつくられる。

バラの葉

1　緑色のマジパンを約10mm厚さの棒状にする。

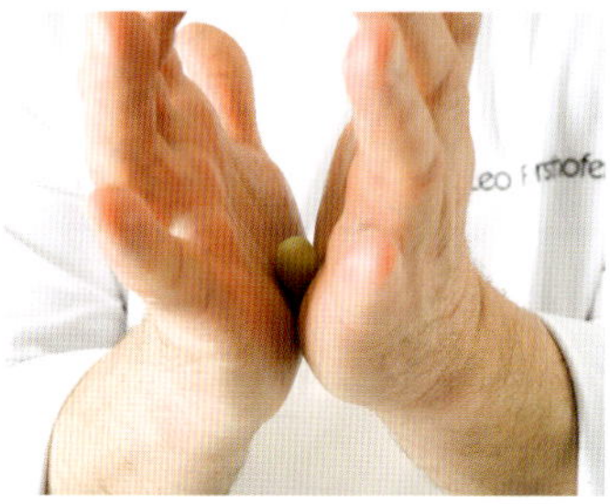

2　10mm幅に切り、しずく型に成形する。

3　作業台に置いて、拳の外側で押して薄く伸ばす。

4　プラスチック製のスプーンで葉の模様をつける。

5　ナイフなどで、作業台からはがす。

6　カーブなどのアレンジを加える。

抜き型で成形した葉

竹

1

- 薄いペット素材シートで長方形を複数枚つくる。長辺の長さをそろえ、短辺は多少差をつける。この長辺の端を両側とも45度の角度に切り落とす。
- 切り落とした長辺を合わせてシートを並べ、90度の溝がいくつかできるようにする。
- 着色したマジパンを約10mm厚さの棒状にする。

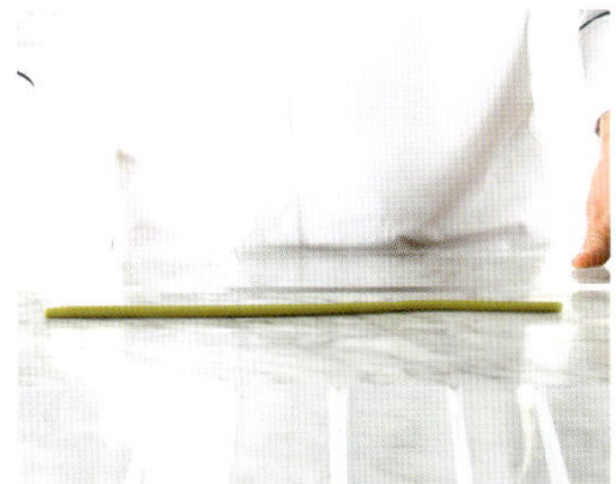

2　プレキシガラスの板を使い、棒状のマジパンを転がして太さを均一にする。

3　先に用意したペット素材シートの上に、マジパンを置く。溝と垂直方向に。

4　プレキシガラスの板で押しながら、シートの上でマジパンを転がす。溝にマジパンが押し当てられて、その部分がふくらんだ形になる。

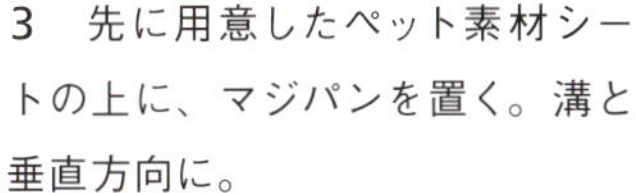

5　マジパンスティックを使い、ふくらんだ部分の中央に線を引いて、竹の筋（フシ）をつくる。乾燥させてから、エアブラシや刷毛で着色する。

TELLERDEKOR

デザートプレートのデコレーション

簡単につくれる装飾パーツは、組み合わせ次第で無限の創造性を発揮する。

- 簡単な装飾パーツ、たとえば、メレンゲの三角形をつくり、ゴマやアーモンド、カボチャの種、またはデザートに合う素材をまぶして、サラマンダーやバーナーで表面をあぶる。
- 型で抜いたり、リング状にしたクーベルチュールをカカオバターで着色する。
- 小さなアーチ形や花びらを、エアブラシで着色する。

子どもたち用につくるピエロやテディベアとは別に、マジパンは味の面でもデザートを輝かせることができる。デザートに合わせて、さまざまなフルーツやジュレなどと組み合わせることが可能だ。

しかし残念ながら、現在はデザートプレートにマジパンが飾られることはほとんどない。

SCHOKOLADE

チョコレート

チョコレート作品をつくるために必要な技術は、スペインのカタルーニャにそのルーツがある。伝説によれば、イースター・バニーやサンタクロースの型をもちあわせていなかったベルギーやスイスなどの国で、地元の菓子店がシンプルな卵形からチョコレート菓子をつくりはじめたという。

Leo Forsthofer

プロの世界で熱心に受け入れられたチョコレートの技術は、アントニオ・エスクリバ（Antonio Escribà）、バイシャス（Francisco Baixas）、サバト（Jaime Sabat）など献身的な菓子職人によってさらに発展し、国際的に知られるようになった。オーストリアでこの技術を最初に導入し、普及させたのはシューマッハ（Karl Schuhmacher）である。

続いて、フランスのブルンスタイン（Pascal Brunstein）、イタリアのスリッティ（Andrea Slitti）、スイスのエッゲンスワイラー（Fredy Eggenschwiler）とツィーグラー（Franz Ziegler）、アメリカのノッター（Ewald Notter）、カノン（Sebastian Canonne）など世界中の多くの熱心な専門家が、この技法から発展した多くの創造的な可能性を公開している。現在は、ベルギー出身のステファン・ルルー（Stephane Leroux）が人気だ。彼は非常に革新的な技術を持ち、チョコレート装飾の分野で絶大な影響力をもっている。

今日のチョコレートの国際大会を訪れる機会があれば、イースター・バニーを卵形でまかなうという、単純な考えから発展したことに驚くだろう。

DIE BASIS

基礎講座

チョコレート作品が成功するための基本的な前提条件は、クーベルチュールを正確にテンパリングすることにある。これがうまくいかないと、チョコレートの外見と安定性の両方が損なわれる。

テンパリングの意味

まず第一に、温度の変化がクーベルチュールの脂肪（カカオバター）の分子構造に影響することを知らなくてはならない。

カカオバターは、加熱して溶かしたときに液化する唯一のチョコレート成分であり、チョコレートを固めることができる。

カカオバターの異なる結晶を操る

溶かしてすぐのクーベルチュールを加工すると、カカオバターの中に異なる形態の結晶が生じて、安定した部分と不安定な部分ができてしまう。不安定な部分は、チョコレートの結合性を失わせる。カカオバターがチョコレートの表面に浮き上がり、灰色がかった白いベールのように見えるのが不安定な結晶で、このときのクーベルチュールは中心がザクザクとして脆弱な構造となる。

これを防ぐため、クーベルチュールから不安定なカカオバターの結晶を除去し、安定したベータ（β）結晶が増えた状態にする必要がある。そこで溶かしたクーベルチュールを28℃（ベータ結晶点）まで冷却しながら、撹拌によって結晶形成を促進する。不安定な結晶の融点はこれより低いので、この温度を越えると不安定な結晶は溶解、または除去される。

オーバーテンパリング

テンパリング中に撹拌しすぎたクーベルチュールは、粘性が増してドロドロになる。以前は、この状態を空気が入りすぎたためととらえ、間違って「泡立ったチョコレート」と表現していた。今日では、すでによく知られているように、これはベータ結晶の過度な増量が原因であり、この状態を「オーバーテンパリング」と呼ぶ。オーバーテンパリングしたクーベルチュールは、再度ゆっくり温度を上げてなめらかに仕上げ直す。

例外的なケースでは、36～37℃まで上げてもまだ良好な最終製品ができる。

テンパリングの方法

クーベルチュールをテンパリングする方法はいくつかある。例外を除いて、ダーククーベルチュールは43～45℃まで温める。人によっては55℃まで上げる人もいる。ミルクやホワイトクーベルチュールは最大43℃まで。これはすべての結晶が溶解する温度で、なかには不安定な結晶も含まれる。基本的に、色が薄いほど融点は低くなる。

溶かした後は、クーベルチュールを28℃まで冷やしていく。原理的に、冷却プロセスは迅速に行なうことが求められる。そうすることで不安定な結晶の生成や、それに伴う悪影響を回避できる。クーベルチュールは理論的に正しい温度範囲で処理しなければ、最終製品で望んだような結果は得られない。

冷却後は、おだやかに撹拌しながら31～33℃に上げる。
※注意：この温度を越えるとベータ結晶まで溶けてしまい、再度テンパリングし直す必要がある。

湯せんにかける

この方法では、テンパリング中のクーベルチュールに水が入らないようにすることが重要だ。
クーベルチュールに水が入るともったりとし、元に戻らなくなる。

- クーベルチュールをボウルに入れて湯せんに当て、絶えずかき混ぜながら溶かす。次に、冷水に当ててベータ結晶の温度帯まで撹拌しながら下げる。
- その後、湯せんに当ててクーベルチュールを作業しやすい温度まで上げる。

保温器を使う

この方法は、クーベルチュールを高温にしない。正確に温度調整できる保温器を用意し、正しい手順を踏む。そうしないとクーベルチュールがオーバーテンパリングしたり、温度が上がりすぎる危険性がある。

- 保温器にクーベルチュールを入れ、サーモスタッドを処理温度に設定する。この温度は機器のタイプやメーカー、またクーベルチュールの量や製造メーカーによって異なる。
- クーベルチュールは30～31℃までゆっくりと加熱し、保温する。ベータ結晶は保持され、おだやかに撹拌することで均等に結晶が行き渡る。

タブリール法（マーブル法）

解説
動画

テンパリングにおいてもっとも重要で、同時にもっともよく使われる方法である。

1　溶かしたクーベルチュールの2/3量を、冷たい大理石（マーブル台）に広げる。

2　結晶化するまで、ヘラとパレットを使ってクーベルチュールを広げたり、まとめたりをくり返し…

3　…最後に再びまとめる。

4　結晶化しはじめたクーベルチュールを、残りのクーベルチュールに戻し入れる。

5　よく撹拌し、作業温度まで下げる。

6　必要に応じてブレンダーで乳化させ、チョコレートのエマルジョンを安定させる。

豆知識

- 乳化は、チョコレートエマルジョンを改善するだけでなく、より早く結晶が得られる。ただし、オーバーテンパリングを引き起こす可能性があり、注意が必要だ。
- クーベルチュールが適切にテンパリングされているか、以下のサンプルで判断できる。クーベルチュールにパレットを浸し、グラシン紙に置く。すぐに固まり、きれいな光沢が出れば適切にテンパリングされている。

フレーク法

この方法は、もっとも簡単なテンパリング方法である。最終的に、望みの固さに調節できる。

解説動画

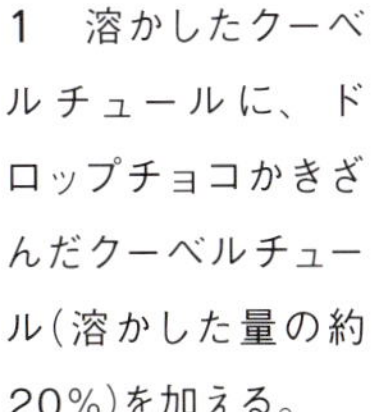
1　溶かしたクーベルチュールに、ドロップチョコかきざんだクーベルチュール(溶かした量の約20%)を加える。

2　よく混ぜたら少しおき、クーベルチュールを溶かす。

3　再度よく混ぜる。ドロップが完全に溶けていない場合は、ブレンダーで乳化させる(「タブリール法」参照)。

テンパリングしたクーベルチュール　　テンパリングしていないクーベルチュール　　オーバーテンパリングの状態

SCHOKOLADENTEILE GIEßEN

チョコレートを型に流す

基本的に、表面がなめらかでしっかりと安定した型（線や切れ目のないものが望ましい）にテンパリングしたクーベルチュールを流す。とくに向いているのがプレキシガラスやポリカーボネート製の型で、さまざまな形状のものが市販されている。クーベルチュールが適切にテンパリングされていれば、これらの型はチョコレートに完璧な光沢を保証する。

型どり（中を空洞に）する

小さい型は、クーベルチュールを1度流せばよいが、より大きな型は2～3回流したほうがよい。

1　型を固定するため、厚みのある金属棒（当て木）を用意する。型にテンパリングしたクーベルチュールを流す。

2　余分なクーベルチュールをヘラでそぎ落とす。ヘラの持ち手で型を軽くたたいて、空気を抜く。

3　型を逆さにして、クーベルチュールを流し出す。

4　クーベルチュールをヘラでそぎ落とす。

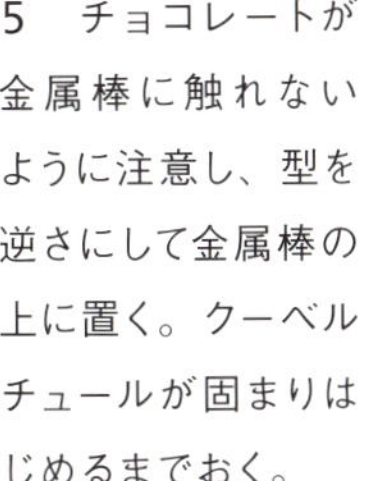

5　チョコレートが金属棒に触れないように注意し、型を逆さにして金属棒の上に置く。クーベルチュールが固まりはじめるまでおく。

6　余分なクーベルチュールをヘラでそぎ落とす。流したチョコレートが薄いようであれば同じ工程をくり返して厚くする。厚みが決まったら、型ごと冷却する。

7　型を軽くひねると、はずしやすい。

8　型を逆さにして、軽くたたいてとり出す。

豆知識

- クーベルチュールを重ねて型に流す場合は、冷却せずに、前回のものが半乾きのときに流す。そうしないとチョコレートの層が結合しないため、最終的な作品の層がはがれたり、弱い部分にひびが入ってしまう。
- 原理的には、金属型などでもつくることができるがおすすめはしない。使う場合、型に軽くオイル（カカオバターなど）を塗っておくと、チョコレートをとり出しやすくなる。

解説動画

チョコレートの表面に着色する

型どりしたチョコレートは、表面にさまざまな効果を加えることができる。たとえば、型にカカオバターで溶いた色素を薄く吹き付けたり、金粉を塗るなど、いくつかの薄い層を重ねる。

1　着色したカカオバターをエアブラシで型にスプレーするか、刷毛で塗る。カカオバターはあまり高温にしない（適温は30 ～ 32℃）。

2　必要に応じて、型にメタリックの粉末を刷毛で塗る。その上からテンパリングしたクーベルチュールを流して結晶化させる。ダーククーベルチュールを使う場合は、型に流す前に白く着色したカカオバターをスプレーする（p.159参照）。

自分でつくるチョコレートの型

カカオパウダーでつくる

カカオパウダーにクーベルチュールを流すだけで、特別な道具を使わずにチョコレートのパーツを簡単に手づくりできる。クーベルチュールがココアパウダーをまとうことで、錆びたような演出効果も得られる。

1　たとえば、鍵、刷毛などのモチーフを、何でもよいので平らにならしたカカオパウダーに押し当てる。または、ゴムベラで抽象的な形状(枝など)を描く。

2　テンパリングしたクーベルチュールを絞り袋に入れ、これらのくぼみに流す。結晶化するまでおく。

3　でき上がったチョコレートのパーツを目のこまかい網にのせ、余分なカカオパウダーをはらう。

豆知識

この方法は、粉糖などでも応用できる。

ゼラチンでつくる

これはレリーフや小さな装飾パーツに適している。ただし、その性質上、これらは数回しか使用できない。

材料
水　1000g
粉ゼラチン　130g

1　容器の内壁に沿って硬質OPPシートを1周させ、セロテープで固定する。このシートはオブジェから5cm以上、高くする必要がある。

2　原型となるオブジェが動かないように底に小さなマジパンを貼り、容器に入れて固定する。

3　粉ゼラチンと水を混ぜてふやかし、電子レンジにかけて溶かす。

4　オブジェがすっかり埋まるまでゼラチン液を流し入れ、冷して固める。

5　ゼラチンが固まったら、シートと容器の間にナイフを入れる。

6　シートの上部を持ち、静かに容器からゼラチン型を引き抜く。

7　セロテープとシートをはがす。

8　ゼラチン型の中央あたりを、上から割るようにナイフで切る。

9　ゼラチン型からオブジェをはがす。

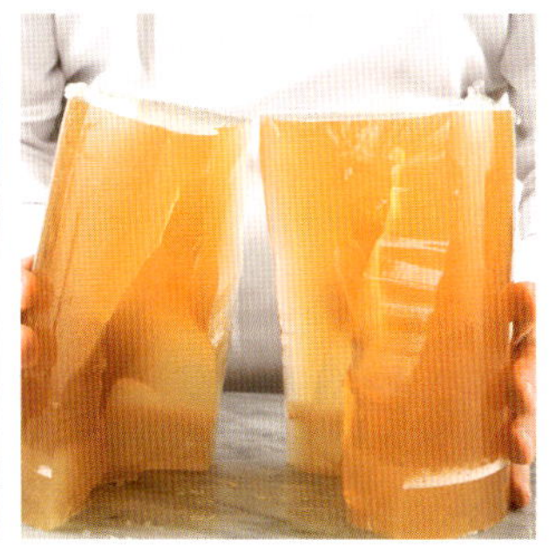

10　ゼラチン型を合わせて元の形に戻す。

11　シートを巻きつけ、セロテープで固定する。逆さにして、開口部が上になるようにする。

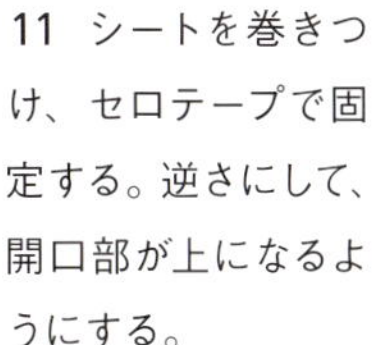

12　テンパリングしたクーベルチュールを絞り袋に入れ、開口部から注ぎ入れる。冷して結晶化させる。

13　セロテープをとり、シートをはがす。ゼラチン型を注意深くとりはずす。

14　でき上がった作品を型からはずし、仕上げにチョコレートを噴き付ける。

豆知識

- より大きなオブジェで型をつくるときは、水1000gに対して180gの粉ゼラチンを入れる。ゼラチン液は一度に加えず、オブジェが浮かないように、数回に分けて注ぐ。
- ゼラチン液の量は、オブジェのサイズ、または入れ物の容量によって決まる。今回は約20cmの猫のオブジェに4倍（4リットル分）の量を使用した。
- ゼラチンに含まれる水分により、クーベルチュールの色が褪せる。そのため、仕上げにチョコレートを噴き付ける必要がある。

シリコン型

シリコン型は、チョコレートを流すのに理想的だ。とくにオリジナルの型を制作したり、同じものを連続的につくる場合に向く。マジパンの章で詳しく説明している(p.94参照)。

テンパリングしたクーベルチュールを型に流し、パレットですり切る。小さい型は絞り袋に入れて絞り出し、こまかい部分まで仕上げる。チョコレートが結晶化したらとり出す。

プラスチック型

解説
動画

熟成形でつくる

熟成形でつくる自家製の型は、小さな葉や花びらなどシンプルな形状のものが向いている。もちろん、特別な機器を使えば、真空と熱により完璧なプラスチック製の型をつくれるが、誰もがそのような機器を買う余裕があるわけではない。ここでは簡単な手段で同じ機能を果たす方法を説明する。

豆知識

このような熟成形でつくったさまざまな型が市販されている。

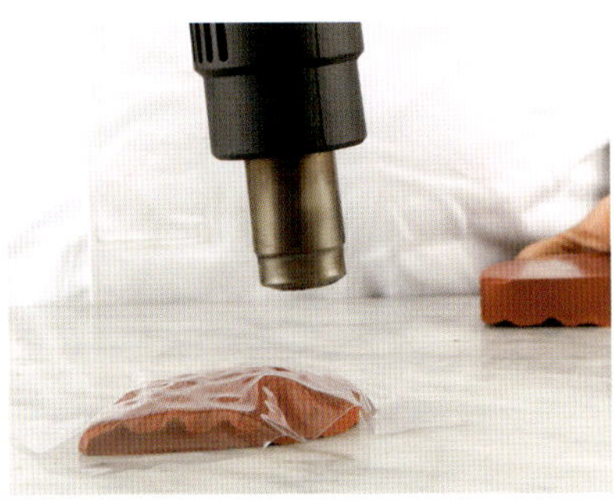

1　アメ用葉型の上に、硬質OPPシートを置く。熱を当ててシートをやわらかくする。

2　シートの表面がやわらかくなったら、上の部分の型を重ねて押す。

3　上の型をとる。

チョコレートの葉をつくるときは、必要な分だけこのシートの上に絞り出す。または、ハサミでシートを切り抜き、テンパリングしたクーベルチュールにシートごと浸す（「自然の葉」p.190参照）。

平面的な型

硬質OPPシートをカッターナイフで切りとってつくる。

曲線のフォルムに必要な、大小２つの円の型紙をフリーハンドでカットする。

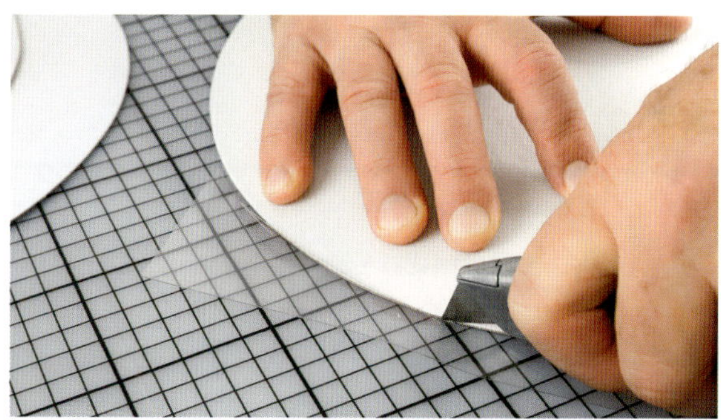

1　最初に大きいほうの丸い型紙をシートの上に置き、型に沿ってカッターで切る。

2　型紙を少し下にずらす。

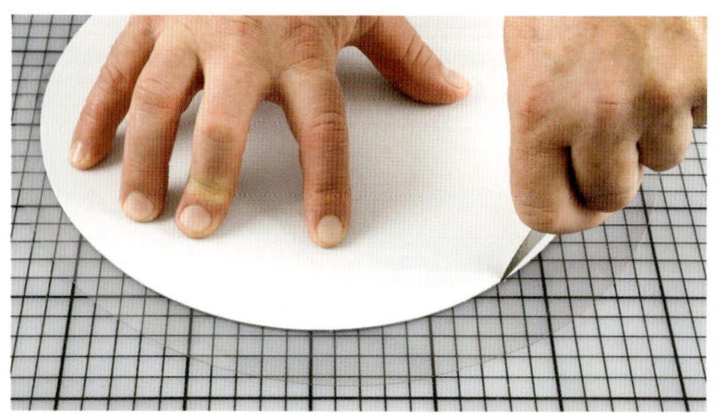

3　型紙に沿ってカッターで軽く切り目を入れる。この切れ目が最終的に中心の折り込み線になる。

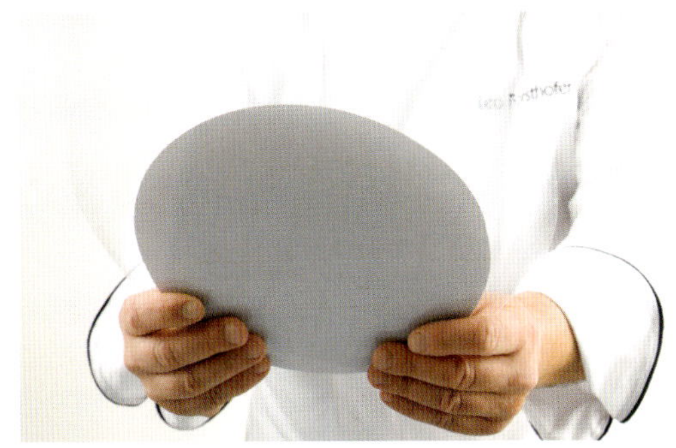

4　次に、小さいほうの丸い型紙をシートの上におく。折り込み線を中心として、最初に切った外側と、これから切る内側の線が中心から同じに幅になるようにして切りとる。

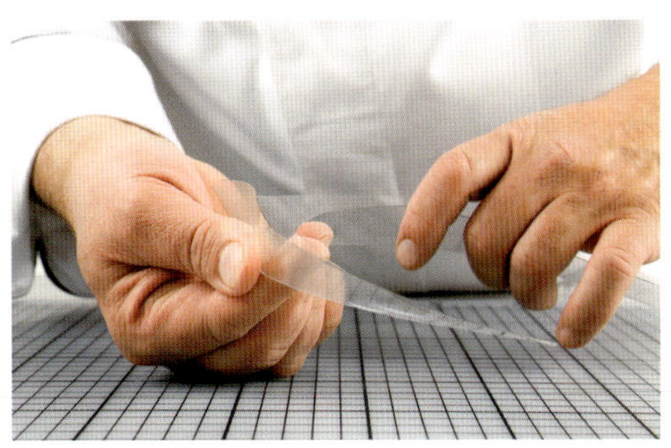

5　折り込み線を折る。

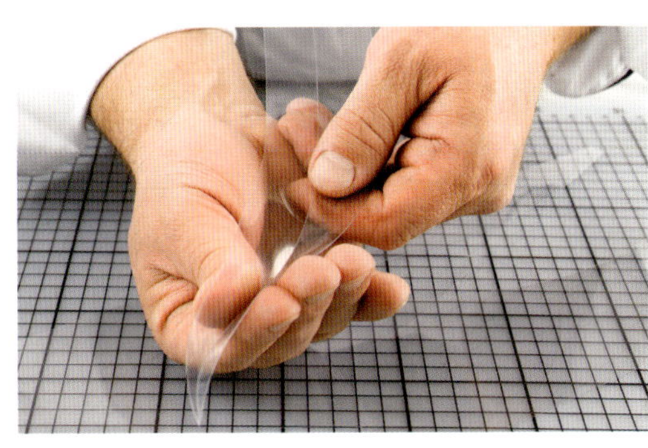

6　直線、または好みのカーブにつくった曲線に、ナイフの背などを押し当ててしっかりと折り目をつくる。折り線の左右が同じ幅になるようにハサミで切って調節する。

7　この型に、テンパリングしたクーベルチュールを絞り出す。冷し固め、結晶化したら型からはずす。

立体的な型

このテクニックはたくさんの可能性があり、個性的な作品を創造できる。

1　硬質OPPシートで、単純な幾何学模様を切りとる。

2　個々の部品をセロテープで立体的に貼り合わせる。

3　この型にテンパリングしたクーベルチュールを流す。

4　逆さにして余分なクーベルチュールを流し出し、パレットですり切る。

5　冷して結晶化させる。壁の厚さが充分でなければ、完全に固まる前のやわらかいうちにクーベルチュールを再度流し入れ、出す工程をくり返す。

6　冷えて固まったら、セロテープを切りとる。

7　慎重にチョコレート作品をとり出す。

8　型をとりはずす。

豆知識

流し込んだチョコレート作品は、長時間冷しすぎると締まって部分的に割れることがある。

SCHOKOLADENTEILE AUSSCHNEIDEN

チョコレートのパーツをつくる

切ったり型抜きしてつくるチョコレートのパーツは、作品の構成要素として、またはケーキやデザートの装飾として多方面で活用できる。さらに、やわらかいうちにチョコレートを独自のフォルムに成形したり、土台で変化を加えたり、表面を加工することで、思いもよらない創造的な可能性が広がる。

テクニック1

1　テンパリングしたクーベルチュールを硬質OPPシート、またはグラシン紙かオーブンペーパーの上に流し、パレットで好みの厚さに伸ばす。厚さを均一にするため、金属棒などを当てて伸ばすとよい。

2　余分なクーベルチュールは、長い定規などを当ててすり切る。

3　クーベルチュールが固まりはじめたら、用意した型紙や抜き型でカットするか、図柄を見ながら小さなナイフで好みの形に切る。

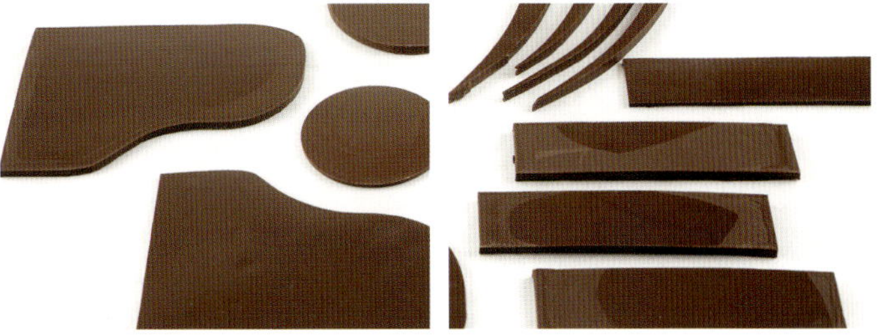

4　表面をグラシン紙で覆う。チョコレートをシートごと裏返して天板にのせ、冷える途中でチョコレートが丸まるのを防ぐ。冷えて結晶化したら、シートをはがし、部品ごとに分けておく。

豆知識

- プラスチックフィルムの上に流したチョコレートのパーツは、表面にとても美しい光沢が出る。
- 金属棒などを当ててクーベルチュールをならすと、均等な厚さに仕上がる。
- クーベルチュールは完全に結晶化する前に切りとり、加工すること。とくに小さなパーツはナイフや抜き型を軽く温めてから切らないと割れてしまう。

テクニック2

この方法は、チョコレートの部品が丸まってしまうのを防ぐ。

- まっすぐ平面な天板や作業台を、水を含ませた布で拭いて湿らせておく。
- その上に薄いプラスチックフィルムを敷き、フィルムの下に空気が入らないようにする。
- クーベルチュールを好みの厚さに伸ばす。
- そのほかの応用はテクニック1と同じ。

SCHOKOLADENTEILE ZUSAMMENSETZEN

チョコレートのパーツを組み立てる

作品制作において、チョコレートのパーツを貼り合わせる工程は、そのすべてが重要だ。それは作品の成功と安定性を決定づける。

チョコレートの接着技術

切ったり型抜きしたチョコレートのパーツを組み立て、接着することで、ほとんどの立体構造物を制作できる。重要なのは、部品と部品をしっかりと貼り合わせること。

例：ピアノ

- 硬質OPPシートにテンパリングしたクーベルチュールを流し、均等な厚さに伸ばして冷し固める。
- ピアノの屋根（蓋の部分）と棚板（本体の底）は、反対向きに切りとる。冷して結晶化するとクーベルチュールは光沢が出る。
- ピアノの脚柱は、シリコン製の円すい形（プラリネ型）にテンパリングしたクーベルチュールを流すか、絞り袋で絞る。冷して結晶化させる。
- ピアノの突上棒（屋根を支える棒）は支柱（p.150参照）をつくるか、切り出す。
- ピアノの部分ごとに小さなチョコレートのパーツを組み立てる。パレット、またはナイフを短時間だけ温める。
- この温めたパレットにパーツの貼り付ける部分を当てて軽く溶かす。

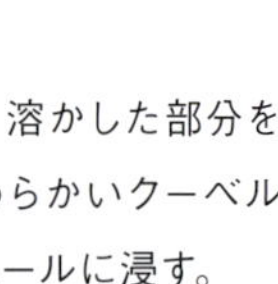

1　溶かした部分をやわらかいクーベルチュールに浸す。

2　これをピアノ本体に貼り付ける。

3　ピアノの側面をつくる。プラスチックフィルムの上に、テンパリングしたクーベルチュールを帯状に伸ばす。固まりはじめるまで少しおく。

4　温めたナイフかマルペンで、伸ばしたクーベルチュールをピアノ側面の幅に合わせて切りとる。切りとった面は軽く溶ける。

5　フィルムごと切りとったチョコレートをピアノ本体の端に貼り付ける。

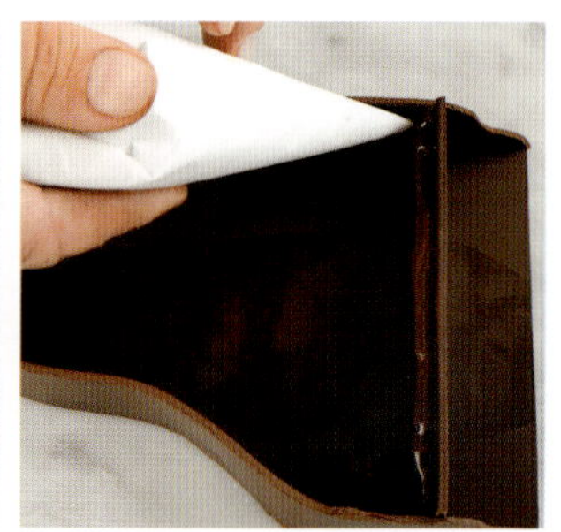

6　確実に貼り付けるため、接着した部分の内側にテンパリングしたクーベルチュールを絞り、補強する。

7　そのまま冷して結晶化させる。

8　側面のフィルムをはずし、ピアノ本体を裏返す。

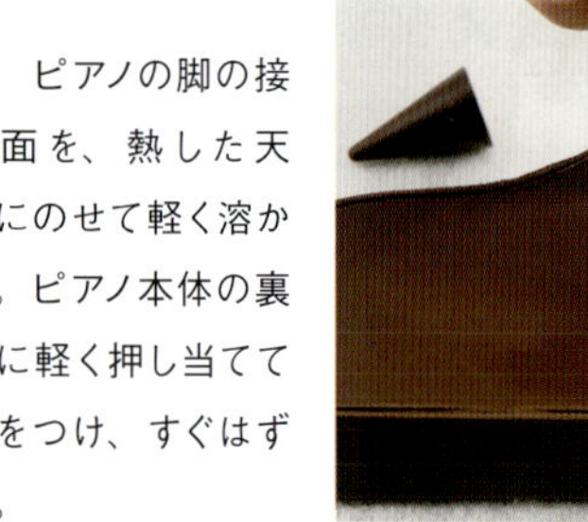

9　ピアノの脚の接着面を、熱した天板にのせて軽く溶かす。ピアノ本体の裏側に軽く押し当てて印をつけ、すぐはずす。

10　印をつけた部分をマルペンで溶かし、脚をしっかりと押して貼り付ける。冷して固める。

11 ピアノの突上棒も同じように接着する。貼る位置を決めたら一度はずす。

12 突上棒にテンパリングしたクーベルチュールを絞り、半分ほど固まったら本体に接着する。ピアノの屋根の接着する側面も溶かす。

13 溶かした屋根の側面を、ピアノ本体に押し当てて貼り付ける。突上棒の上にもテンパリングしたクーベルチュールを絞り、屋根に接着する。

例：抽象的な立体オブジェ

1　板状に伸ばしたクーベルチュールが半分ほど固まりかけたら、オブジェの形状2つ(表と裏)、さらに支柱となるいくつかの長方形のパーツを切りとる。

2　支柱を置くポイントを決め、マルペンでオブジェの接着部分を溶かす。

3　支柱のパーツをテンパリングしたクーベルチュールに浸し、接着点に押して貼り付ける。すべてのパーツで同じ作業をくり返し、固める。

4　オブジェを裏返し、熱した天板で支柱の端を溶かす。

5　支柱の上にオブジェの裏側を一度のせてから、とりはずす。

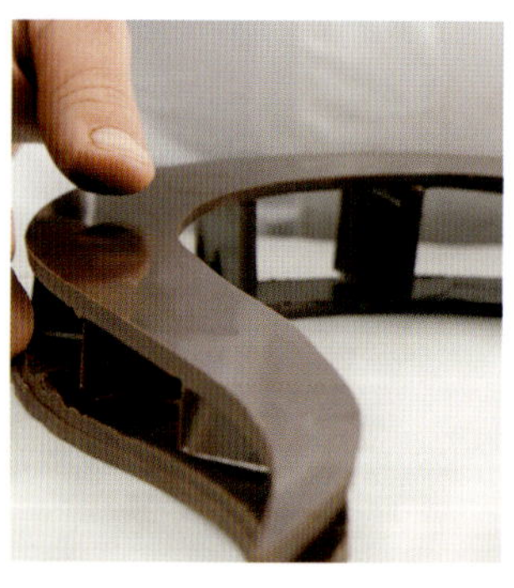

6　支柱の上にテンパリングしたクーベルチュールを絞る。

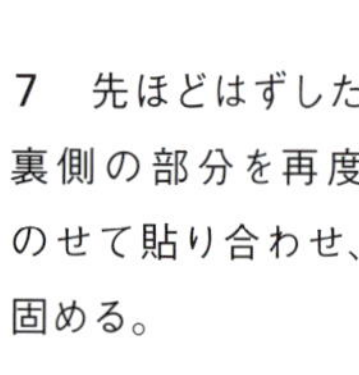

7　先ほどはずした裏側の部分を再度のせて貼り合わせ、固める。

8　熱した天板にオブジェの端を押し当てて、角をなめらかにする。

9　オブジェの側面に蓋をするため、プラスチックフィルムの上にテンパリングしたクーベルチュールを伸ばす。少し固まるまでおく。

10 チョコレートを帯状に切りとり、フィルムごとはずす。

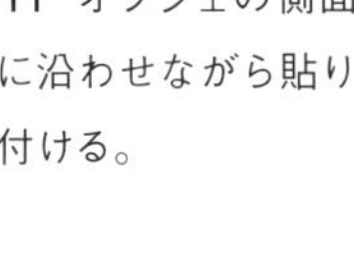

11 オブジェの側面に沿わせながら貼り付ける。

12 すべての側面に蓋ができるまで、この工程をくり返して、冷し固める。16～18℃の場所で完全に結晶化させる。

13 フィルムをとりはずす。

14 チョコレートがはみ出たところをナイフで削り落とす。

15 全体がなめらかに仕上がるよう、手のひらで表面を磨く。

パーツを立てて接着する

手の指や木の枝のように、空間に突き出たり、立たせておくパーツは、接着剤を使うのと似た方法で接着する。わずか数秒で、チョコレートのパーツがしっかりと接続するため、通常は支える必要はない。しかし、わずかな震えや揺れでも部品が壊れてしまうため、落ち着いて計画・実行する必要がある。

例：木の枝

解説
動画

1　チョコレートの筒を、熱したパレットで切る。

2　切り口を熱した天板に当てて軽く溶かす。

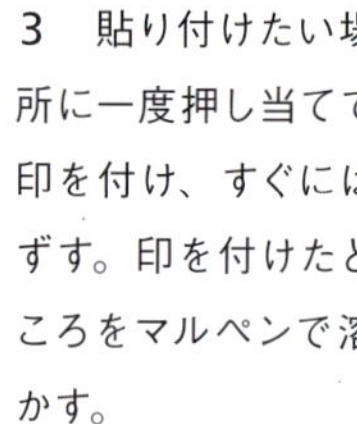

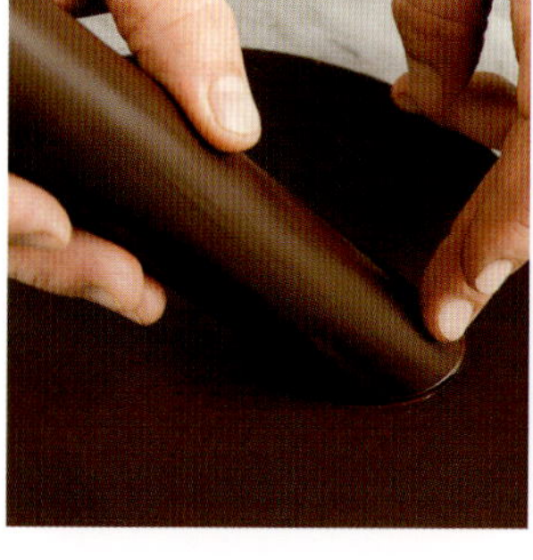

3　貼り付けたい場所に一度押し当てて印を付け、すぐにはずす。印を付けたところをマルペンで溶かす。

4　筒の切り口を、テンパリングしたクーベルチュールに浸す。

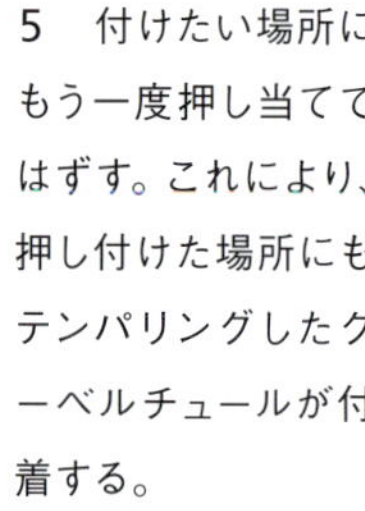

5　付けたい場所にもう一度押し当ててはずす。これにより、押し付けた場所にもテンパリングしたクーベルチュールが付着する。

6　クーベルチュールが半分ほど固まるまでおき、もう一度、筒の切り口をクーベルチュールに浸して同じ場所に貼り付ける。本接着するまで、そのまま数秒間押し付ける。

豆知識

小さく軽いパーツは、冷却スプレーでうまく貼り付けることができる。ただし、テンパリングしたクーベルチュールがショックを受けるため、基本的には避けたほうがよい。接着点に微小亀裂ができてしまい、作品を組み立てる上で安定性を損なう。

さまざまな筒型のチョコレート

作品の制作において、デザインの要素として役立つ。

チョコレートの筒

解説動画

1

- 硬質OPPシートを広げる。つくりたい筒の大きさを決め、とじ目になる部分に細く切ったフィルムをおいて固定する。ここにテンパリングしたクーベルチュールを流す。
- パレットでクーベルチュールを伸ばし、シートよりも数cmほど大きく広げる。

2　クーベルチュールが半分ほど固まったら、細いフィルムをはずす。

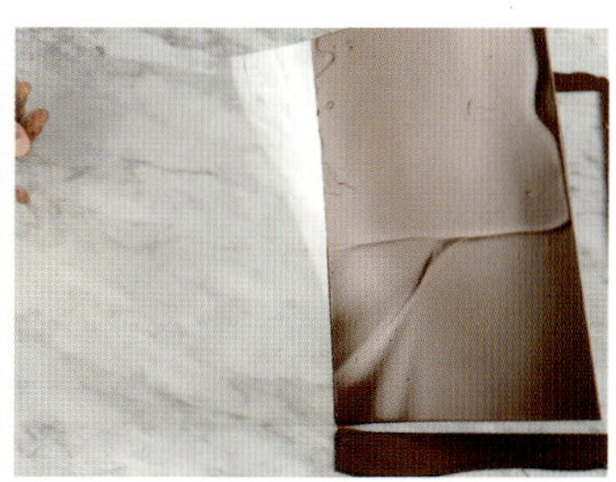

3　作業台からシートをはがす。

4　シートを手早く丸める。

5　筒状に丸めて、輪ゴムかセロテープで固定する。

6　筒のつなぎ目部分に、少量のクーベルチュールを流し入れる。

7　余分なクーベルチュールを流し出し、パレットですり切る。

チョコレートの筒が冷えて固まったら、セロテープとシートをはずす。

豆知識

- 筒のつなぎ目にクーベルチュールを充分に流し入れることで、固まったときにその部分が強固になる。シートをはずすと、しっかりと強いつなぎ目ができている。
- 直径の大きい筒は、内壁の厚さを均一にするためにまっすぐに立てて冷し、結晶化させる。
- とくに大きなサイズは、プレキシガラス製の筒に流し入れるとよい。

チョコレートの棒と円すい形

細い棒状のチョコレートは、ストローや自分で紙を丸めつくることができる。先のとがった形状は、棒状でも円すい形でもセロファンを使用する。こうしてつくった型に、テンパリングしたクーベルチュールを絞り袋で絞り入れる。

チョコレートの棒

バリエーション1

1　テンパリングしたクーベルチュールを、ストローで吸い上げる。

2　ストローの空洞部分を指で押さえながら、テンパリングしてすでに半分固まりかけたクーベルチュールに入れて立てる。冷して固める。

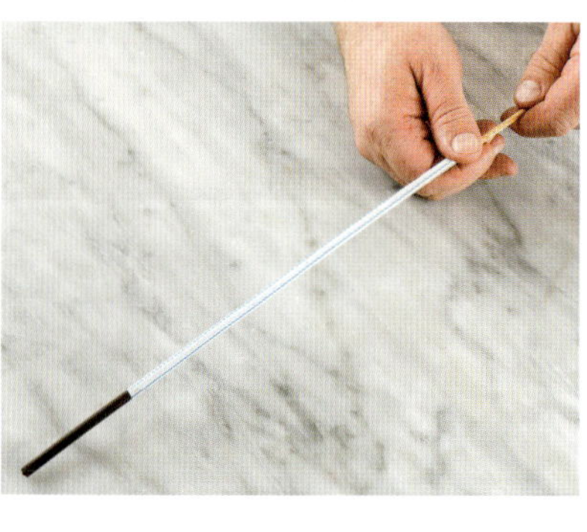

3　ストローの太さに合う、木の棒などを使ってチョコレートを押し出す。

バリエーション2

1　木や金属、プラスチックの棒を、グラシン紙で巻く。

2　巻き終わりをセロテープで固定し、棒を引き抜く。

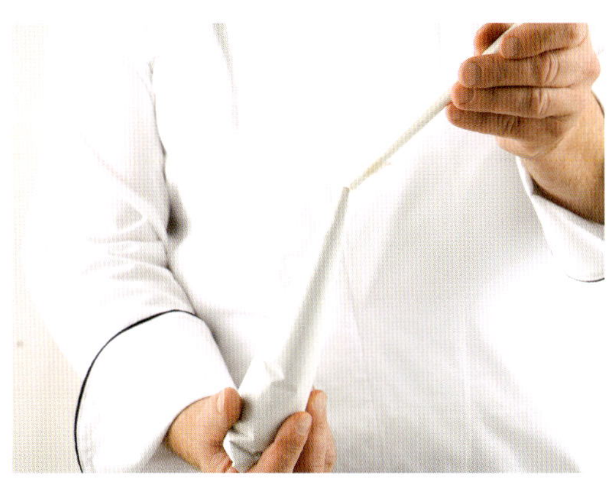

3　テンパリングしたクーベルチュールを絞り袋に入れ、空気が入らないように、筒の下から上に向かって絞り入れる。

4　筒の上部まで絞り入れたら、テンパリングしたクーベルチュールが入った容器に入れて立てておく。冷して固め、固まったらセロテープと紙をはずす。

チョコレートの円すい形

1　セロファンで絞り袋をつくる（p.38参照）。

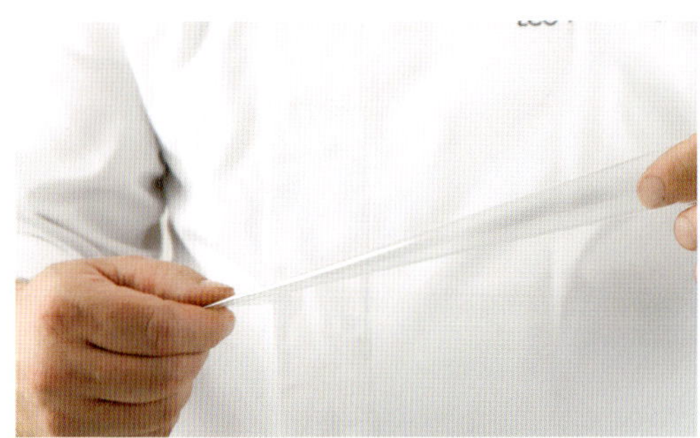

2　片方の手で袋の下を固定し、もう一方の親指と人差し指でセロファンを引き出して絞り袋と同じ円すい形をつくり、セロテープで固定する。

3　テンパリングしたクーベルチュールを下から上に流し入れ（「チョコレートの棒」参照）、袋が倒れないように背の高い容器に立てておく。冷して固める。

4　セロテープとセロファンをはずす。

5　円すい形のチョコレートをとり出す。

KLASSISCHES SCHOKOLADENDEKOR

古典的なチョコレートのデコレーション

チョコレートのアーチ

解説
動画

デザートを創造的に完成させる、とても繊細な装飾パーツ。

1　冷凍庫に入れておいた金属製の筒を、グラシン紙を敷いた天板に置く。テンパリングしたクーベルチュールを絞り袋に入れ、この筒の上に線を絞り出していく。

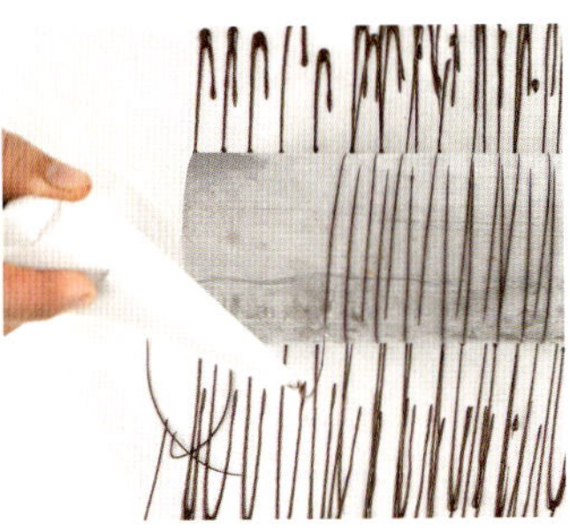

豆知識

大量につくる場合、金属の筒に氷を入れておくと長時間の作業ができる。

2　筒からアーチをはがす。

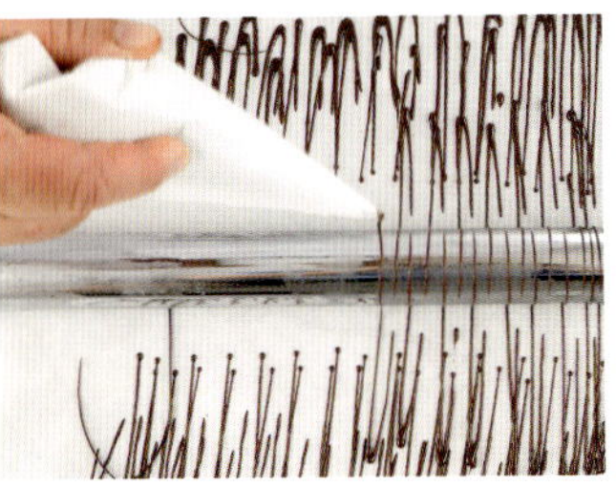

3　小さいアーチをつくるときは、直径の小さな筒を選ぶ。

4　すぐに筒からはずし、18℃以下の場所に最低でも2時間以上おく。

チョコレートの網模様

デザートやケーキを飾る、人気のデコレーションのひとつ。

1　テンパリングしたクーベルチュールを絞り袋に入れ、プラスチックフィルムの端から数cmはみ出すように円や線を絞り出す。数分間そのままおく。

2　しばらくおいては、絞る工程をくり返し、クーベルチュールが半分ほど固まるまでおく。

3　作業台からフィルムをはずす。

4　必要に応じて、金粉を噴き付けたり、型で抜いたり、フィルムごと巻いてカーブをつける。その後、冷して固める。

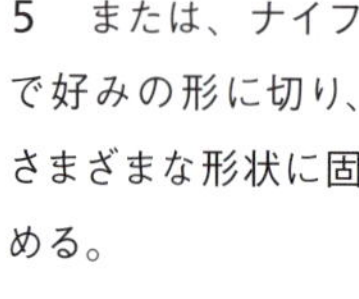

5　または、ナイフで好みの形に切り、さまざまな形状に固める。

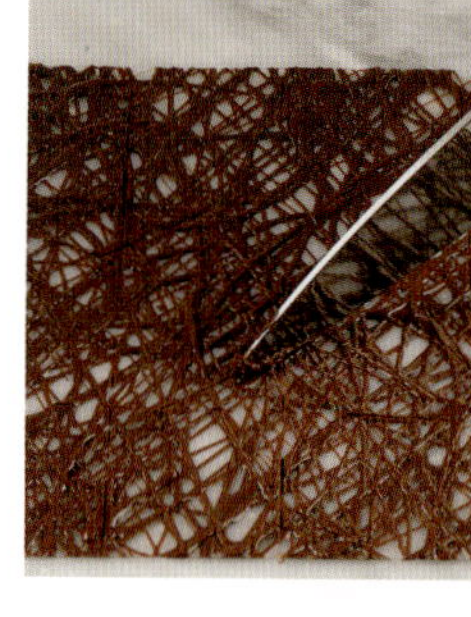

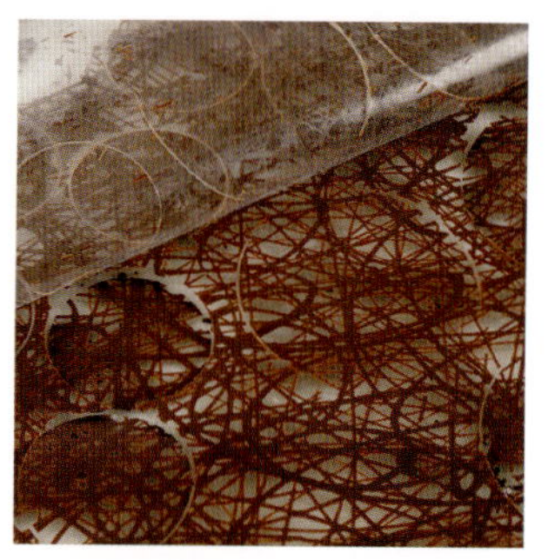

6　固まったらグラシン紙の上に裏返しておき、フィルムをはがす。

7　チョコレートをひとつずつはがす。

8　この網模様は、裏面は平らでツヤがあり、表面に絞った線の重なりができる。

18

チョコレートの扇形とロール

扇形とロールは事前につくり、ストックできる。
この技法はもっともシンプルなだけでなく、機能的でもある。

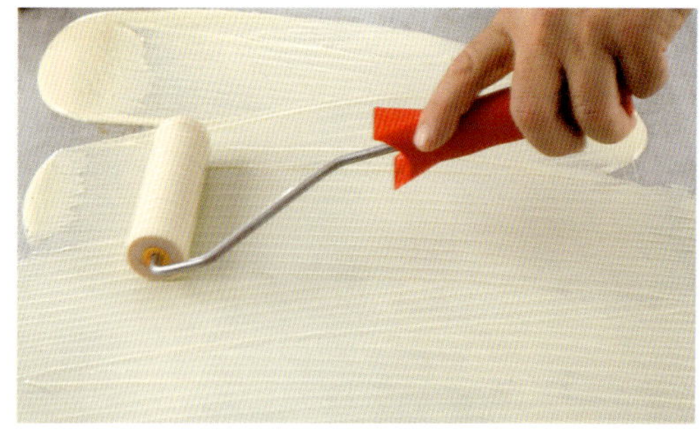

- チョコレートのロールは、天板(65×53cm) 1枚あたり300gのクーベルチュールが必要。扇形は同200g。クーベルチュールは45℃に温めて溶かし、天板も45℃に温めておく。
- 溶かしたクーベルチュールを、パレットかスポンジローラーで天板に薄く伸ばす。天板の裏から、中心部をたたいて表面をならす。
- 最低でも2時間以上冷し、使う前に20分間ほど常温に戻してから作業をはじめる。

豆知識

カカオ含有量が70%を超えるクーベルチュールは、5～10%のサラダ油を加えるとよい。

金属製のヘラやパレットで、クーベルチュールをこそげとるようにして扇やロールの形をつくる。

チョコレートの輪とリボン

デザートにぴったりな、とても繊細な装飾パーツ。
プラスチック製コームを使用して効率的につくることができる。

1　細く切ったフィルムにテンパリングしたクーベルチュールを流し、角度のついたパレットで薄く伸ばす。

2　プラスチック製コームで筋をつける。しばらくおく。

3　フィルムごと作業台からはがす。

4　フィルムの端を合わせてリボン形をつくる。

5　チョコレートの輪をつくる。

6　らせん状に巻く。

7　形を決めたらテリーヌ型などに入れ、冷し固める。

8　フィルムをはがして、チョコレートをひとつずつばらす。

さまざまな表面の加工

着色による効果

光沢のある、カラフルなチョコレートの装飾パーツは、とても効果的に見える。とくに作品をつくる場合、それが平面でもカーブしていても重要な要素となる。表面に光沢や色を付けることは、比較的単純な技法でできる。平らなプラスチックフィルムと着色したカカオバターさえあれば、さまざまなバリエーションが可能で、その創造性は無限だ。カカオバターは飛び散らしたり、平らに伸ばしたり、刷毛で塗ったり、ふきとったりして仕上げる。また、メタリック系を含めて、どんな色とも組み合わせが可能だ。

着色したカカオバターを使う

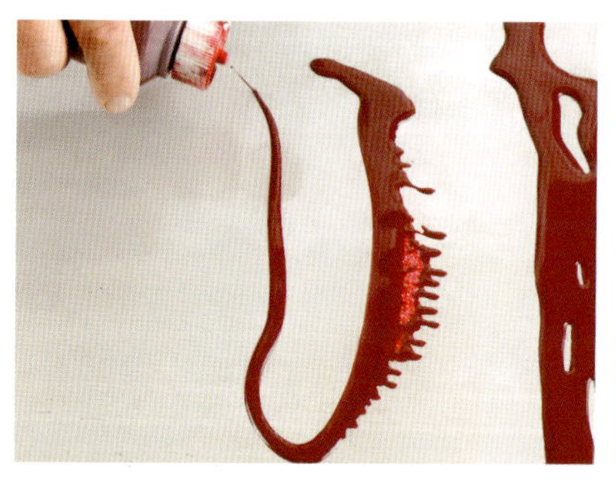

1　着色カカオバターをプラスチックフィルムにたらす。

2　シリコンの刷毛で広げる。

3　その上に、違う色のカカオバターを塗り重ねる。

4　最後に、白く着色したカカオバターを重ねる。

5　そのまま少しおいてから、クーベルチュールを流す。

6　パレットで薄く伸ばす。

7　作業台からフィルムをはずす。クーベルチュールが半分ほど固まる前に、フィルムをぴんと張る。

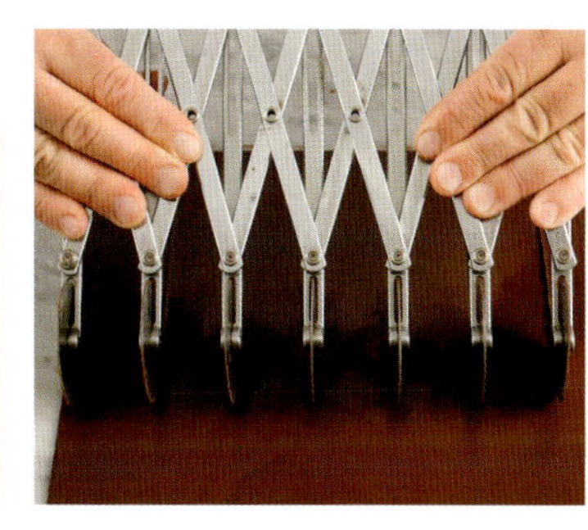

8　この段階で、カットや型抜きをする。

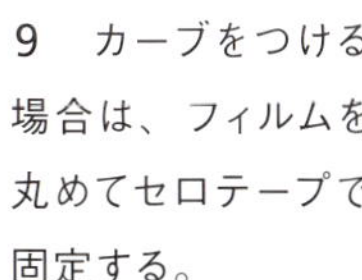

9　カーブをつける場合は、フィルムを丸めてセロテープで固定する。

10 巻いた状態で短時間冷し、16～18℃で結晶化させる。その後、注意深くフィルムをはがす。

11 でき上がったパーツを、ひとつずつばらす。

豆知識

- ダーククーベルチュールのパーツを着色する場合、色付きカカオバターとクーベルチュールの間に、白く着色したカカオバターを塗って色調を鮮明にさせる。そうしないと、ダーククーベルチュールが色を吸収して、最終的な色の効果が失われる。
- 白色やその他の色のカカオバターは市販されているが、自分でつくることもできる。カカオバターに脂溶性の食用色素を混ぜて、テンパリングした状態で使用する。

装飾フィルム（転写材）を使う

装飾（デコ）フィルムは転写シートとも呼ばれ、多様な色、サイズ、さまざまなデザイン（ハートや音符など）が市販されている。

装飾フィルムの印刷された面に、テンパリングしたクーベルチュールを流し、その後、着色カカオバターのときと同様に色の効果を調節する（左の画像参照）。

スプレーによる効果

着色したカカオバターと同じく、着色または無着色の噴き付け用チョコレートでも、さまざまな表面加工ができる。噴き付ける液体の温度や、メタリック系パウダーとの組み合わせで、さまざまな効果が得られる。

エアブラシなどの噴射機は温めて使い、目詰まりを防止する。噴き付け用チョコレートやカカオバターと同様に、短時間だけ保温庫（約35℃）に入れるとよい。

絹のような表面

室温以上に温めた、噴き付け用チョコレート（約35℃）を数回に分けて薄くスプレーする。表面は均一なチョコレート色（またはカラフル）で、絹のようにマットな光沢が生まれる。スプレーした層が厚すぎると、結晶化プロセスが長くなるため表面が灰色になり、光沢もなくなる。

ビロードの表面

スプレーする前に短時間だけ、噴き付け用チョコレートを冷凍庫に入れる。スプレー時の空気圧が高いほど、表面にビロードのような繊細な模様ができる。

その他の物理的な加工

物理的な技法を駆使することで、さまざまな効果が得られる。

アルミホイルで

テンパリングしたクーベルチュールにアルミホイルをかぶせる、またはクーベルチュールがやわらかいうちにアルミホイルを押し当てる（右の参照参照）。

しわ

テンパリングしたクーベルチュールを、オーブンペーパーやグラシン紙などをわざとシワにしたところに流す。

身近にある便利な道具

金属ブラシ、スポンジローラー、木目、スポンジの粗い面など、チョコレートの表面加工には何でも利用できる。

ブラシをかける

チョコレートの表面を、ワイヤーブラシまたはスポンジの粗い面でブラシッシングする。

ローラーで塗る

すでに結晶化したチョコレートの表面に、テンパリングしたクーベルチュールをスポンジローラーで塗り重ねる。

解説
動画

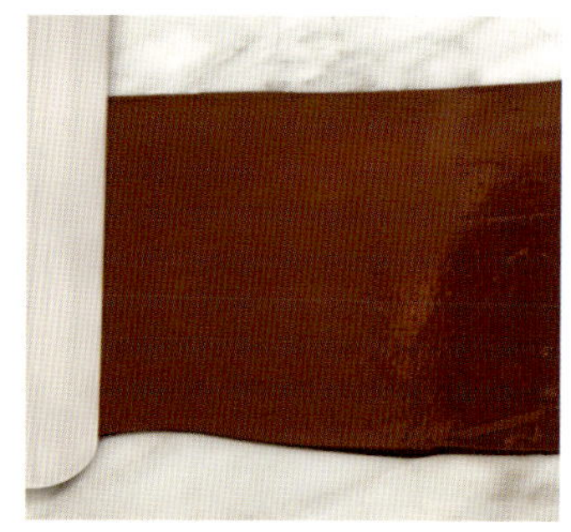

木目模様をつける

バリエーション1

- テンパリングしたクーベルチュールを、硬質OPPシートの上にパレットで伸ばす。
- 木目のスタンプを上下に動かして模様をつける。クーベルチュールが半分ほど固まるまでおく。
- テンパリングしたホワイトクーベルチュールを、その上に広げて伸ばし、半分ほど固まるまでおく。
- カットしたり、型抜きなどで自由に形をつくり、冷し固める。

バリエーション2

ほぼ結晶化したチョコレートの表面に、テンパリングしたクーベルチュールをつけた木目のスタンプで模様をつける方法もある。

メタリックに仕上げる

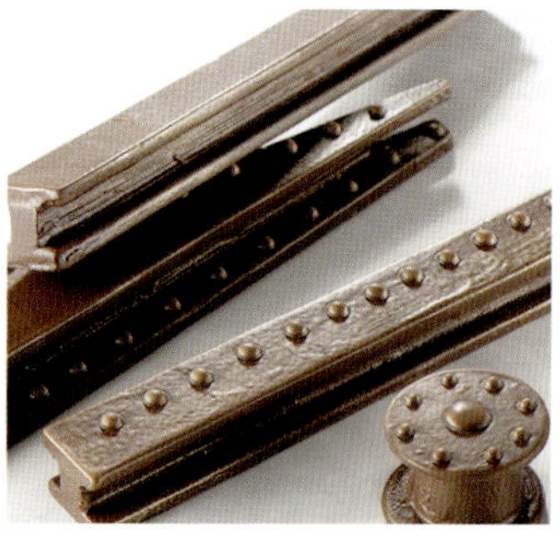

結晶化したチョコレートのパーツの表面を、好みの方法で加工する。

- チョコレートを噴き付ける。
- スポンジローラーで模様をつける。
- スポンジの粗い面でこする。
- 木目模様のスタンプをつける。
- 最後に、メタリック系パウダーを刷毛で塗る。

抽象的な表面の模様をつくる

抽象的で躍動感のある表面をつくる。テンパリングしたクーベルチュールに、カカオパウダーやグラニュー糖、ココナッツフレーク、砕いたカカオ豆などをのせる(右の画像参照)。

粒状のチョコレート

- きざんだクーベルチュール、またはドロップチョコ　500g
- カカオバター　185g

1　きざんだクーベルチュールかドロップチョコに35℃に温めたカカオバターを混ぜ合わせる。

2　好みのプラスチック型、球状やハート型、またはプレキシガラスの筒などに詰める。

3　グラシン紙の上に逆さにして置き、18℃の場所で最低2時間おいて結晶化させる。

4　熱した天板に、半球の接着面を押し当てて軽く溶かす。

6　合わせ目からはみ出たチョコレートを削ってなめらかにする。

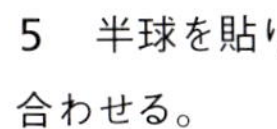

5　半球を貼り合わせる。

7　でき上がった球体を、丸い抜き型の上に置く。

8　好みで着色したカカオバターや噴き付け用チョコレート、メタリック系の色粉で仕上げる。

チョコレートの大理石

大理石模様（テラゾー）をつくるときは、きざんだクーベルチュールとテンパリングしたカカオバターを2:1の割合で合わせる。

1　グラシン紙の上に枠型を置いて準備する。数種の色のクーベルチュールをきざむ。

2　カカオバターを35℃に熱し、赤色の着色料を少量加える。

3　赤色が人工的に見えないように、テンパリングしたクーベルチュールを少量加えて、よく混ぜ合わせる。

4　着色したカカオバターを、ミックスしたクーベルチュールに混ぜる。

5　よく混ぜる。

6　枠型に流し入れる。

7　表面をならし、冷し固める。

8　少し固まってきたら、ナイフを枠に沿わせながら型からはずし、18℃以下で最低2時間おいて結晶化させる。

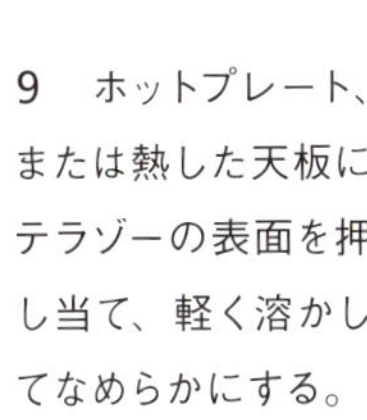

9　ホットプレート、または熱した天板にテラゾーの表面を押し当て、軽く溶かしてなめらかにする。

10　幅広のヘラなどでテラゾーの表面を軽く削り、模様を浮き上がらせながら平らにならす。

豆知識

- テラゾーは好みの形にできる。重要なのは型にきっちりと詰めることと、軽く表面を溶かして模様を浮き上がらせながら、なめらかに仕上げること。
- テラゾーの究極のデコレーションは、たとえば雪の結晶模様のパーツをはめ込んだもの（左ページ参照）など。

SCHOKOLADENDRUSEN

チョコレートの晶洞

砂糖細工の晶洞（訳注：岩石の空洞内に水晶などが結晶化したもの。ドルーズ、ジオード）のようにつくる（p.256参照）。二層にしたチョコレートの球体に、25～28℃を超えない飽和糖液（砂糖の結晶をつくる溶液。p.255参照）を注ぎ入れる。

1　チョコレートの半球をつくる（中が空洞のもの。p.125参照）。最初にダーククーベルチュールを型に流し、その後にホワイトクーベルチュールを重ねて二層にする。

2　熱した天板に、2つの半球の接着させる面を押し当て、軽く溶かす。

3　2つを貼合わせて球体にする。

4　チョコレートの球体をより強固にするために、テンパリングしたクーベルチュールを手にとり、手の中で球を転がすようにしてチョコレートを重ねる。

5　カカオパウダーをまぶす。

6　丸い型抜きの上に置く。

7　球体に穴を開けるため、小さい丸型をガスバーナーで熱する。

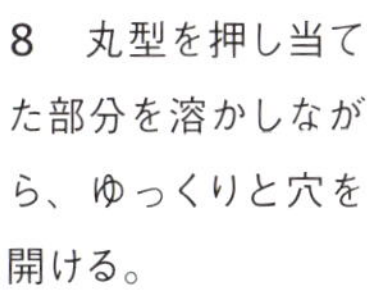

8　丸型を押し当てた部分を溶かしながら、ゆっくりと穴を開ける。

9　穴が開いたら、冷ました砂糖液を流し入れる。

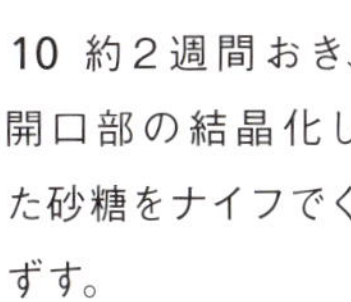

10 約2週間おき、開口部の結晶化した砂糖をナイフでくずす。

11 余分な砂糖液を流し出す。

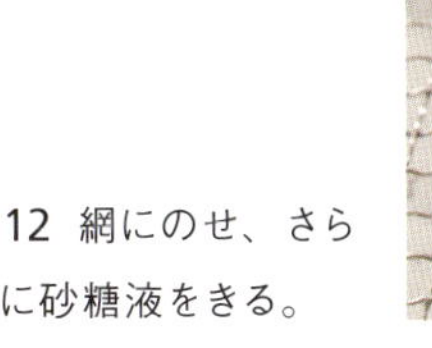

12 網にのせ、さらに砂糖液をきる。

13 球体を割ったところ。

BLUMEN

花

やさしさや明るさを象徴するチョコレートの花や葉の制作は、プロにとっての大きな挑戦だ。視覚的な美しさに加えて、輸送するための充分な安定性も確保しなければならない。あまりにも繊細な花は、組み立てている時点で壊れてしまう。

もちろん、シンプルな花は、マジパンやプラスチックチョコレートでもつくることができる。しかし、チョコレートでつくられた花ははるかに本質的で、クーベルチュールのもつ個性をより強調する。

紹介するチューリップの制作方法は、コンクールの準備から発展したもので、何年もの間、日常の業務でも問題なく活用している。

ダリア

解説
動画

1　テンパリングしたホワイトクーベルチュールを、リング状に溝がついたプラスチック型に丸く絞り出す。

2　クーベルチュールが溝に沿って流れるよう、型を持ち上げて軽くたたき、形が整ったら冷し固める。

3　固めた花びらをプラスチック型からはずす。花を組み立てるときは、丸くカットした厚紙の中心まで切り目を入れ、一部を重ねて傘をつくるようにして留める。同じ形状のプラスチックフィルムを厚紙の内側におき、丸い抜き型の上にのせて固定する。

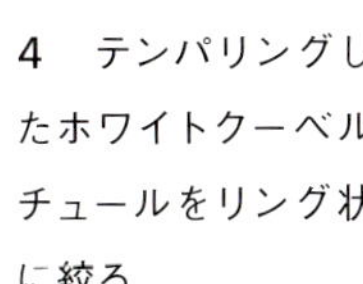

4　テンパリングしたホワイトクーベルチュールをリング状に絞る。

5　絞ったクーベルチュールに花びらを挿して、少し傾けながら整えて並べる。

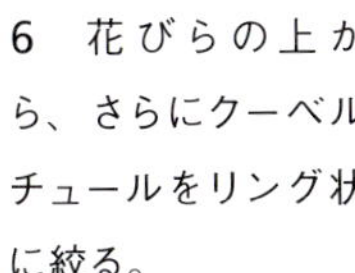

6　花びらの上から、さらにクーベルチュールをリング状に絞る。

7　先においた花びらとずらして並べていく。

8　花の中心にクーベルチュールを絞る。

9　4枚の花びらを、空白を埋めるように中央に向かって並べる。

チューリップ

1　硬質OPPシートに、テンパリングしたホワイトクーベルチュールを丸く絞る。

2　ゴムベラの丸い部分を使い、絞り出したクーベルチュールをしずく形に押し広げる。花びらは、できるだけ同じ大きさにそろえる。

3　エアブラシで、グラデーションをつけながら着色する。

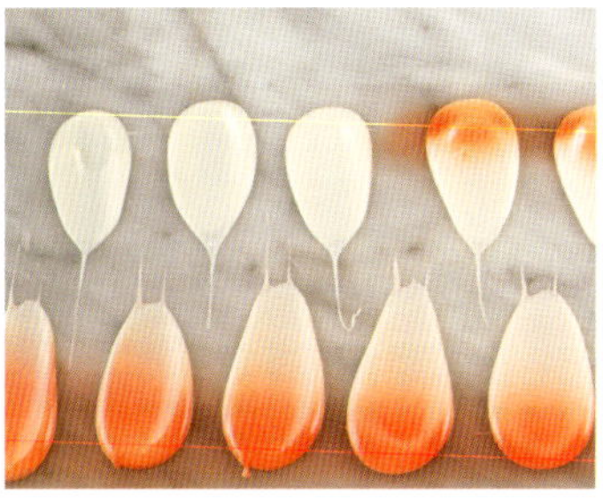

4　色の明暗（強弱）が出るように。

5　花びらを軽くカーブさせるために、シートごとテリーヌ型に入れ、冷し固める。

6　雄しべは簡単な曲線に絞る。テンパリングしたクーベルチュールを小さな絞り袋に入れて絞り、冷し固める。

7　花びらをシートからはがす。

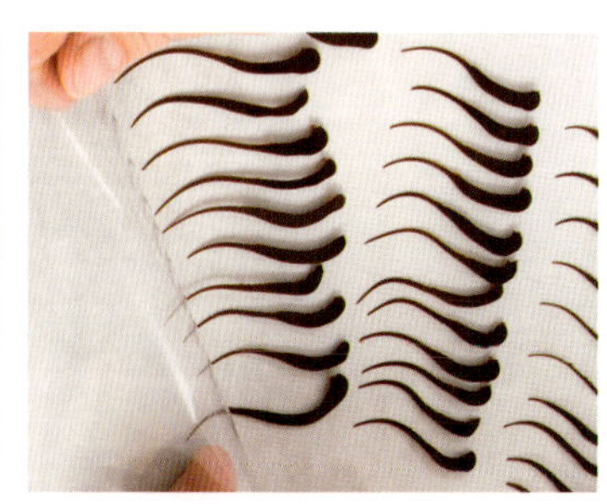

8　絞った雄しべは、フィルムごと裏返してグラシン紙に置く。

9　半球状のフレキシパン（直径6cm）に、テンパリングしたホワイトクーベルチュールを絞る。

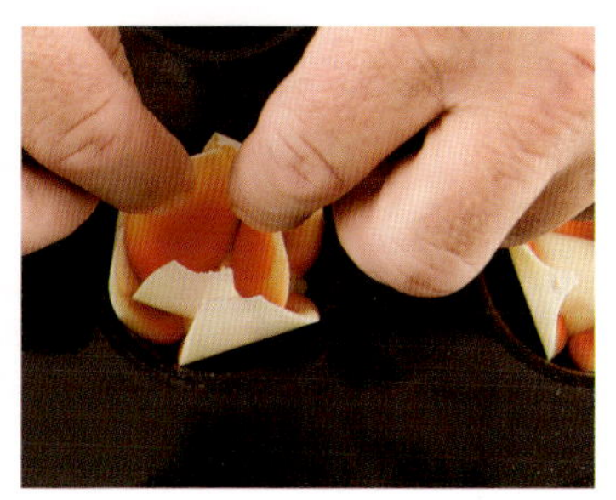

10　3枚の花びらを押して立てる。

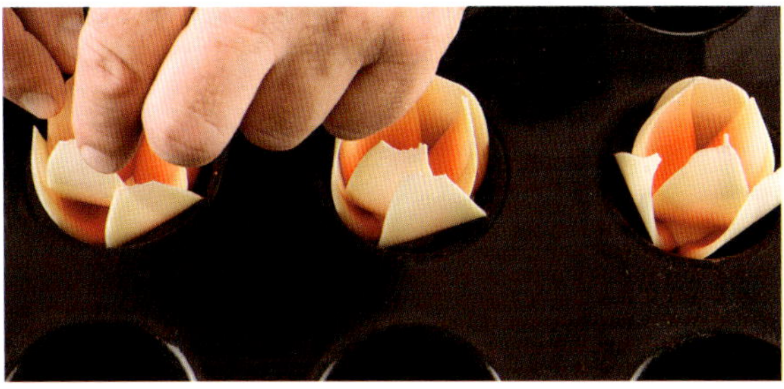

11 その内側に３枚の花びらを、ずらして立てる。

12 中心に、少量のホワイトクーベルチュールを絞り、雄しべを挿す。クーベルチュールが半分固まりかけたら３本の雄しべを固定する。

花の中心部をエアブラシで薄く着色する。フレキシパンのまま保管・運搬し、必要なときに型の裏側から押してとり出す。

豆知識

基本的に、チョコレート製品は脂溶性の食用着色料で着色する。ただし、クーベルチュールが固まっていないときや、やわらかくて色がのらないときは、水溶性を使ってエアブラシで着色するとよい。

LOVE, PEACE AND FREEDOM

ケーキにデコレーションする場合、ケーキのボディと表面がある程度しっかりと安定している必要がある。近代的な製菓店でつくられているグルメたちの興味をひくようなバリエーション、たとえば、ムースやフルーツケーキのようなやわらかい素材でつくられたものは最初から除外する。同じく、生クリーム、ジュレ、ガナッシュなどで上面が覆われたケーキも。

おすすめしたい選択肢のひとつは、より大きく安定したケーキをつくり、その横にデコレーションを置くという方法。利点は明らかで、どのような方法でもケーキを準備でき、またデコレーションを気にせず、完璧にケーキをカットすることができる。

Peace,

スイレンとハスの花

様式化した花びらは、硬質OPP型にチョコレートを流してつくる。これらの型は市販されているが、自分で制作することもできる(p.132参照)。

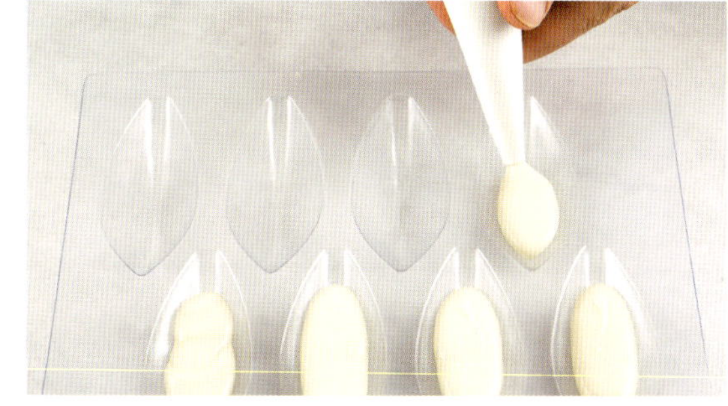

1 テンパリングしたホワイトクーベルチュールを、型に絞る。量は8割ぐらいを目安に。

2 型を軽くたたいて空気を抜く。裏返して余分なクーベルチュールを落とし、残りをヘラでそぎとる。

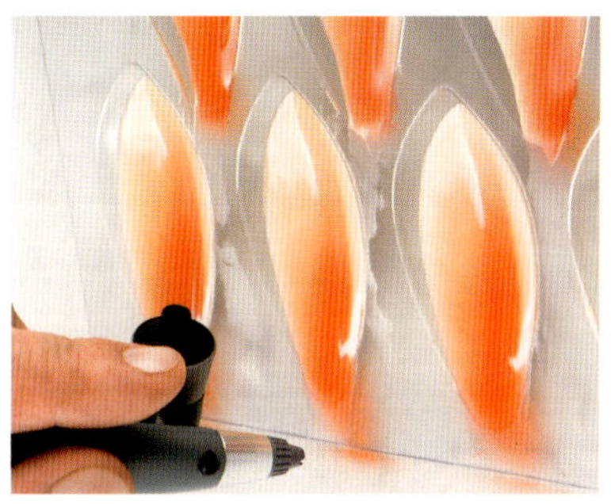

3 クーベルチュールが固まりはじめたら、角度をつけて型を斜めにおく。こうすると花びらの先端は薄く、下のほうが厚くなり、より安定感が増す。

4 花を組み立てるときは、グラシン紙にクーベルチュールを丸く絞り出す。

この花びらは、クーベルチュールがまだやわらかいうちにエアブラシで着色し、冷し固める。簡単に型からはずれるまでおく。

豆知識

より花らしい丸みのある形をつくるときは、半球型にホワイトクーベルチュールを絞り、その中で花を組み立てるとよい。

5　12枚の花びらを注意深く組み立てる。

6　その上から、ホワイトクーベルチュールをリング状に絞り出す。

7　8枚の花びらを、少しずらして並べる。

8　中心にクーベルチュールを絞る。

9　中央に3枚の花びらを並べる。

10　すき間が空いているところを、花びらで埋める。

ユリの花

- あらかじめ、シリコンで花びらの型をつくる。実物のユリの花びらにシリコン剤を塗り、一晩乾かす(p.94参照)。乾いたら、実物の花びらをとり除く。
- でき上がったシリコン型に、テンパリングしたホワイトクーベルチュールを塗る。
- テリーヌ型に並べてカーブをつける。
- エアブラシで着色し、さらに斑点をつける。冷し固める。
- 円すい形のフレキシパンに、テンパリングしたクーベルチュールを絞る。
- 花びら3枚を挿して組み立てる。
- グラシン紙に、テンパリングしたミルククーベルチュールを雌しべの形(訳注：上部がY字に先割れた棒状)に絞る。固まったら裏返して、裏側からも同じように重ねて絞る。
- 細い雄しべは、冷凍した金属棒にクーベルチュールを細く絞り出す(p.153参照)。
- 花びらの中心にホワイトクーベルチュールを絞り、雌しべと雄しべを挿して組み立てる。

菊の花

- 大小4種類のサイズの花びらを、プラスチックフィルムに絞り出す（「チューリップ」参照）。菊のつぼみは小さいが花は大輪。
- チューリップと同じように花びらに着色し、形を整える。
- はじめに花の中央部をつくる。半球状のフレキシパン（直径6cm）にテンパリングしたホワイトクーベルチュールを絞る。
- 12枚の小さい花びらを組み立てる。
- 冷し固める。

1　続いて外側を組み立てる。丸い抜き型（直径12～16cm）の中央に、テンパリングしたホワイトクーベルチュールを丸く絞り出す。

2　いちばん大きな花びら6枚を注意深く置く。

3　この上にテンパリングしたクーベルチュールを丸く絞る。

4　さらに、6枚の花びらをずらして並べる。

5　中央に少量のクーベルチュールを絞り、先ほどの冷しておいた花の中心部をのせる。

6　花びらの中心部と外側が離れている場合は、その間を埋めるように花びらを挿し込む。必要に応じて、エアブラシで中心を着色する。

ファンタジー
（空想上）の花

ロザリア

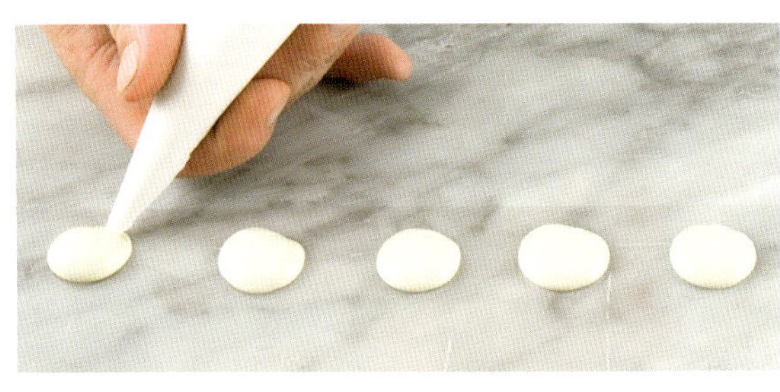

1　硬質OPPシートに、テンパリングしたホワイトクーベルチュールを丸く絞る。2色にする場合は、中央にダーククーベルチュールを絞る。

2　小さなナイフの先端でクーベルチュールを引いて伸ばす。

3　クーベルチュールが下へ流れるように、シートを垂直に立てる。

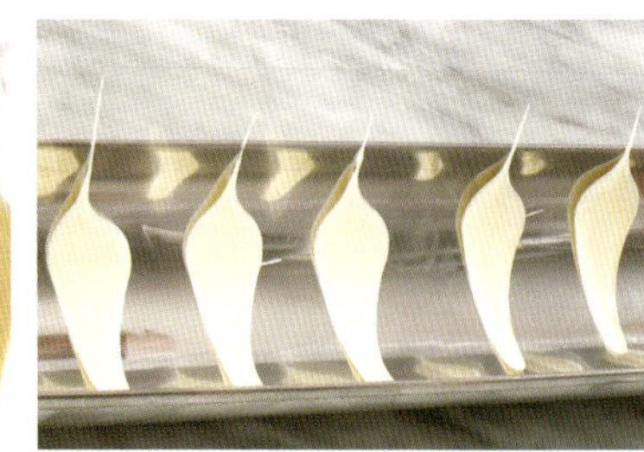

4　シートをテリーヌ型に入れてカーブをつけ、冷し固める。

5　テンパリングしたクーベルチュールを、グラシン紙の上に丸く絞る。その上に花びらを並べていく。

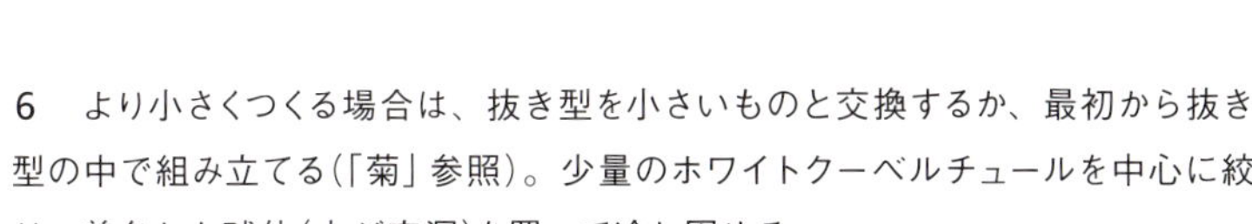

6　より小さくつくる場合は、抜き型を小さいものと交換するか、最初から抜き型の中で組み立てる(「菊」参照)。少量のホワイトクーベルチュールを中心に絞り、着色した球体(中が空洞)を置いて冷し固める。

偉大な太陽

1　プラスチックフィルムを花びらの形に切る。大きいものと小さいもの、それぞれ10～12枚を用意する。

2　花びらの先端が上になるようにフィルムをおき、下側に細いリボン状のフィルムを貼る。テンパリングしたホワイト、または黄色のクーベルチュールを薄く伸ばす。

3　細いフィルムをはずす。

4　花びらがやわらかいうちにエアブラシで着色し、グラデーションをつける。

5　花びらをフィルムごと作業台からはがす。

6　円すい形のくぼみに入れ、形を整えて冷し固める。フィルムが簡単にはがせるまでおく。

豆知識

右上の写真は絞り用の口金を、発泡スチロールに挿したもの。クーベルチュールがほどよくやわらかい（流れるようではダメ）状態で、しばらくおくと下のほうが厚くなる。これにより花びらに繊細なエッジとボトムが生まれ、安定した花ができ上がる。

7　固める間に、ダリアのときと同様の型を準備する。テンパリングしたミルククーベルチュールを型に塗る。

8　テンパリングした黄色のクーベルチュールを丸く絞り出す。

9　大きな花びらを並べていく。

10 マルペンで花びらの一部を溶かす。

11 この上に小さい花びらを少しずらして並べる。

12 花の中心に、黄色のクーベルチュールを絞る。

13 光沢のある、または表面を加工した球体（「粒状のチョコレート」p.165参照）…

14 …または、色粉をまぶした球体を中心に貼り付ける。

可憐な小花

小さなナイフで花びらをつくる。溶かしたクーベルチュールをナイフに付けてフィルムにのせ、上から軽く押して手前に引く。その後、カーブをつけて組み立てる。

解説動画

1　テンパリングしたクーベルチュールをナイフに付け、プラスチックフィルムの上に置いてから、軽く上から押し、持ち上げて手前に向かって引く。

2　中心部の花びらはテリーヌ型に入れてカーブをつけ、冷し固める。結晶化したら、絞ったホワイトクーベルチュールとともに花を組み立てる。

BLÄTTER

葉

完璧なフラワーアレンジメントには、葉が欠落してはならない。葉はチョコレートのもつキャラクターをより強調する。ここでは、ミルククーベルチュールとダーククーベルチュールを使うが、これらはチョコレート色であって、緑色ではない。緑色はとても人工的に見えてしまう場合がある。もちろん、ホワイトクーベルチュールを着色したり、エアブラシで色づけもできる。最終的には、つくり手のクリエイティビティに委ねられている。

基本的なポイントとして、つねに異なるサイズの充分な枚数を用意しておくこと。さまざまな場面で、短時間でその場にもっともふさわしい葉を見つけるために必要であり、次々に浮かぶアイデアをすぐに具現化できる。また、最適な葉の選択は、メインである花の大きさと色を生かすための配置にも重要な役割を果たす。

シンプルな葉

1　硬質OPPシートに、テンパリングしたクーベルチュールを小さな丸形に絞る。

2　絞り出した丸形を、小さなナイフかパレットで数回手前に引いて伸ばし、しずく形をつくる。

豆知識

クーベルチュールを伸ばすときは、葉の先が薄くなるように引き、丸みを帯びたほうは貼り付ける部分なので、厚いままで仕上げる。

3　シートごとテリーヌ型、または平らな天板にのせて好みの形をつくる。

4　シートから葉が簡単にはがせるまで冷し固める。グラシン紙にスライドさせる。

5　葉をひとつずつはがす。

美しく仕上げた葉

この手法は、非常に繊細でデリケートな葉をつくることができる。
実際に、葉の葉脈の構造が見えるような印象を与える。

大きな葉

1　硬質OPPシートを、つくりたい葉のサイズに合わせて四角くカットする。

2　シートの中央に、テンパリングしたクーベルチュールを太い線で絞る。

3　クーベルチュールがまだやわらかいうちに、中央から左右に向かってくし型のカードで伸ばし、複数の細い線をつける。中央に茎の部分を残す。

4　指、または小さなゴムベラで、葉の輪郭をなぞるようにして形をつくる。

5　中央の茎に沿ってクーベルチュールを再度絞り出し、葉の中心線を強調する。

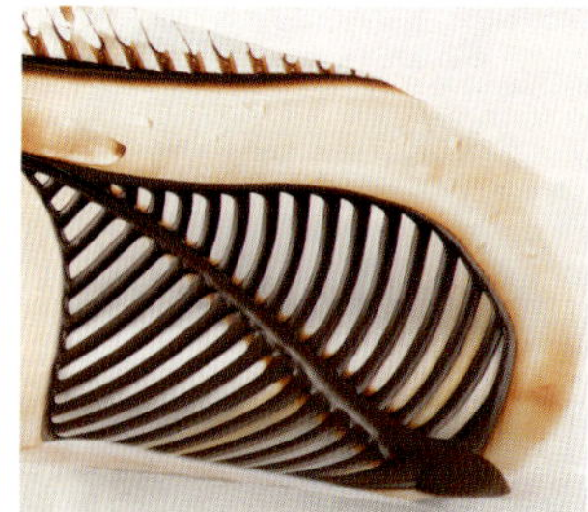

6　曲線のある型に入れてカーブをつけて冷す。グラシン紙にのせてそのままおく。

7　落ち着いたらシートからはがす。

小さな葉

これらの葉は連続してつくることができる。

1
- 硬質OPPシートを細長く帯状に切り、テンパリングしたクーベルチュールを流す。
- パレットでクーベルチュールを薄く伸ばす。
- くし型のカード（ペニュー）で細い線をつける。

2　シリコン製のスクレイパー（先端がペン状のもの）を使って、葉の輪郭を描く。

3　葉の中央に、クーベルチュールを細く絞る。好みで葉の部分にメタリック系の色粉をふる。

4　シートごとテリーヌ型に入れ、冷し固める。

5　型からはずし、裏返して注意深くシートをはがす。

6　葉をひとつずつばらす。

自然の葉

本物の葉を使って

チョコレートの葉は、食用可能な実物の葉（たとえばバラなど）の裏側をうまく利用してつくる。結果として、本物の葉の模様ができる。しかし、本物の葉が必ずしもつくられた花に似合うとは限らない。

1　テンパリングしたクーベルチュールを、葉の裏側に刷毛で塗る。

2　さらに、テンパリングしたクーベルチュールに浸して重ねる。

3　余分なクーベルチュールを落とす。

4　グラシン紙の上におき、冷し固める。

5　マルペンで葉の縁を溶かし、本物の葉をはがす。

プラスチック型

さまざまなサイズの自然な葉の型は、自分でつくることができる（p.132参照）。
この技法の利点は、フィルムから起こすため表面に光沢が得られる。

バリエーション1

1　葉の形のフィルムに、テンパリングしたクーベルチュールを塗る。

2　さらにテンパリングしたクーベルチュールに浸して重ねる。

3　余分なクーベルチュールを落とし、グラシン紙の上にのせて冷し固める。固まったらフィルムからはずす。

バリエーション2

1　葉の型、たとえばオークの葉のプラスチック型に、テンパリングしたクーベルチュールを絞り、冷し固める。

2　型からチョコレートをはずす。

茎、根、枝

アレンジメントには、動きと勢いを与えるさまざまな要素が必要だ。茎、幹、根だけでなく、樹皮や枝などもアレンジメントに必要な活気を与える。

茎や根

1　テンパリングしたクーベルチュールを、プラスチック型に絞る。

2　または、グラシン紙にフリーハンドで自由に絞り出す。

枝

カカオパウダーでつくった、非常に装飾的な枝(p.128参照)。

GRAFISCHE SCHOKOLADENTECHNIKEN

グラフィックなチョコレートの技法

カカオパウダーで描く絵

カカオパウダーで描く方法は、比較的古い技術だ。マジパンやプラスチックホワイトチョコレート、シュガーペースト、パスティヤージュなどの色づけに使われてきた。

- マジパンを薄く伸ばす。親指の付け根のふくらみ部分で表面を磨き、できるだけ平らで光沢が出るようにする。その後、カカオバターを噴き付け、数日かけてしっかり乾燥させる。できたばかりのマジパンの板は、カカオがにじみやすい。

- プラスチックホワイトチョコレートは、マジパンよりも描きやすい。扱いはマジパンと同じだが、カカオバターを噴き付けてすぐに描くことができる。

- 背景を白色にしたい場合、シュガーペーストとパスティヤージュはさらに理想的だ。生地を伸ばしてから手のひらで磨いて乾燥させる。カカオバターの噴き付けは不要だ。

描き方（例：馬）

解説動画

芸術的な能力に応じて、対象となるモチーフをフリーハンドで、
または見本の助けを借りて描くとよい。

- 使用する素材にモチーフを描き写す。ライトテーブルで被写体をよく見ながら、または、イメージプロジェクターを使って直接、素材に投影する。

- カカオパウダーで色をつくるときは、ベースとして、液体カカオバターと植物油を1：1の割合で混ぜる。カカオの品種とブランドにもよるが、赤茶からこげ茶色まで、いろいろな色調をつくることができる。

1
- 上記でつくった液体はホットプレート、またはグラシン紙を敷いた天板の上で温めておく。天板を短時間だけ温めて、カカオパウダーをその横においておく。
- グラシン紙に少量の液体をとり、筆で少量のカカオパウダーを混ぜる。このときの液体とカカオパウダーとの比率で色が決まる。カカオパウダーが多ければより暗い色になり、液体が多いと色相は明るくなる。

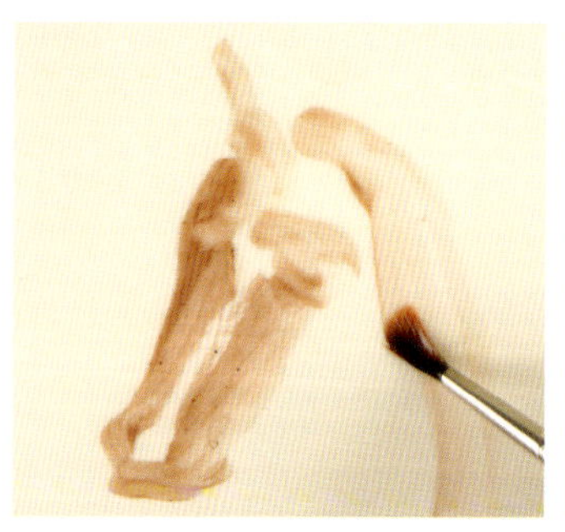

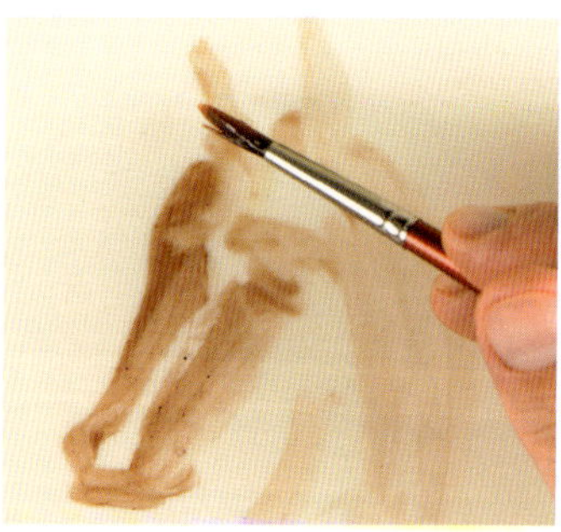

2　太い筆で、テーマのデッサンを大まかに描く。

3　細い筆で、細部を描く。

4　より繊細な部分を、筆の柄の端などでつくり出す。

5　小さな白色の部分は、ナイフの先で調整する。

ステンシルのスプレー技法

名前が示すとおり、ステンシル（型紙）は好みのモチーフをクーベルチュールで表現するために必要な技術だ。もっともよいのは、自分でポリエチレンから型紙をつくること（アメ細工の章。モチーフから型紙へ。p.261参照）。

口径0.7～1.5mmのエアブラシ（噴き付け用チョコレート）を使い、0.15mmの硬質OPPシートにスプレーする。アクセントをつける場合は、着色したカカオバターを使う。

モチーフによっては、必要な色合いの深さと異なる明暗を出すため、複数枚の型紙を使用する。光と影の遊びが、モチーフを生き生きとさせる。ただし、ただ1枚の型紙でつくられたシンプルなモチーフは、ときに非常に効果的で魅力的だ。

型紙が1枚でも、複数枚でも、結果はどちらも同じ。すなわち、光沢のあるホワイトクーベルチュールの上に描かれた1枚の絵である。

スプレーの工程（例：ライオンの頭）

ライオンの顔は4枚の型紙でつくられ、重ね合わせて1枚の絵になる。

1　シートの上に、1枚目の型紙を置き、小さな重石をのせる。エアブラシで噴き付け、型紙をはずし、落ち着かせる。

2　絵柄が合うように2枚目の型紙を合わせ、噴き付ける。

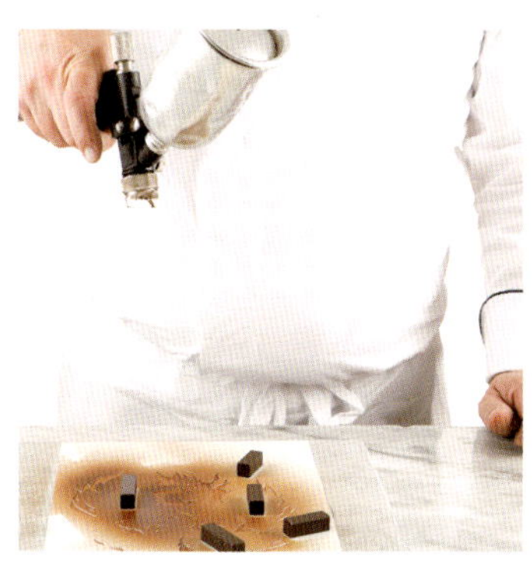

3　同じ工程をくり返す。

4　型紙をはずし、落ち着かせる。

5　3枚目の型紙を合わせる。

6　噴き付ける工程をくり返す。

7　型紙をはずして乾かす。

8　4枚目の型紙をのせ、同じように噴き付ける。

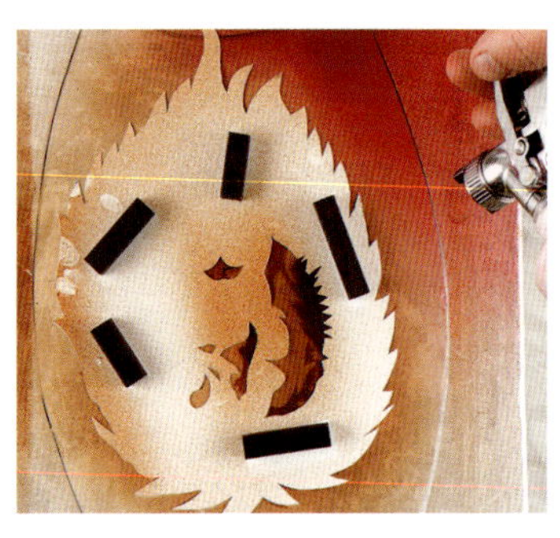

9　周囲に、着色したカカオバターを噴き付ける。

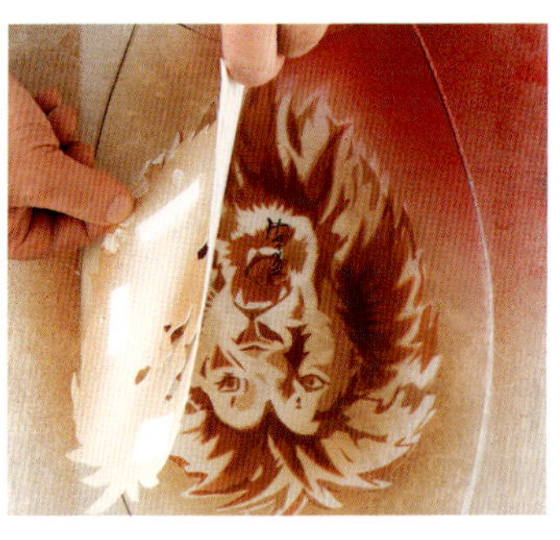

10 型紙をはずす。

11 フリーハンドで、ライオンの顔に影を噴き付ける。表面が乾くまでおく。

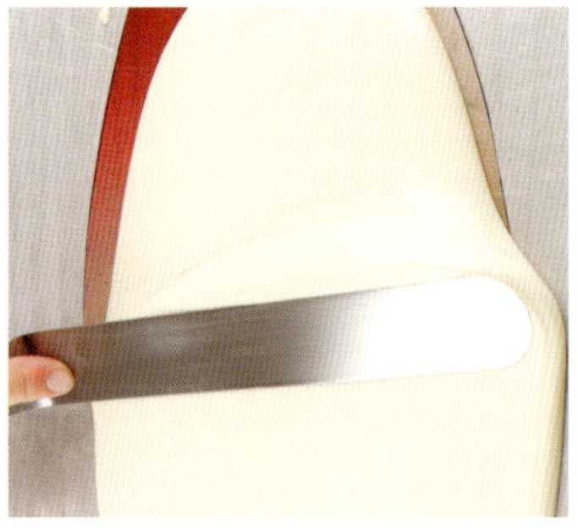

12 シートを作業台からはずして天板にのせ、上からテンパリングしたホワイトクーベルチュールをたっぷりと均等に流す。シートの縁より大きく伸ばし広げる。

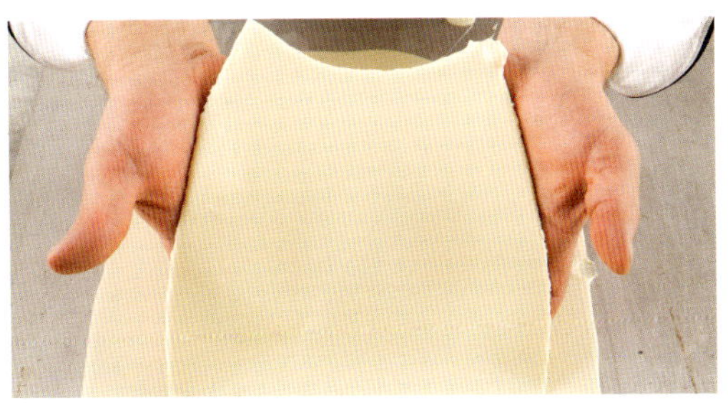

13 天板を軽くたたいて表面をならし、空気を抜く。クーベルチュールが半分ほど固まりかけたら天板からはずす。

14 カーブのついた型にのせる。

15 端の部分をナイフでそぎ落とし、冷して結晶化させる。固まったら型からはずし、シートをはがす。

豆知識

- 噴き付けたものがにじまないよう、次の層を噴き付ける前に、表面をしっかり落ち着かせる必要がある。
- クーベルチュールは、成形したり型に入れるときに最低でも31℃以上を保ち、冷しすぎないよう注意する。そうしないと、噴き付けた絵柄がクーベルチュールにのらず、フィルムをはずすときに残ってしまう。

絞り絵技法

この技法は、シルエット（影絵）や切り絵のような、単純な黒と白の被写体に最適。

結果として、高光沢の表面をもつホワイトチョコレートを、さまざまなケーキや作品に組み入れることができる。

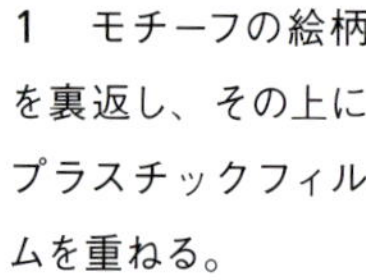

1　モチーフの絵柄を裏返し、その上にプラスチックフィルムを重ねる。

2　絞り用チョコレートで輪郭をなぞるように絞る。

3　チョコレートで必要な部分の絵柄を埋める。その後、板などにのせて下から軽くたたいてチョコレートを平らにする。

4　半分ほど固まるまでおく。

5　テンパリングしたホワイトクーベルチュールを上に重ね、半分ほど固まるまでおく。

6　フィルムを作業台からはずす。

7　グラシン紙の上に表を返しておき、周囲をナイフできれいにカットする。フィルムが簡単にはがせるまで冷し固める。

豆知識

- 表面積が大きい場合は、テンパリングしたクーベルチュールを流し、小さい場合は絞り用チョコレートを絞る。
- 絞り絵技法は、着色したホワイトクーベルチュール、またはミルククーベルチュールでもできる。

MODELLIERSCHOKOLADE (SCHOKOPLASTIK)

プラスチックチョコレート

マジパンフィギュアやプラスチックチョコレートでつくる装飾パーツは、チョコレートの作品とよくなじむ。つくり方はとても簡単だ。

ダーククーベルチュールでつくる

材料

テンパリングしたクーベルチュール、またはミルククーベルチュール　600g
水アメ　200g
シロップ　80g

- クーベルチュールと水アメをよく混ぜる。
- シロップを加える。
- 生地がやわらかい場合は、こねられる状態になるまで短時間だけ冷蔵庫に入れる。その後、よく練る。
- 生地は、その後の作業(たとえば、のばしたり、型抜き)をするために適切な温度にする。冷えすぎるともろくなる。
- 適切な温度でも固すぎる場合は、シロップを少量加える。

ホワイトクーベルチュールでつくる

この生地はわずかに黄色い。着色する場合は、脂溶性の食用着色料で好みの色に仕上げる。

材料

ホワイトクーベルチュール　500g
水アメ　150g
溶かしたカカオバター　50g
シロップ　80g

つくり方は、ダーククーベルチュールのプラスチックチョコレートと同様。

カカオバターでつくる

このプラスチックチョコレートは粉糖の割合が高いため、より白く仕上がる。そのためカカオパウダーで絵を描くときに理想的だ。マジパンの代わりにプレートとして使用できる。この生地は着色してもよい。

材料
粉糖　280g
水アメ　200g
溶かしたカカオバター(粉末の食用着色料)　200g

- カカオバターと残りの材料を混ぜ合わせる。カカオバターは、混ぜたときに流動性が高すぎないようにする。乳白色の見た目は、すでに結晶を形成している兆候である。
- ダーククーベルチュールからプラスチックチョコレートをつくるときと同様にする。

ドロップのクーベルチュールでつくる(ミキサーでつくる)

この方法は、従来のプラスチックチョコレートよりも安定している。しかし、この生地はそれほど簡単ではない。クーベルチュールは室温を保つことが重要だ。

- ドロップのクーベルチュールを粉砕するため、ロボクープやサーモミックスなどの強力なミキサーを使う。摩擦熱により、チョコレート生地がこねやすく、成形しやすくなるまでミキサーを回す。
- 長く混ぜすぎるとクーベルチュールはやわらかくなり、短いと多孔質でもろくなる。

1　作業台でよくこねる。可能であれば、先に作業台に粉糖を振りかけておくとよい。

2　素早くパーツ(枝、茎、根など)を成形し…

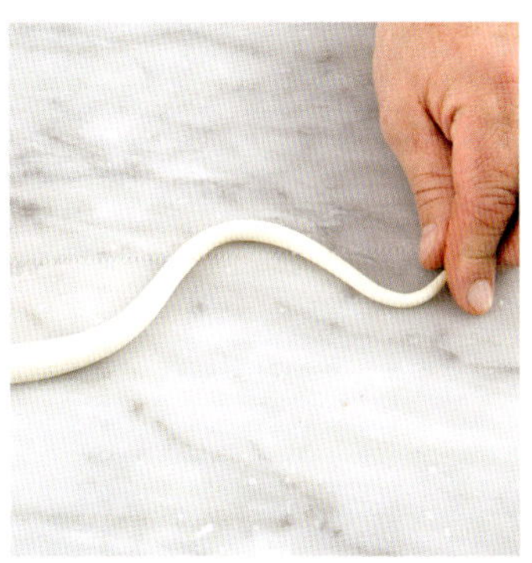

3　…好みの形状(たとえば、カーブをつける)に仕上げる。

でき上がったパーツは、完全に結晶化するまで静かにおいておく。可能であれば、そのまま冷し固める。

解説
動画

TELLERDEKOR

デザートプレートのデコレーション

おいしく、絶えず人気のあるチョコレートは、デザートの定番から消えることはない。ここまで掲載してきたチョコレートの技法のほとんどは、製菓店以外でも実践できる。チョコレートの網模様やアーチ（「古典的なチョコレートのデコレーション」p.153）、着色したチョコレート（p.158）など。

躍動感あふれるチョコレート細工

チョコレートの網模様

美しく仕上げた小さな葉

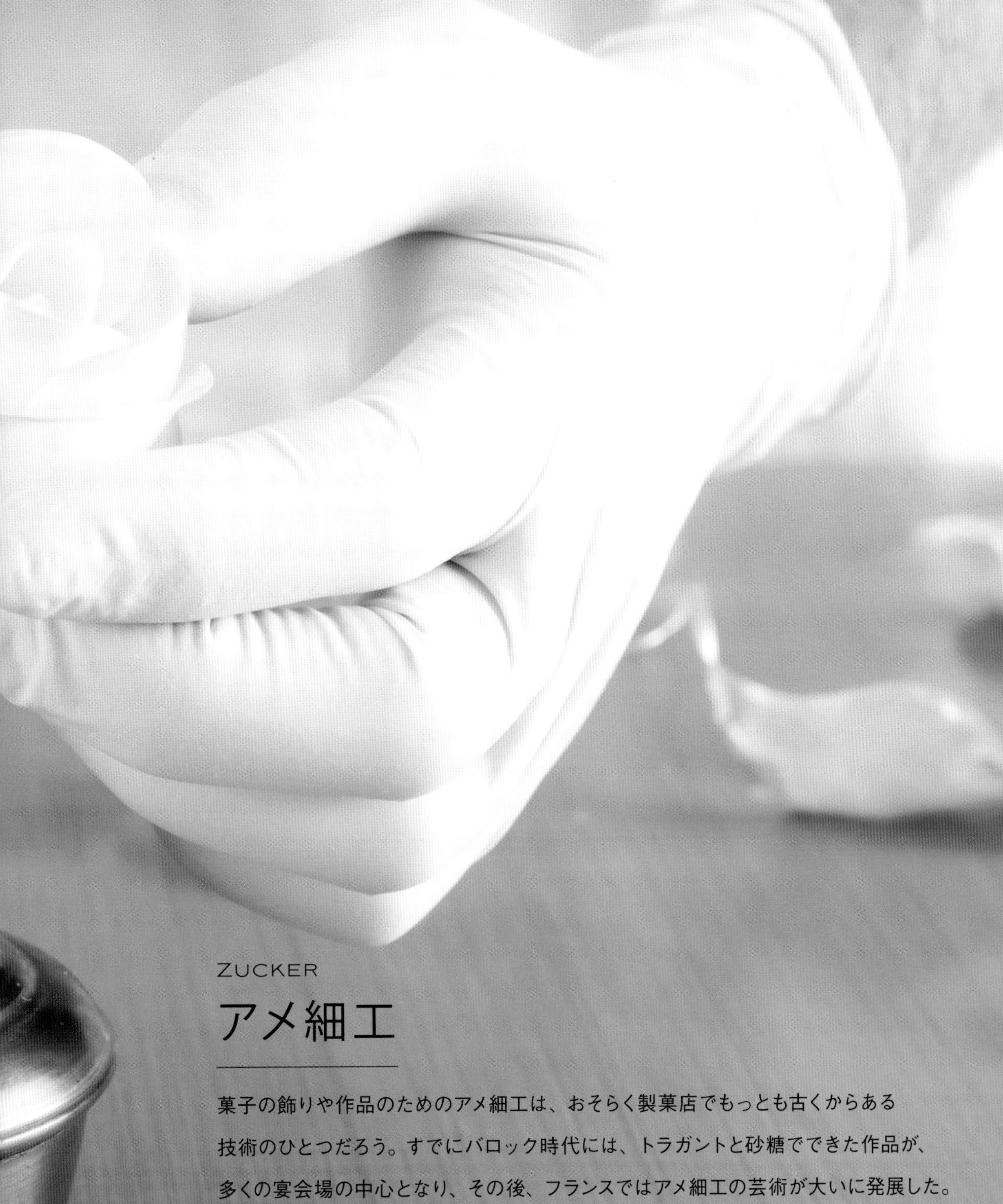

ZUCKER

アメ細工

菓子の飾りや作品のためのアメ細工は、おそらく製菓店でもっとも古くからある技術のひとつだろう。すでにバロック時代には、トラガントと砂糖でできた作品が、多くの宴会場の中心となり、その後、フランスではアメ細工の芸術が大いに発展した。この絹のような美しい光沢をもつアメ細工は、おそらくもっとも魅力的で、もっとも壊れやすい。そして制作には、多くの練習と経験が必要となる。

数十年にわたってアメの技法を発展させてきた世界中のアーティストに加えて、1980年代以降、現在のアメ細工の分野に多大な貢献をした2つの名前が残っている。彼らの偉大な能力とインスピレーションは、この技術を推し進めてきたすべての人を代表する。エワルド・ノッター（Ewald Notter）はスイスの市民で、世界中にこの技術を広め、自身のスクールで生徒たちの訓練を続けている。そして、フランス人のステファン・クライン（Stephane Klein）は、まさに時の人。3次元形状などの新しい革新的な技術は、彼が最初に発表した。想像力豊かで完璧につくられた作品は、さまざまなアメ細工の技術を融合したもの。今日、彼は砂糖を扱うすべての人にインスピレーションを与えている。

DIE BASIS

基礎講座

アメ細工の専門的な作業のために、最低限必要な道具がある。

作業のための道具

1 2 3 4 5 6 7 8 9

ガス、または電気コンロ(1)、IHヒーター(2)、電子スケール(3)、電子レンジ(4)、縁が外に向いた、または注ぎ口がある片手鍋(5)、金属ボウル(6)、茶漉し(7)、刷毛(8)、アメ用温度計(9)

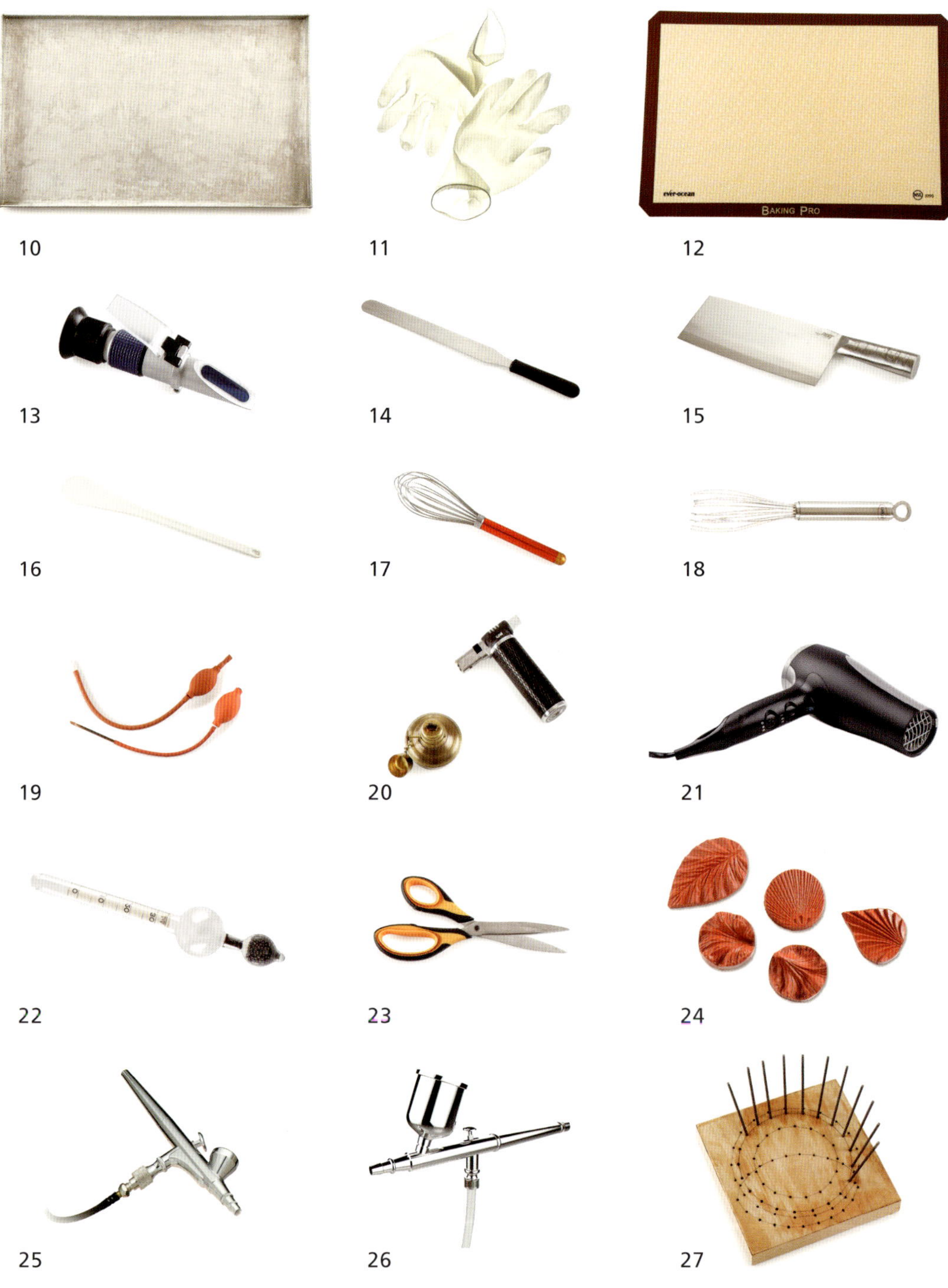

緑のついた天板(10)、ラテックス手袋(11)、シルパット(12)、屈折計(13)、パレット(14)、アメ用ナイフ(15)、木べラ(16)、泡立て器(17)、アメ用泡立て器(18)、アメ用ポンプ(19)、アルコールランプ(左)、バーナー(右)(20)、ドライヤー(21)、糖度計(22)、ハサミ(23)、アメ用の型(葉型など)(24)、エアブラシ・シングルアクション(25)、同左・ダブルアクション(26)、(スティック付き)バスケットの編み台(27)

28

29

ヒーター(28)、アメ用ランプ(29)

道具類は、比較的安価で購入でき、アメ用のランプも簡単にとり付けできる。

材料

- 微細グラニュー糖：サトウキビから精製された砂糖は、テンサイ糖由来よりも優れている。
- 水アメ(グルコースシロップ)：再結晶化を遅らせる働きをする。
- クレームタータ(酒石酸)：アメをなめらかに、より弾力的にする。弾性が出ることでアメは加工しやすくなる。粉状の酸と水を1：1の割合で合わせて沸騰させたものが、小瓶(ピペット)入りで薬局などで販売されている。

アメとシロップの加熱一覧表

砂糖の加工は、つねに高い精度が要求される。最初は高温に慣れることからはじまり、さまざまなトレーニングが必要となる。以下の表は、砂糖を煮詰めていくプロセスで、主な段階の概要を示したもの。求める状態により、どの程度の作業が必要なのかをまとめた。

状態	使用	テスト
シロップ **密度**：最高ボーメ28°、ブリックス64.5%	**使用**：コンポート、フィリング、アイスクリーム、ケーキのシロップ、やや粘度がある	
弱く糸を引く状態 **密度**：ボーメ32°、ブリックス68% **温度**：105℃	**使用**：こまかいアメ(デコレーション)、絞り用アイシング	
かなり強く糸を引く状態 **密度**：ボーメ35°、ブリックス81% **温度**：109℃	**使用**：砂糖漬け、糸を引くアイシング	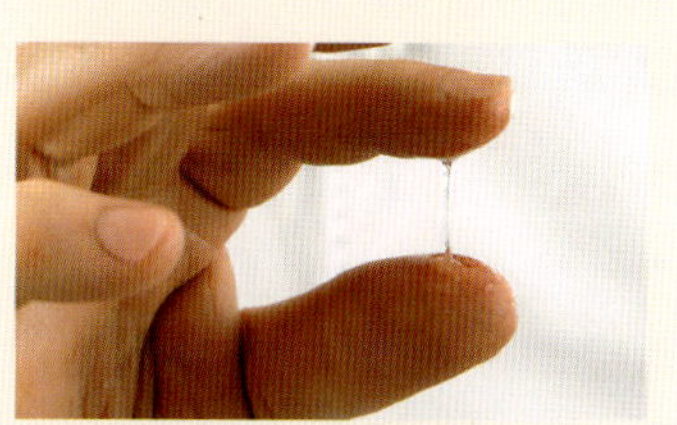 **テスト**：親指と人さし指にシロップを付けて伸ばし、糸を引くか試す。
しずく **密度**：ボーメ37°、ブリックス82% **温度**：110℃	**使用**：レープクーヘン、カリッとしたプラリネ	**テスト**：シロップを冷水に入れると小さなしずくができる。
大きなしずく **密度**：ボーメ38°、ブリックス83% **温度**：111℃	**使用**：レープクーヘン	**テスト**：上記と同じように試すと、より大きなしずくができる。
やわらかいシャボン玉 **密度**：ボーメ39°、ブリックス85% **温度**：112.5℃	**使用**：フォンダン	**テスト**：シャボン玉の要領で吹くと、玉ができる。
固いシャボン玉 **密度**：ボーメ43°、ブリックス87% **温度**：最高117℃まで	**使用**：フォンダン、コンザーブシュガー	 **テスト**：上記と同じように試すと、よりたくさんシャボン玉ができる。

こまかいシャボン玉

密度：ブリックス88%

温度：119℃

使用：メレンゲ、栗のピュレ、コンフィチュール

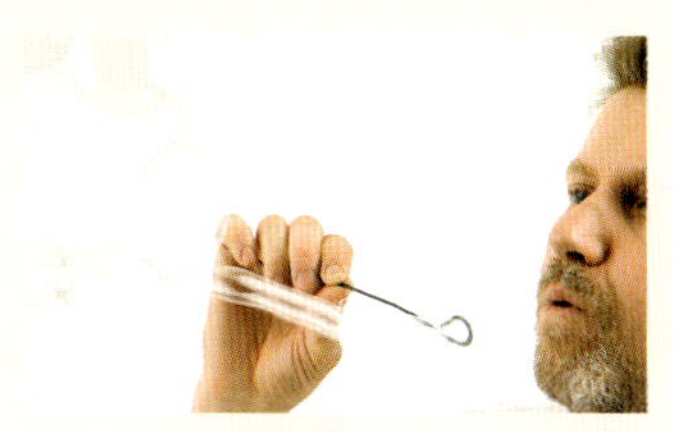

テスト：左ページ下と同じように試すと、シャボン玉が玉になり連なる。

やわらかいボール

密度：ブリックス92%

温度：最高121℃

使用：コンフィチュール

テスト：濡れた手でやわらかいボールができる。

固いボール

温度：最高125℃

用法：カラメル

テスト：上記と同じように試すと、形のしっかりしたボールができる。

やわらかいかけら

温度：最高137℃

使用：モンテリマルヌガー

テスト：水の中で凝固するが、まだしなやかな状態。

固いかけら

温度：最高143℃

使用：モンテリマルヌガー、キャラメリゼしたフルーツ

テスト：上記と同じように試すと、壊れる。

薄いカラメル

温度：143℃以上

使用：透明なアメ細工、糸状の細いアメ、溶岩のようなアメ

テスト：上記と同じように試すと、すぐに壊れる。

吸湿性

アメには吸湿性がある。この特性は、アメの仕事をする上で大きくのしかかってくる。表面は短時間で光沢がなくなり、粘着性をおびて乳白色のマット（不透明）な鈍い外観になる（右の写真参照）。そのため完成品は、ガラスのドームや空気を遮断できるショーケースに展示し、密封された箱に保管することをすすめる。アメにとって最高の季節は、湿度がもっとも低くなる冬。逆に、夏には湿度を除去した部屋がなければアメ細工は難しい。

アメ細工
引きアメと吹きアメ

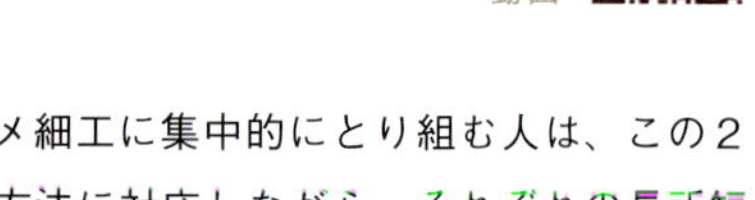

シロップを煮立たせ、水アメとクレームタータを加えてさらに加熱したものが、引きアメと吹きアメをつくる基礎となる。これは、グラニュー糖やパラチニット（イソマルト）からもつくることができる。アメ細工に集中的にとり組む人は、この2つの製造方法に対応しながら、それぞれの長所短所をよく理解した上で使い分けるとよい。

グラニュー糖でつくる基本のアメ

材料

グラニュー糖　1000g
水　500g
水アメ　200g
粉末の食用着色料　適量
20滴のクレームタータ

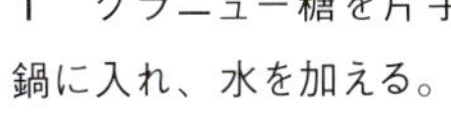

1　グラニュー糖を片手鍋に入れ、水を加える。

2　ゆっくりと混ぜながら加熱する。

3　煮ている間、水で濡らした刷毛で、鍋の内側についた砂糖の結晶と泡を洗い流す（一緒に洗う）。

4　出てきたアクを茶漉しなどでていねいに取り除く。これはとても重要な作業。白い泡状のものは、砂糖以外の物質（植物性たんぱく質残渣）が結合したもの。

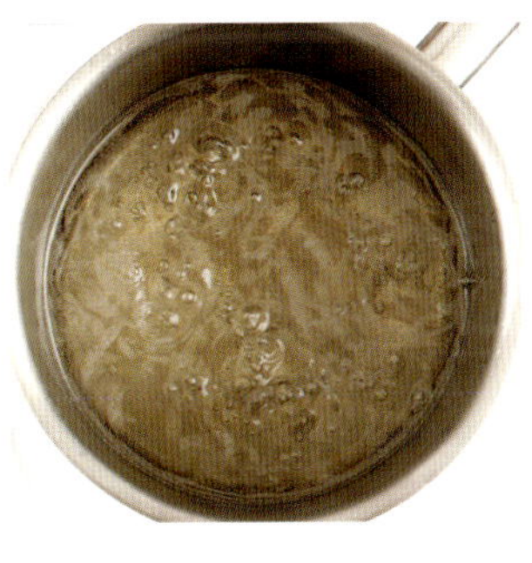

5　砂糖が完全に透明になるまで、つねに鍋の内側を刷毛で洗う。

6　アクを取り、きれいなシロップになったら水アメを加え、再度煮立たせる。

7　色粉は少量の水で溶いておく。

8　約138℃になったら溶いた色粉を加え、さらに加熱する。

9　155～159℃になったら火からおろし、冷水に鍋底を浸けて冷やす。

10　クレームタータ（酒石酸）を加え、鍋をゆすって混ぜる。

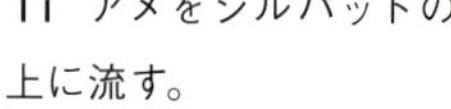

11 アメをシルパットの上に流す。

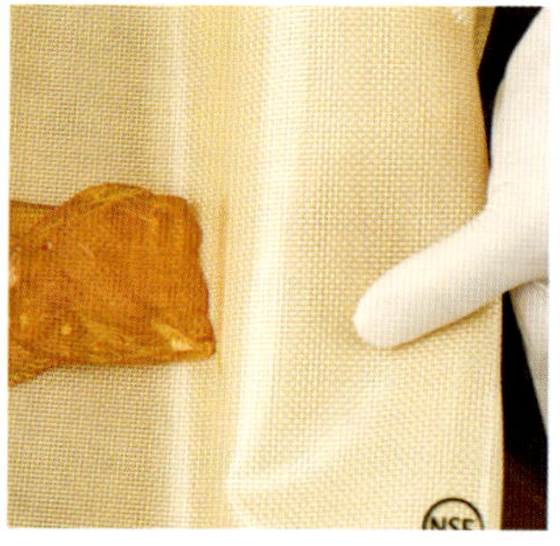

12 シルパットを持ち上げてアメを折りたたむ。

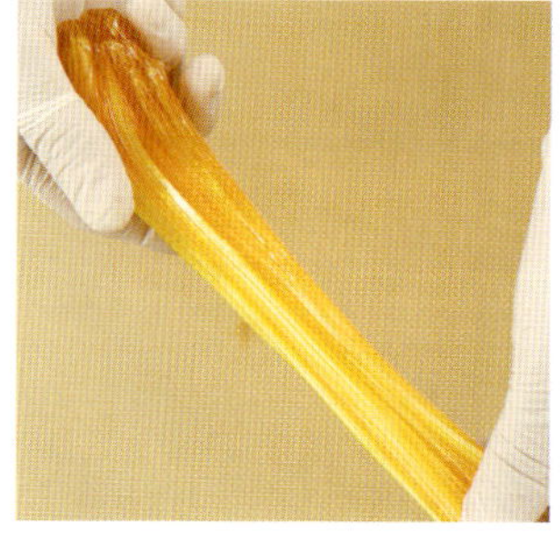

13 手で持てるくらいの固さになったら、棒状に引っ張り…

14 …ロープのようにねじる。

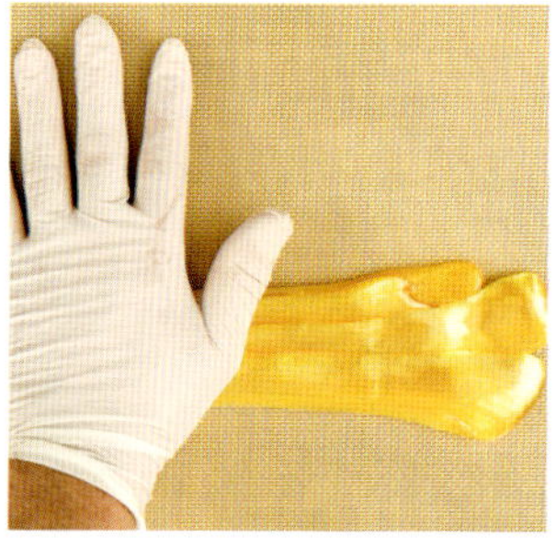

15 手のひらの親指の付け根で、アメを押して平らにする。

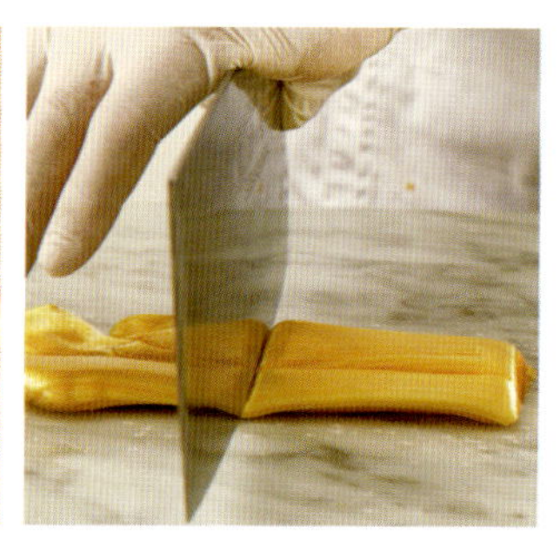

16 油をつけたナイフで、切り分けて冷ます。

17 または、アメをベーキングペーパーの上に流す。

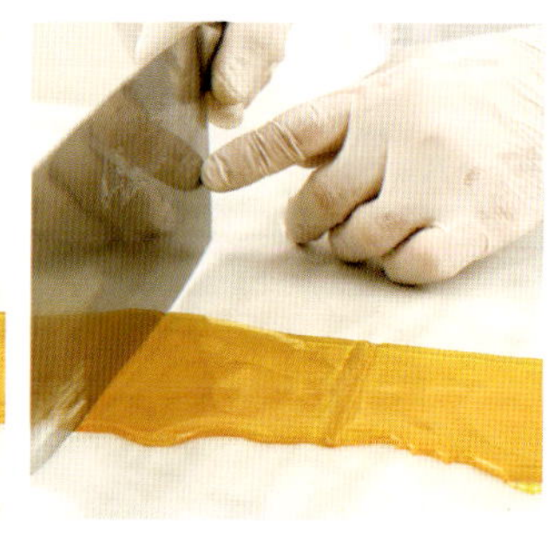

18 固まる前に、油をつけたナイフで切り分け、冷ます。

解説動画

19 さらに切り分ける。

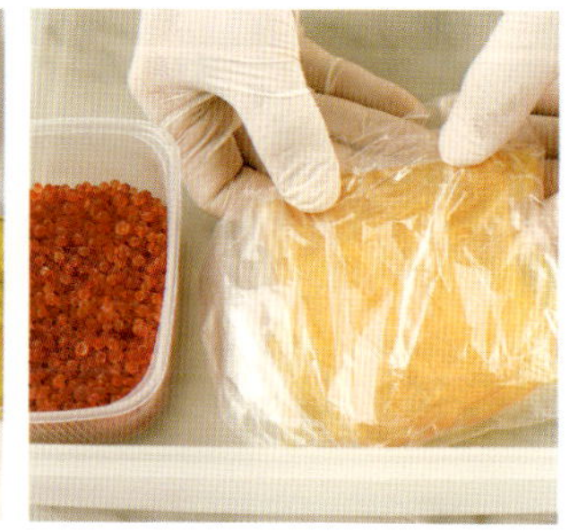

20 ビニール袋に分けて包み、シリカゲルを入れたプラスチックボックスで保管する。長期保存の場合は真空にすることで、数か月間は安定して保存できる。

豆知識

- 沸騰するまでは、砂糖を溶かすようにシロップを混ぜる。沸騰後は、白く結晶化する（シャる）ので混ぜてはいけない。クレームタータや色素を加えたときも同様。
- アメは90～100℃でアクを取る。このとき、植物性たんぱく質の残りかすをしっかりと取り除くこと。このかすを取り除かないときれいなアメ細工にならない。怠ると材料が無駄になることもある。
- 液体色素は、保存のため通常は酸を含んでいる。酸が多すぎるとアメが不安定な状態になる。
- アメは少量でつくったり、低温でつくるのには適さない。仮にそのようにつくると、葉には光沢がなく、固まらず、よい形を保つことができない。
- 作品をより美しく、光沢を長い時間保つためには、アメを煮る間はつねに鍋肌をきれいに洗い、でき上ったら表面をラップで覆うこと。そして次の日に、今度は最後まで煮詰める。この方法は、砂糖の結晶をよりよく溶かす。
- アメをつくるときは、少なくとも1日前に砂糖を煮詰めておくと、より美しく仕上がる。

パラチニットvs.砂糖

近年、アメ細工において、パラチニットがますます普及している。パラチニットはテンサイ糖由来のスクロースからつくられる砂糖の代替物だ。パラチニットは同量の砂糖と置き換えることができ、カロリーは半分しかない。甘味は、砂糖の約45～60%に相当する。

作業上のメリット

- パラチニットは、グラニュー糖ほど吸湿性が高くない。しかし、長時間おくと砂糖と同じくらい湿気を吸う。
- パラチニットは、普通の砂糖液よりもさらっとしている。そのため、型や型紙を使うときに小さくこまかい部分まで流しやすい。
- パラチニットは、145～150℃でガラスのような無色透明の液体になる。グラニュー糖は、調理工程で色を帯びるため、つねにわずかな黄色になる。
- おそらく最大の利点は、砂糖でつくるアメに比べて、ダメになったり結晶化することがなく、非常に長い時間、よいコンディションで加工できることである。
- 基本的な流しアメはを練習するときは、溶かして何回も使うことがきる。

長所と短所

- パラチニットは、従来の砂糖の10倍の値段。
- パラチニットは、加工すると砂糖よりもろく、温度差に敏感だ。そのため、バーナーなどで接着するときは、パーツが完全に冷えないうちに行なうこと。そうしないと温度差ですぐに微細な亀裂が生じる。これらは作品のパーツを破損し、安定性を失う原因となる。大きなパーツは、パラチニットより砂糖でつくるアメが向いている。

パラチニットでつくる基本のアメ

材料
パラチニット　1000g
水　100g
水で溶いた食用色素　適量

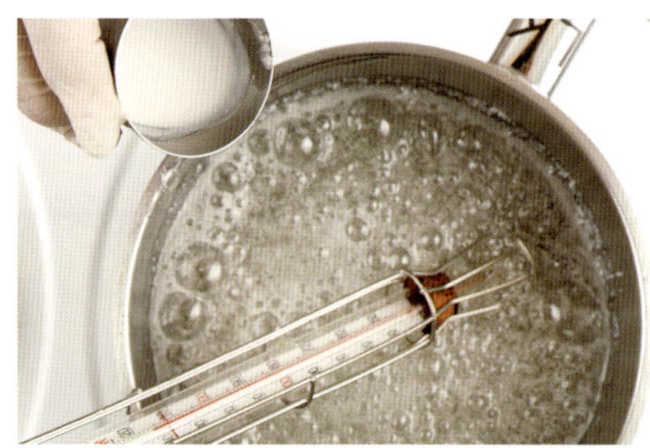

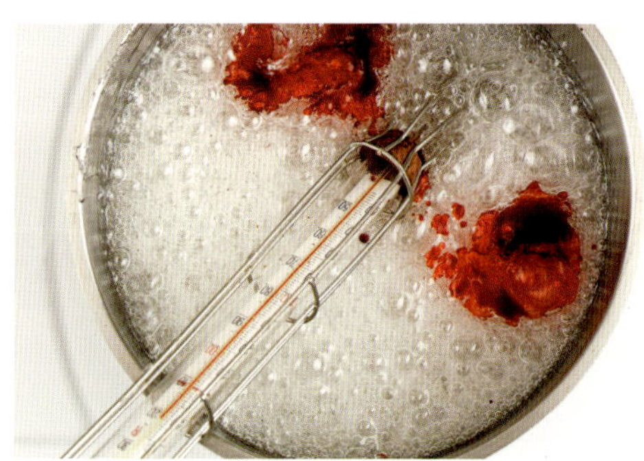

1　パラチニットと水を混ぜ、約120～130℃まで煮立たせる。表面をマット（不透明）に仕上げる場合は、少量のシロップに沈降炭酸カルシウム（好みの仕上がりに応じて、約小さじ1）を溶いた水を加えて泡立て器で混ぜる。

豆知識

マットな表面は、アメに少量の白色を加えてもつくることができる（写真左が光沢あり、右がマット）。

2　その後、色を加える。166～170℃まで煮立たせて、鍋ごと冷水につけて冷やす。冷水の中で鍋をゆすり、グラニュー糖の場合と同じ手順を行なう。

流しアメ

流しアメは酸を含まない。その理由は、しなやかである必要がないため。クレームタータを加えないことで安定性（強度）が高まり、とくに立体構造物をつくる際には不可欠である。

材料
グラニュー糖　1000g
水　350g
水アメ　200g
粉末の食用着色料　適量

- グラニュー糖で基本のアメをつくる。
- 煮詰めている間にできた気泡が抜けるように、アメは鍋ごと冷水に一瞬浸けたあと数分間放置する。こうすると最終的に透明なアメになる。少しどろっとしてきたアメを用意した型に流し入れる。

豆知識

立体的な構造物をつくる際は、180℃まで熱したパラチニットを使うとよい。小さなパーツをつくるときは、単にパラチニットを溶かすだけで充分だ。

ZUCKER ZIEHEN

引きアメ

花びら

最初にするべきもっとも単純な練習は、薄いアメを引いて花びらをつくること。アメ用ランプの下に置いて温める、または750Wの電子レンジで約5秒間、アメの大きさに応じて加熱する。火傷を避けるためにも、アメを熱くしすぎたり、または溶かさないように注意する。

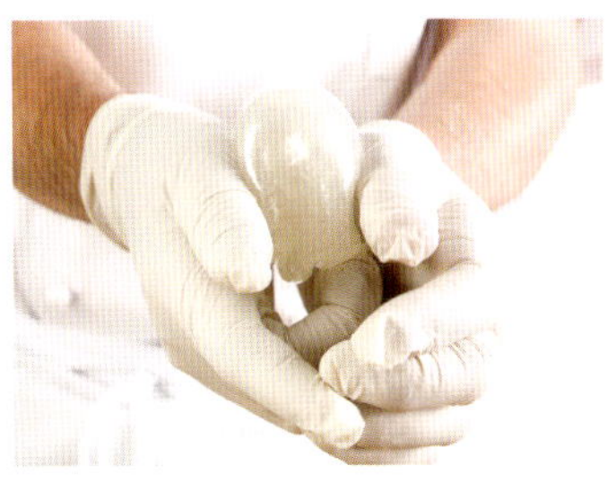

1　アメを折りたたんだり、伸ばしたりして熱を均一にまわす。

2　アメを伸ばして折りたたむ。これを何度もくり返す。アメが空気をとり込み、次第に特徴的な光沢が出てくる。

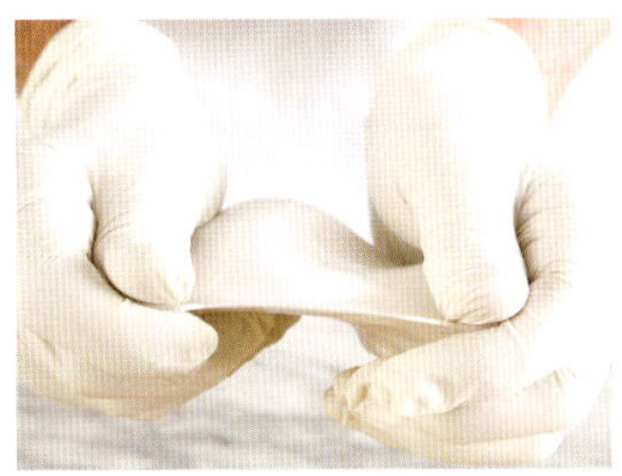

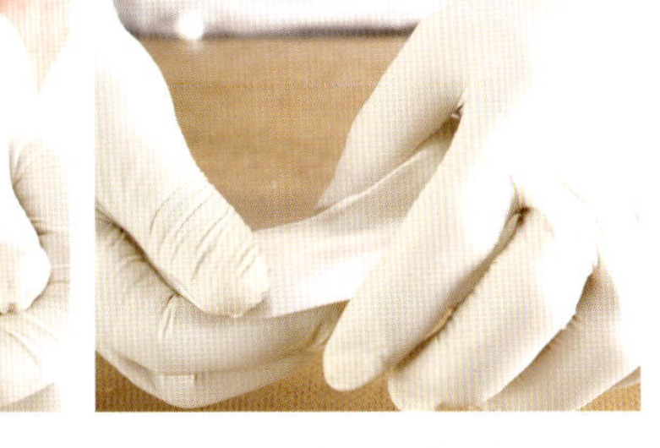

3　アメのかたまりから一部を引き出し、両手の親指と人差し指で左右に広げて、中心に丸みをもたせながら薄く伸ばしていく。

4　さらに親指と人差し指でアメを引き出し、花びらの形をつくる。

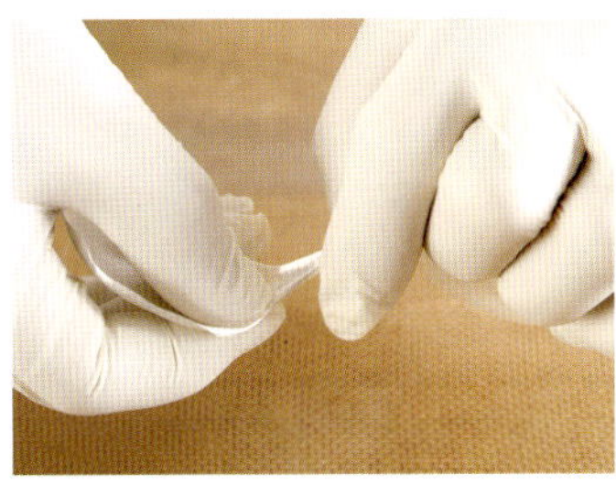

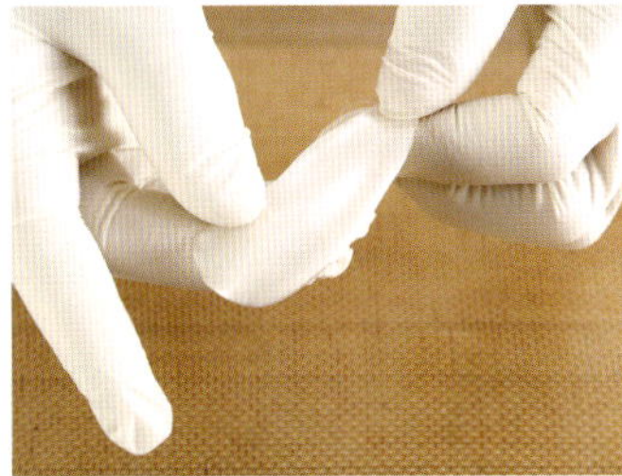

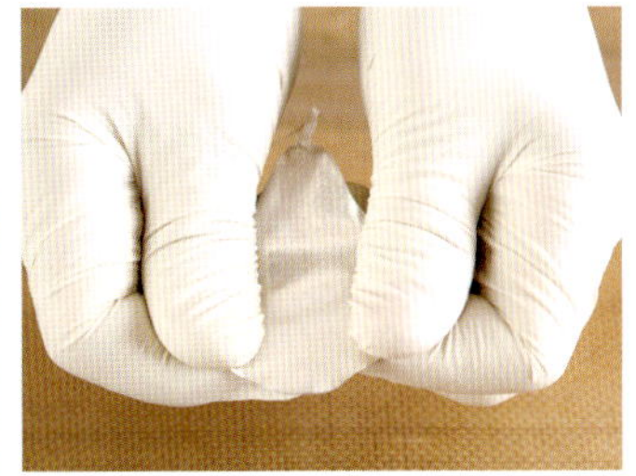

5　花びらを持っているのと反対の手で、アメを素早く引きちぎる。または、細くなった部分をハサミで切る。すぐに最初の動作に戻り、再結晶化を避ける。でき上がった花びらは涼しい場所におき、残ったかたまりからさらにアメを引き出す。広い部分は親指の全面を使い、細い部分は親指の先で形をつくる。

バラ

解説動画

バラの花は、つぼみの部分と4列に配置された17枚の花びらでつくる。

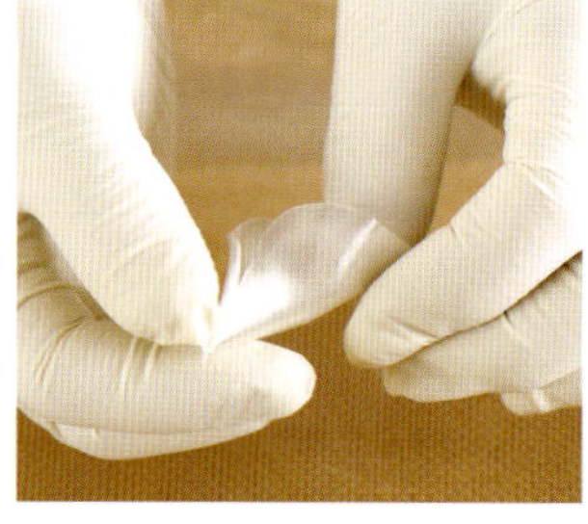

1　つぼみの部分は、親指と人差し指で花びらを1枚引き、熱いうちに筒状の形にする。

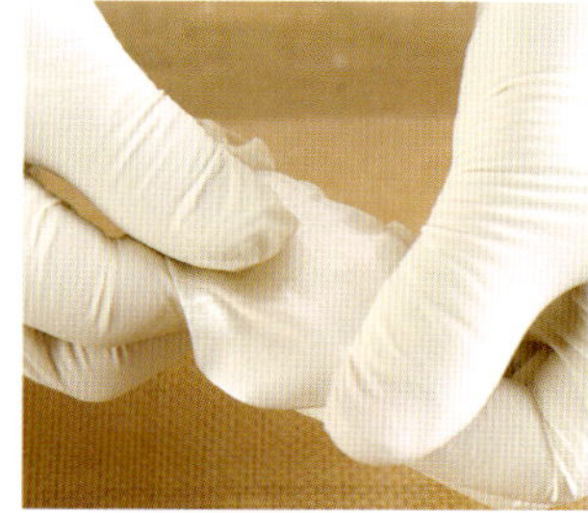

2　次に、最初の4枚の花びらを引く。

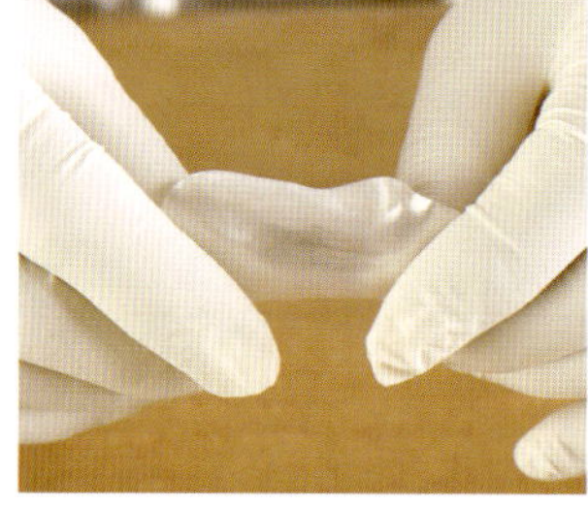

3　それぞれの花びらを、親指と人差し指でふくらんだ形にして、縦方向に引いてから…

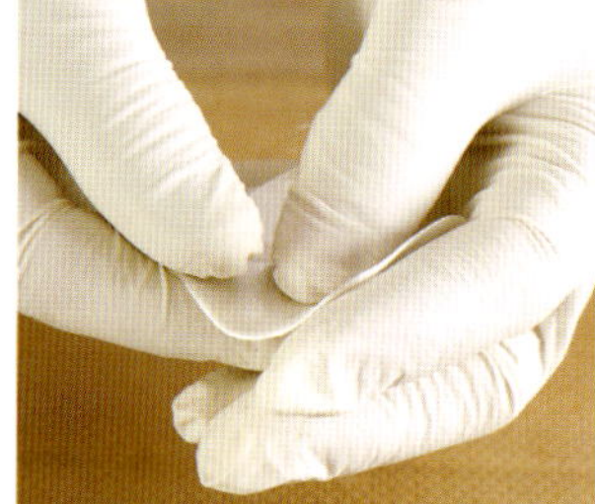

4　…それを左右に広げて花びらをつくる。

5　アルコールランプでつぼみと花びらの底を熱し、組み立てる。

6　残りの花びらを、つぼみの周りに下の端を重ねながら貼っていく。

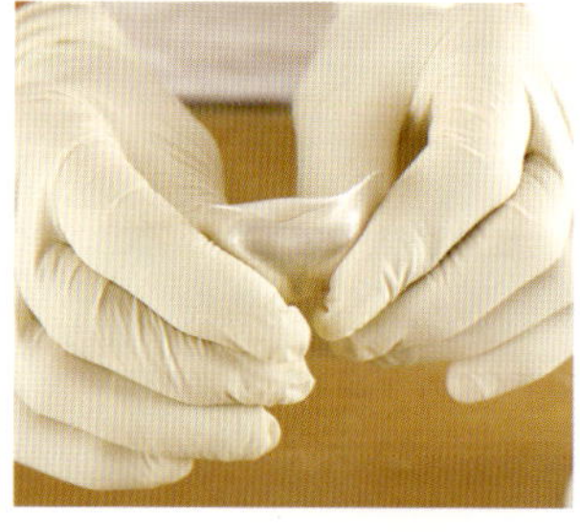

7　2列目の花びら4枚を引く。中心を広くした形で上の端を外側に反らす。

8　花びらを整えて貼っていく。

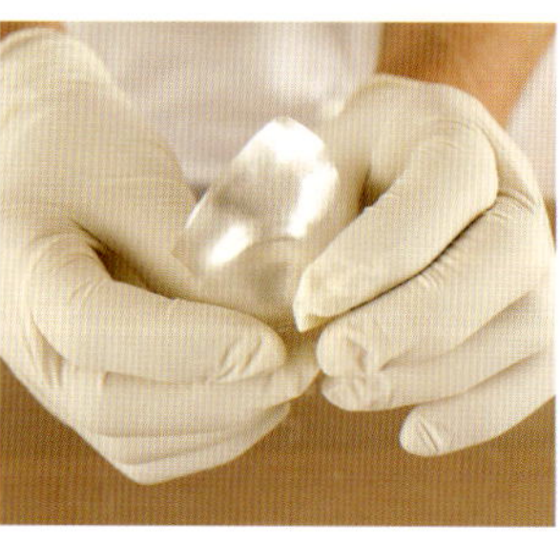

9　3列目の花びら4枚を引き、中心がふくらんだ形にして、右端を外側に広げる。

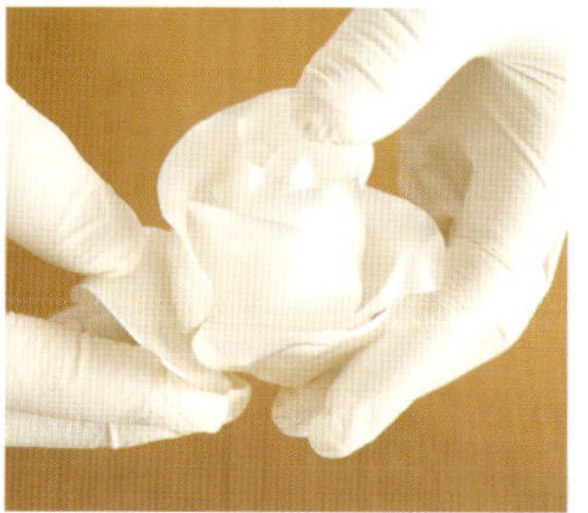

10 中央の花びらを整えて貼り付けていく。

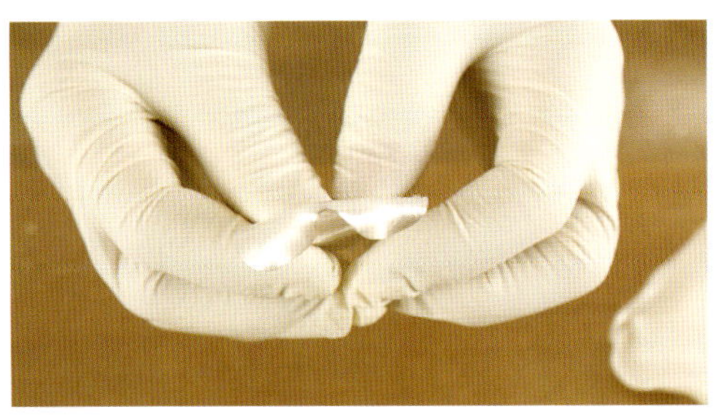

11　4列目は5枚の花びらを引き、中心がふくらんだ形にして、左右の端を少し後ろに反らす。

12　外側にある花びらを整えながら貼る。

豆知識

- アメ細工をつくるときは、涼しい場所ほど、アメに光沢と絹のような輝きが出る。しかし、アメは冷えると壊れやすく、加工もしにくい。温度がどこまで下がると作業しにくいのか限界を知るためには、練習で身につける必要がある。
- 引きアメは、引いたり伸ばしたりすることでアメ自体が熱を帯びてくる。それでもアメが冷めてしまった場合は、アメ用ランプの下で温めるか、電子レンジで数秒間温める。そうしてから数回折りたたんで使う。
- アメは、あまりに多く引いたり伸ばしたり、強く加工すると使い物にならなくなる。本来の絹のような輝きを失い、完全にツヤがなくなり、最後には張りがなくなってボロボロになる。
- アルコールランプは、平面のアメを加熱するのに適している。バーナーは、ポイントで使うのに向いている。

バラの葉

1　アメ用ランプの下で、バラの葉型を温める。

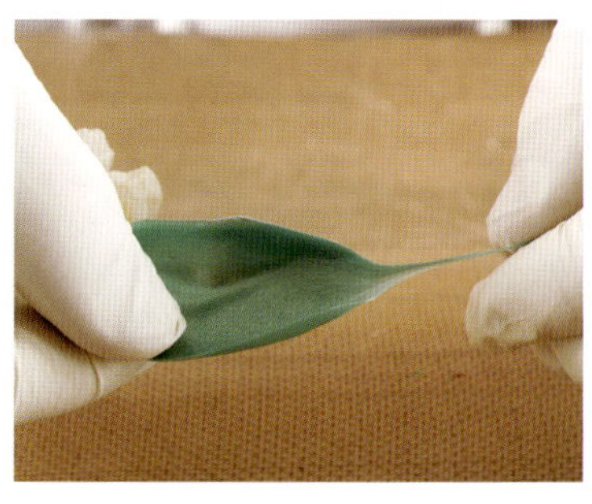

2　親指と人差し指でアメを引き、葉をつくる。

3　アメを型にのせ、手でしっかり押して模様をつける。

4　型をはずして形を整える。

このようにして多くの種類の葉をつくっておく。アレンジは事前に考えることが重要で、どんな色が互いに調和するかよく考えて制作する。

菊

解説動画

1　シート状の丸いアメを引き、底にするため台の上に置く。

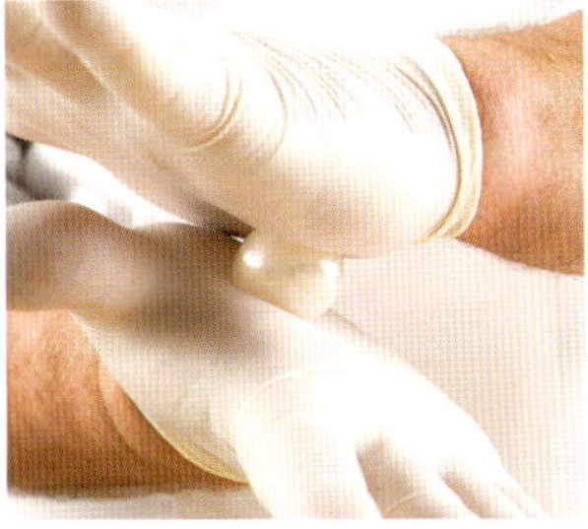
2　小さなボールをつくる。

3　ボールを温めて、底に敷いたアメの上に置く。

4　はじめに菊の中心部をつくる。そのための細い棒を引く。

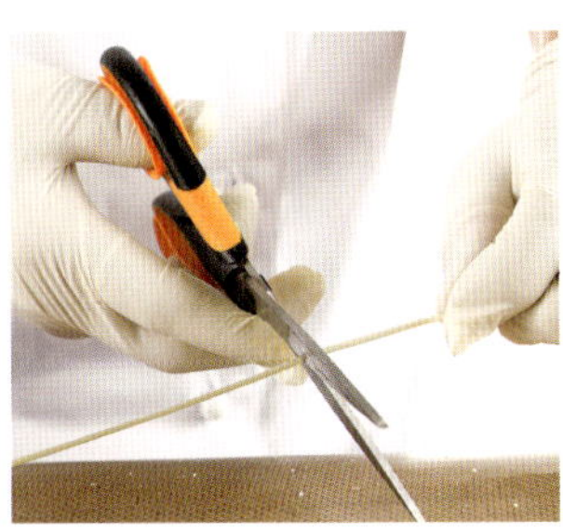
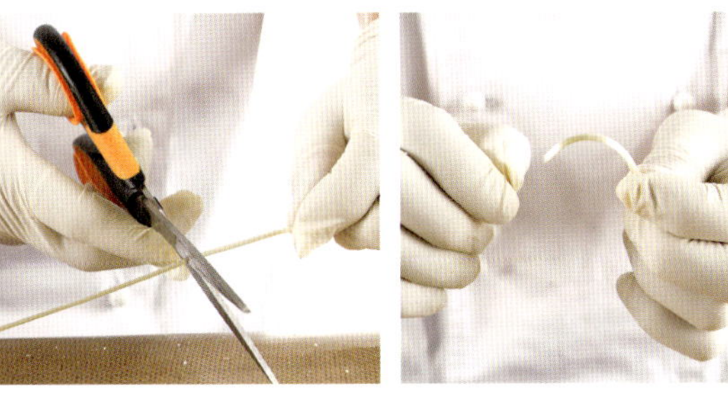
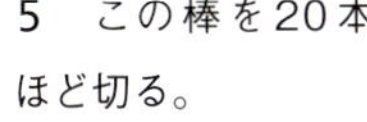
5　この棒を20本ほど切る。

6　1本ずつアーチ状に曲げる。

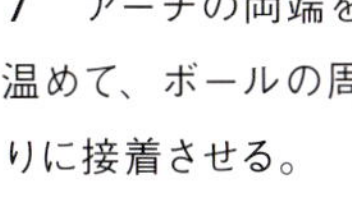
7　アーチの両端を温めて、ボールの周りに接着させる。

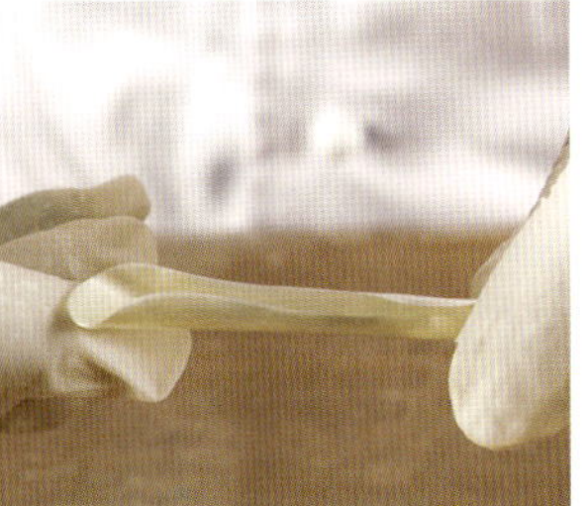
8　花びらを細長いだ円形に引く。アメを縦に丸めてロール状に整える（全部を巻かず端が開いた状態）。この花びらを30本ほどつくる。

9　花びらを中心に挿し込んでいく。

10　花びらの端を温め、接着して整える。

ラン

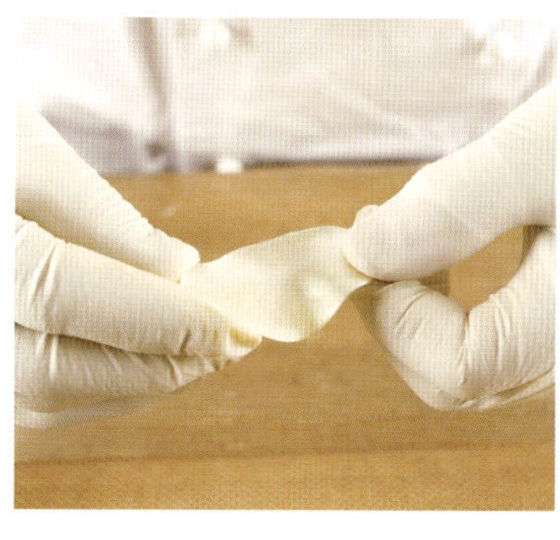

1　5枚の花びらを引き、形を整える。

2　丸いシート状のアメを引き、底にするため台の上に置く。

3　アルコールランプで花びらの下端を温め、底に貼り付けて形を整える。

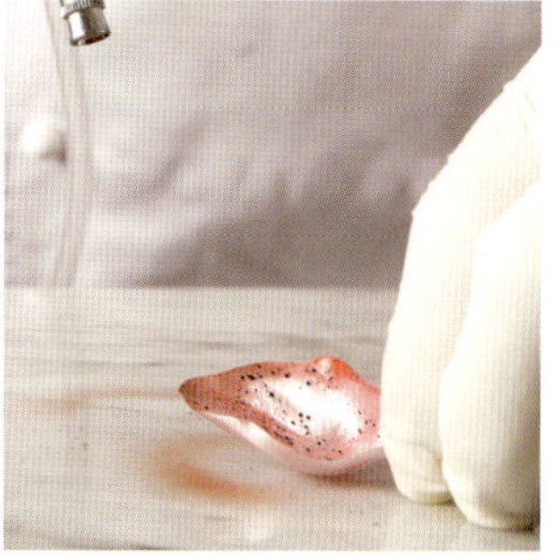

4　ガクの部分は大きさの違う2枚のアメを引き、エアブラシか歯ブラシで斑点を振りかける。その後、エアブラシで着色する。

5　ガクの下端の部分を温めて…

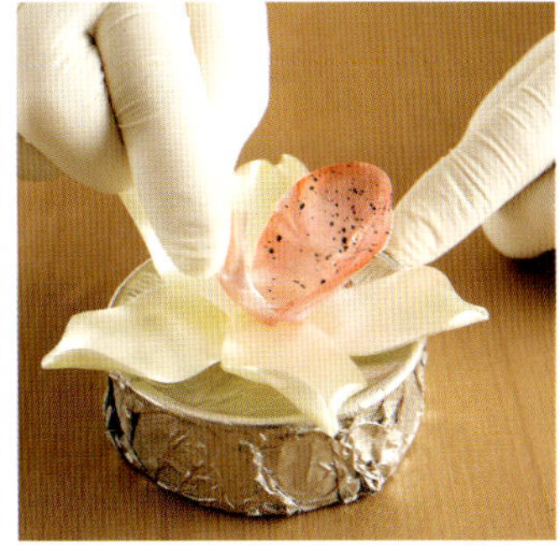

6　…先においた花びらの上に、バランスよく貼り付ける。

7　雄しべ用に細い棒状のアメを引く。

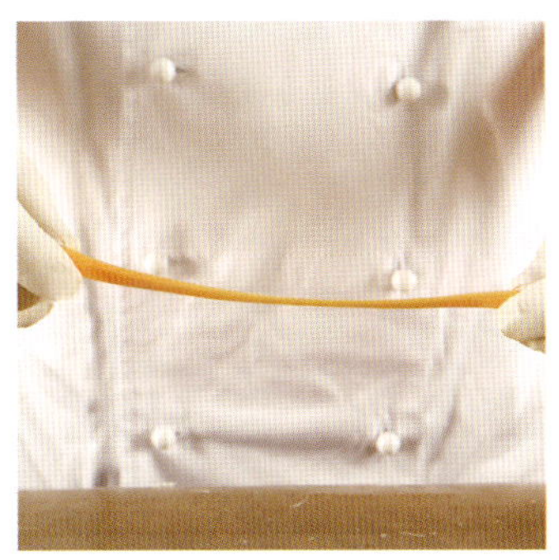

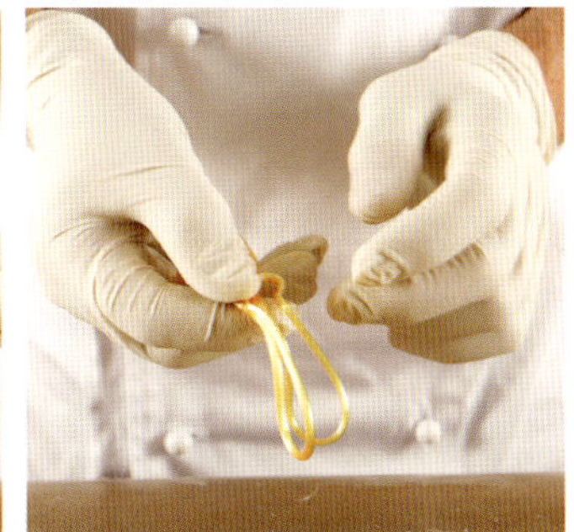

8　その棒を2回ほど折りたたみ、先端に2つの小さな輪をつくる。

9　この小さな輪をハサミで切る（先が開いたY字になる）。

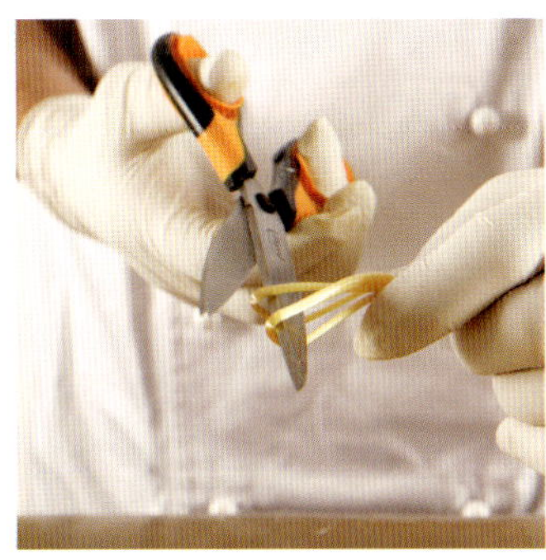

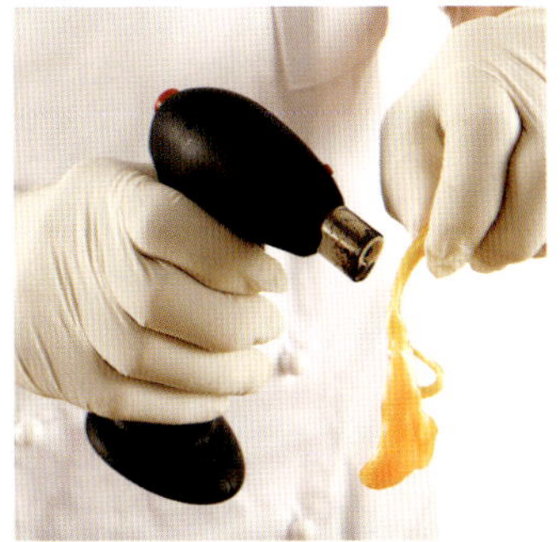

10 根元の部分を温めて切りとる。

11 雄しべの下端を温めて、花の中心に接着する。

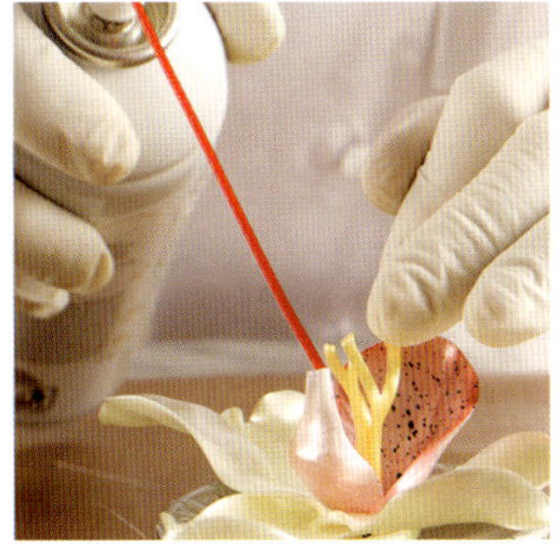

12 冷却スプレーを噴きかけて冷まし、固定する。

ヒマワリ

- 20 ～ 25 枚の花びらを引く。
- 底に敷く、丸いシート状のアメを引いて台の上に置く。
- 花びらの端を温めて、花の形に整えながら貼り付ける。
- 中心部はアメを茶色に着色し、丸く整え、平らになるよう押す。
- これを温めてケシの実をつけ、花の中央に置く。

ユリ

- 6 枚の花びらを引き、テリーヌ型などに並べてカーブを付ける。
- 雌しべ用に、7 本の細いアメを引き、切る。
- 小さな断片をつくる。
- 1 本のアメの端を温め、この断片をのせて雌しべにする。
- エアブラシで花びらを着色し、斑点を振りかける。
- 底に敷く丸いシート状のアメを引き、台に置く。
- 花びらの下を温め、形を整えながら底に接着し、雌しべと雄しべを付ける。

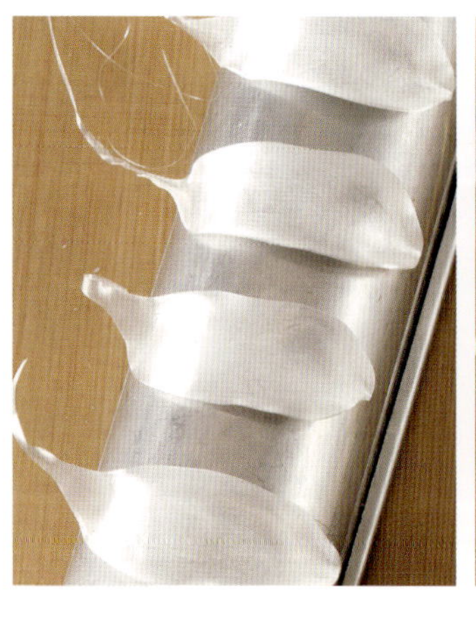

ラッパスイセン

- 6枚の花びらを引く。
- 花の中心部（ラッパの部分）をつくる。丸く引いたアメをまずは指にかぶせて、次にその穴に丸い木の棒を挿し込んで形を整える。余った部分を切り落とす。
- 木の棒をはずし、端を温めて、ハサミでこまかく切り目を入れる。
- アメを丸く引き、台の上において底にする。
- 3枚の花びらを温めて底に貼り付け、花の形に整える。
- 残りの花びらも温めて挿し込む。
- 最初につくった部分（ラッパ部分）温めて、中央に貼り付けて冷却スプレーで固定する。
- 雄しべと雌しべをつくり（p.223「ラン」参照）、挿し入れる。

ハイビスカス

- 5枚の花びらを引き、型で押して（p.220「バラの葉」参照）成型する。
- 花びらを温め、細い抜き型に入れて形を整える。
- 雌しべ用に細い棒状のアメを引く。
- 雌しべの先にグラニュー糖をつけ、反対側を温めて花の中心に挿し入れる。

抽象的な花

偉大な太陽

花びら：引きアメ

球体：クリスタルパスティヤージュ

扇形の花

花びら：引きアメ

球体：流しアメ

ムラーノ

花びら：引きアメ、吹きアメ

リボン

これは身につけたい芸術的なテクニックで、つねに見る者を魅了する。とくに効果的なのは、着色されたアメとシルクのようにツヤのあるアメの組み合わせ。

ここで紹介するリボンは、黄色と緑色のアメでできている。あらかじめ温めて引いたアメと、伸ばしていない暗い色（濃緑色）のアメを用意する。

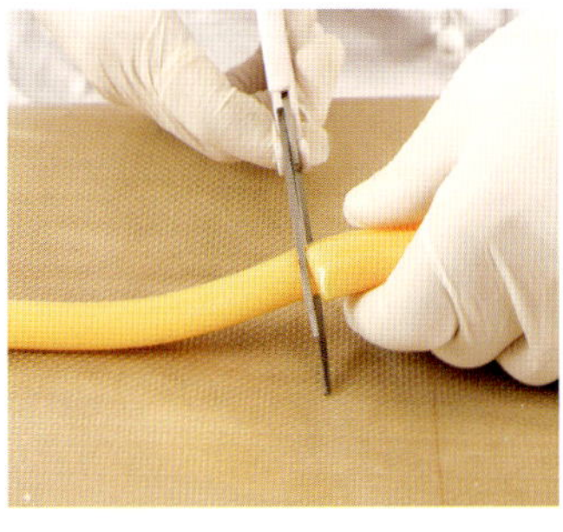

1　黄色のアメを同じ長さに切る。

2　5本横に並べて、カードで平らにならす。

3　緑色のアメを同じ長さに切る。

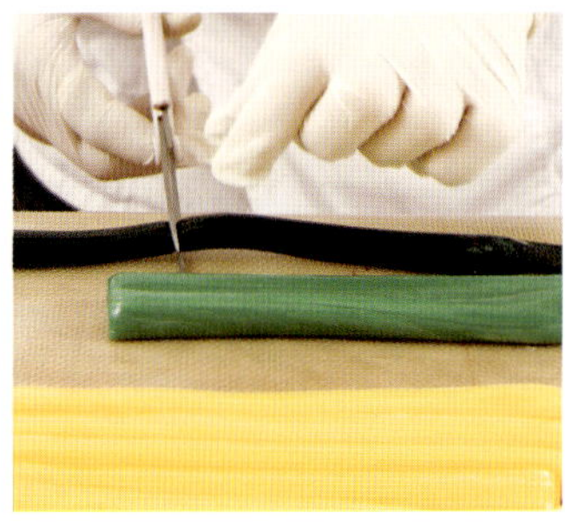

4　さらに、もう1本引いて（伸ばして）いない濃緑色のアメを並べて、同じ長さに切る。

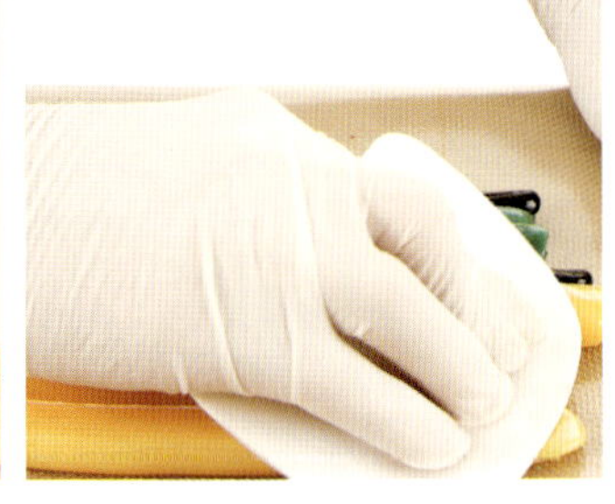

5　最初に濃緑色、次に2本の緑色、そして最後に再び濃緑色のアメを並べて黄色のアメに付けて置き、カードで平らにならす。

6　板状に並べたアメを、ゆっくりと伸ばして細長く薄いベルト状にする。

7　そのベルトを約20cmの長さに切りそろえる。

8　黄色のアメが内側に来るように、2本のベルトをつなげる。

9　黄色のアメの端をバーナーで温めて、カードでならして貼り付ける。

10　ベルト状のアメをゆっくりと伸ばして、約20cmの長さに切る。3本のリボンの端を温めて付け、カードでならして接着させる。

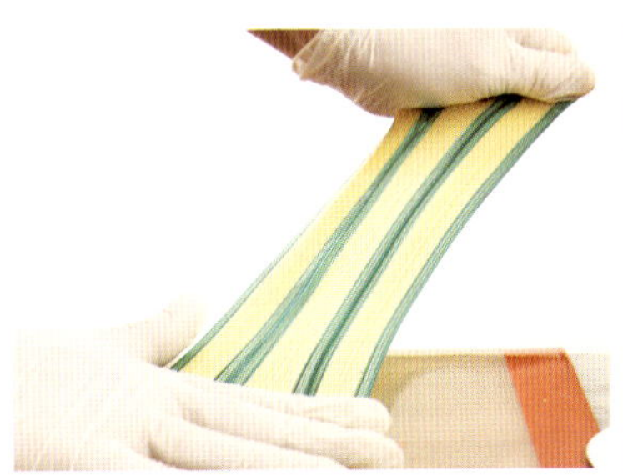

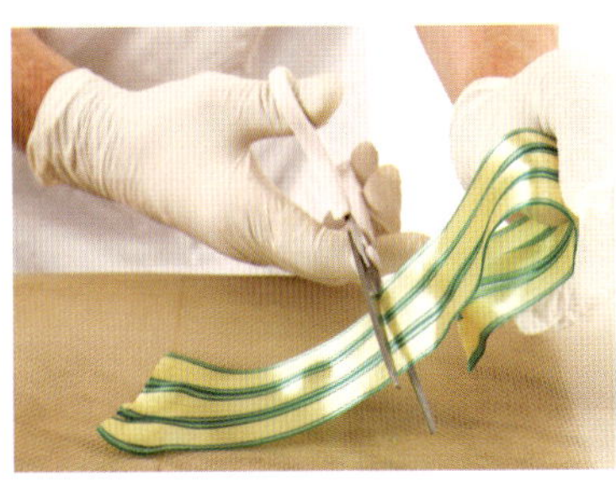

11　リボン状になったアメを慎重に伸ばす。リボンを切る前に、あらかじめその部分を温めてから切る。

解説動画

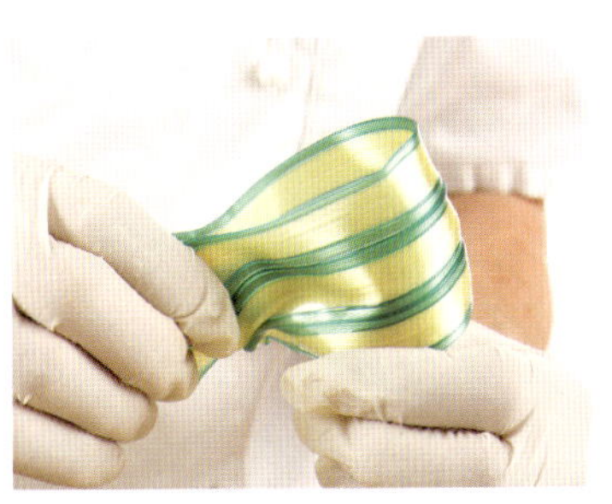

12　切りとったリボンで輪をつくり、冷ます。とくにリボンと輪を組み合わせてつくるときは、輪の形を整える。アルコールランプやバーナーで輪を温めて、リボンに貼り付ける。外側には4～5つの大きな輪を、内側には3～4個の小さな輪を付けるとよい。

カゴ

カゴを編むのに必要なツールは市販されているが、自分でつくることもできる。

1　木の板に、少量の油を塗った金属棒を差し込む。

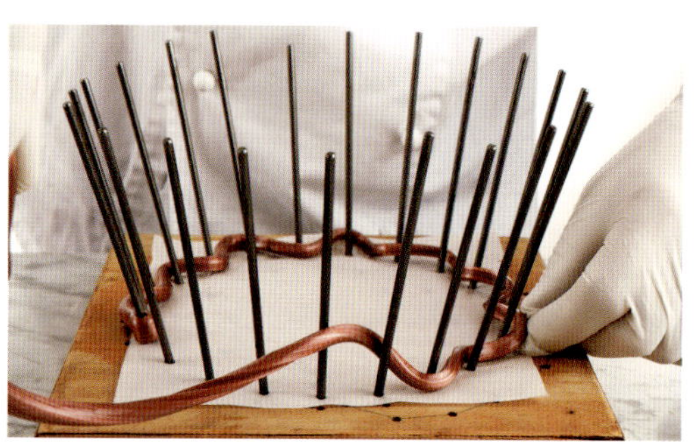

2　温めた引きアメでつくる。ブロンズの色は、赤と緑を混ぜてつくる。細長いロープ状にアメを引っ張るが、途中で切り離さないように注意する。このロープ状のアメを、金属棒の外側と内側に、交互に通していく。

3　ロープ状のアメは均等に長く伸ばしていく。好みの高さまで巻き付け、最後に冷風を吹き付けて冷ます。

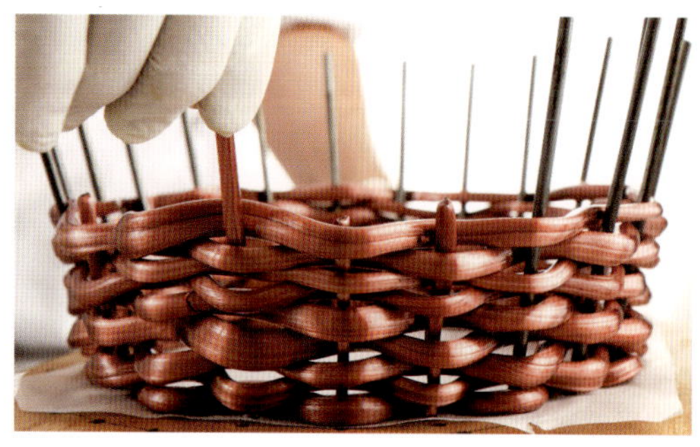

4　アメで細長い棒をつくり、切っておく。金属棒を慎重に引き抜き、そこにアメでつくった棒を入れて置き換える。可能であれば、カゴの端は閉じるように仕上げる。2本のアメを縄のように、ねじりながら編み上げる。カゴの端を温めて、このアメをのせて押し、接着する。

ZUCKER BLASEN

吹きアメ

吹きアメは、ガラスの加工とよく似ている。アメを吹くときには適正な温度が求められ、冷えすぎても熱すぎてもいけない。とりわけ、この吹きアメは同じ温度経過をたどることが重要で、そうしないと均等にふくらまない。

豆知識

大きなアメは均等に加熱できるが、小さいと熱しすぎる危険がある。

でき上がった作品の着色は2つの方法がある。すでに着色されたアメを使うか（異なる色の組み合わせが可能）、または最後にエアブラシで慎重に着色するか。スプレーするときは、アメはやや温かいため、塗料に含まれる液体はすぐに蒸発する。さらに良い方法は、着色剤にアルコールを加えると、スプレー後より早く蒸発する。

ボール（球体）

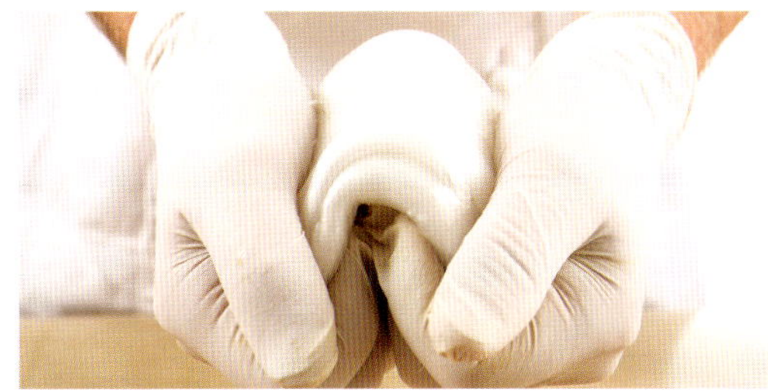

解説
動画

1　温めたアメをよく伸ばし、少量を切りとる。

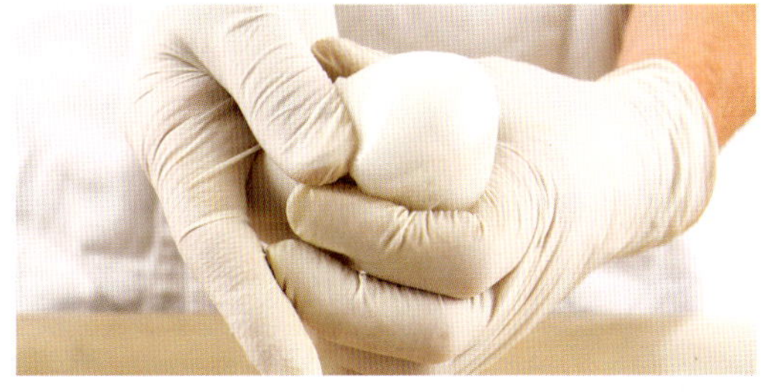

2　アメのかたまりを丸め、くぼませた中心に指を入れて、その周辺をできるだけ均一の厚みにする。

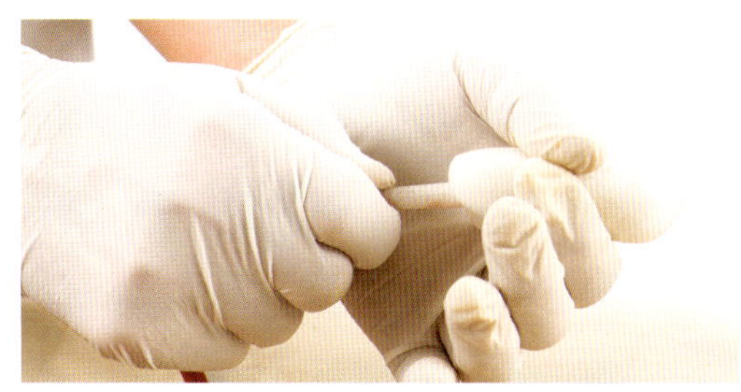

3　くぼませた部分の周囲を軽く温めて、アメ用ポンプのノズルを挿し込む。注入した空気が逃げないようにしっかりと口の端を密着させる。

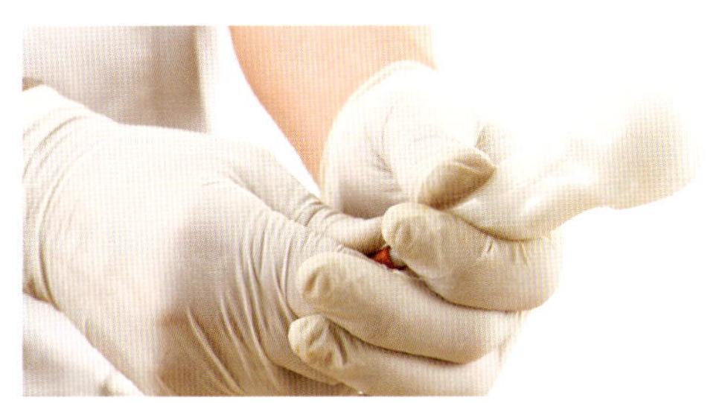

4　ポンプを動かして、少しずつアメに空気を吹き込んでボールをつくる。このボールを、ポンプのノズルから少し離しておく（首をつくる）。こうするとホースを傷つけることなく、でき上ったボールを切りとることができる。均等にふくらまないときは、手のひらで触れたり、冷やしたりして全体の温度を調節する。

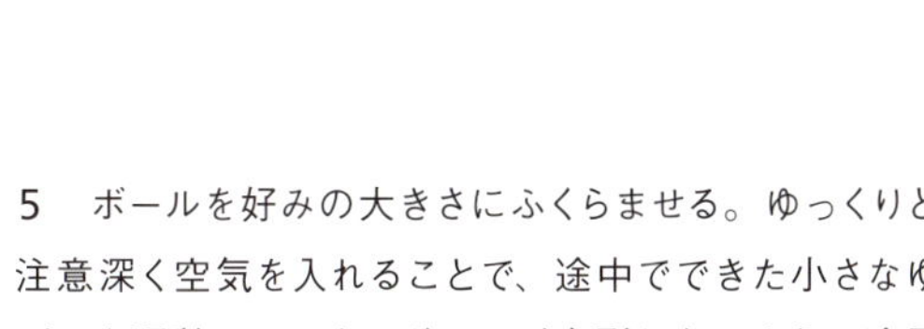

5　ボールを好みの大きさにふくらませる。ゆっくりと注意深く空気を入れることで、途中でできた小さなゆがみを調整していく。ボールが変形しないように冷風を当てて冷やす（くちびるで温度を確認する）。

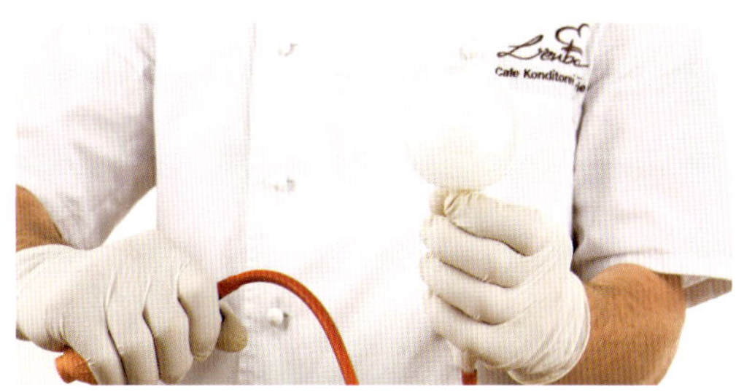

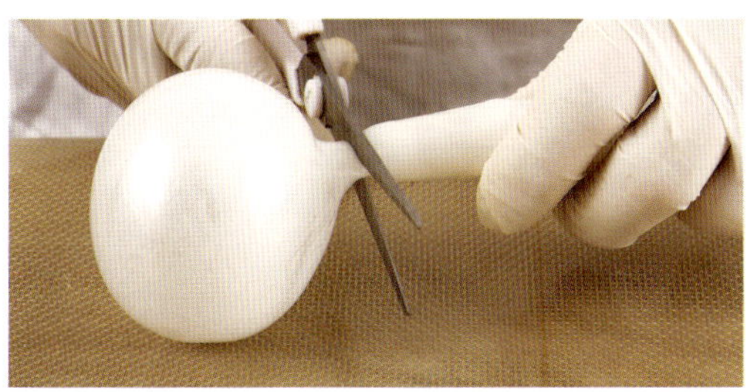

6　ボールから1cmほどのところにある首の部分をバーナーで温めて、ボールを切りとったときに壊れないようにする。慎重にポンプのノズルを挿し込んだ先をハサミで（手でちぎらない）切りとる。

鳥

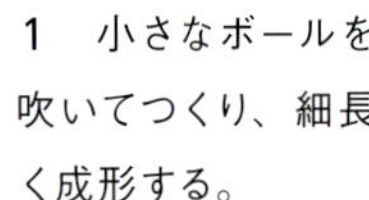

1　小さなボールを吹いてつくり、細長く成形する。

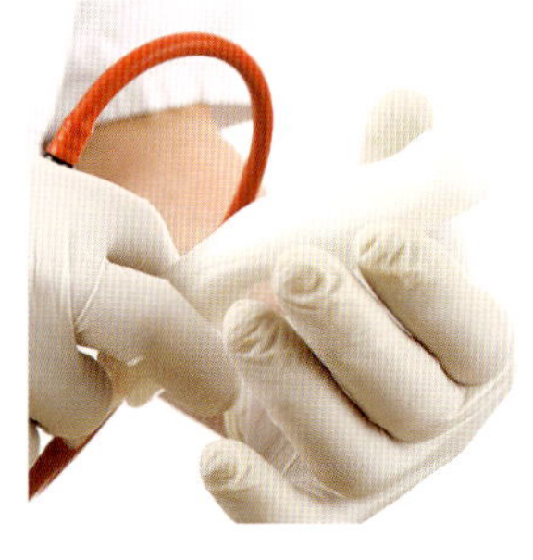

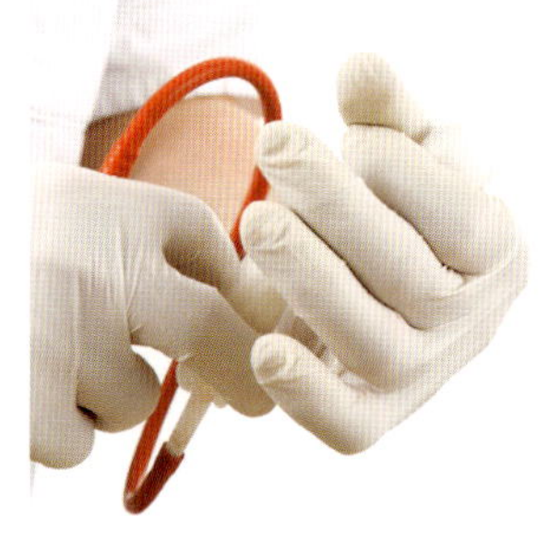

2　親指と人差し指で、首の部分を固める。

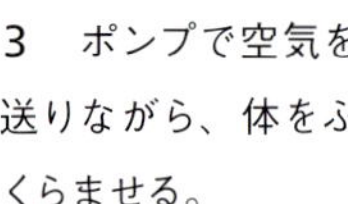

3　ポンプで空気を送りながら、体をふくらませる。

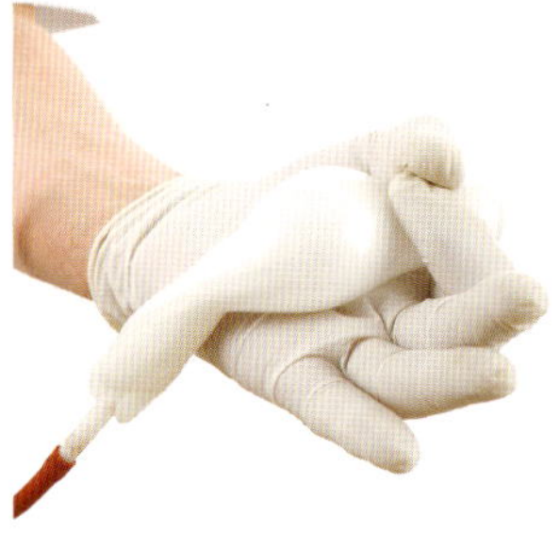

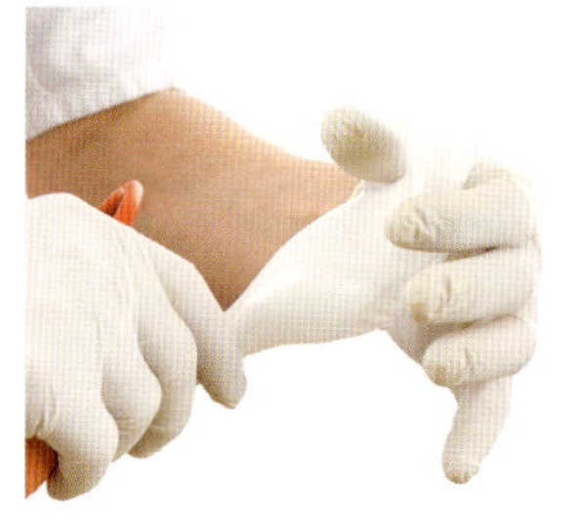

4　胴体部分を手で成形する。くぼんだ部分にも空気を送って微調整する。

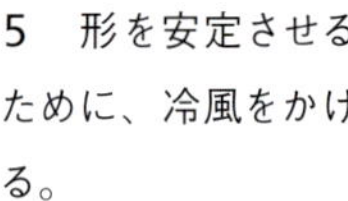

5　形を安定させるために、冷風をかける。

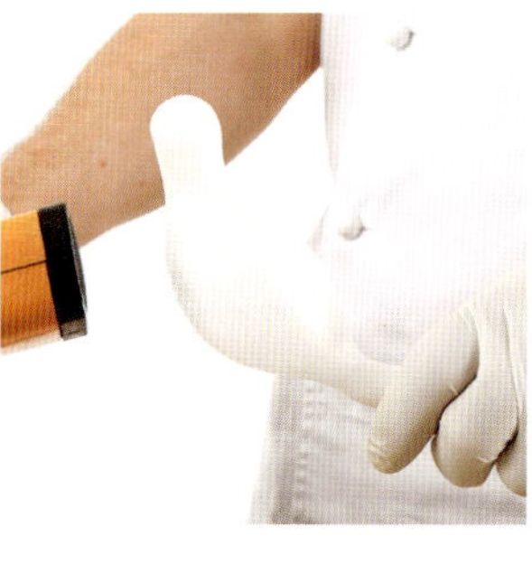

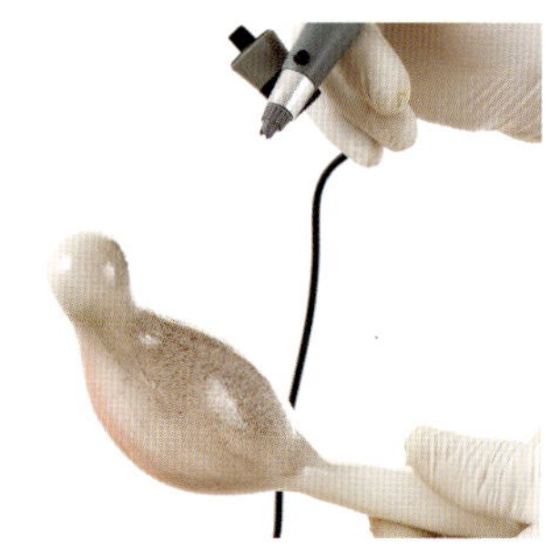

6　まだ温かいうちにエアブラシで着色し、冷風をかける。

7　ノズルの先、空気の出入り口付近をバーナーで温める。

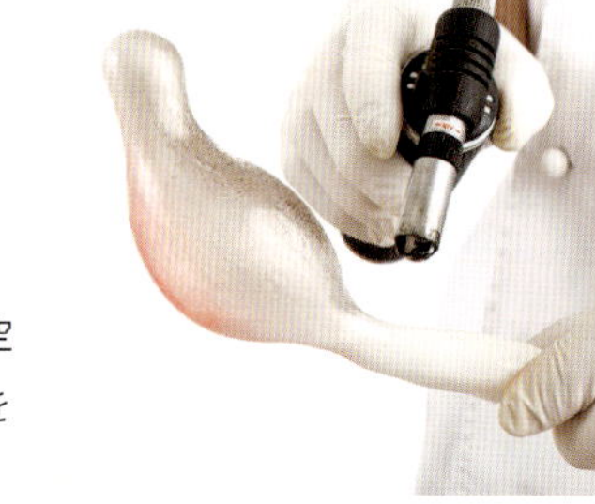

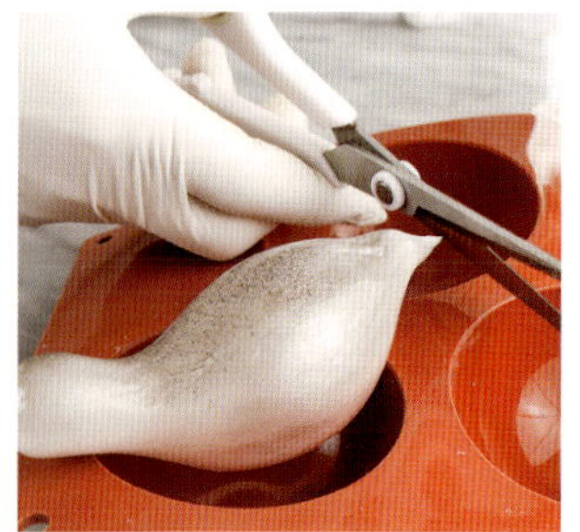

8　半球のシリコン型に鳥を置き、ホースの先の部分をハサミで切断する。冷風をかける。

9　クチバシをつくる。小さなアメを引く。

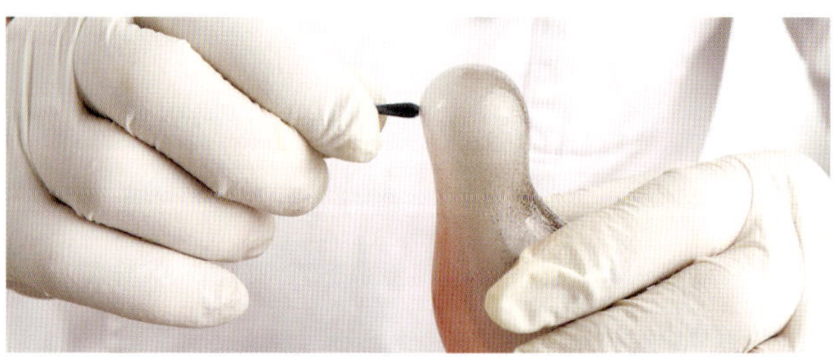

10　クチバシを温め、鳥の口に貼り付けて冷風をかける。

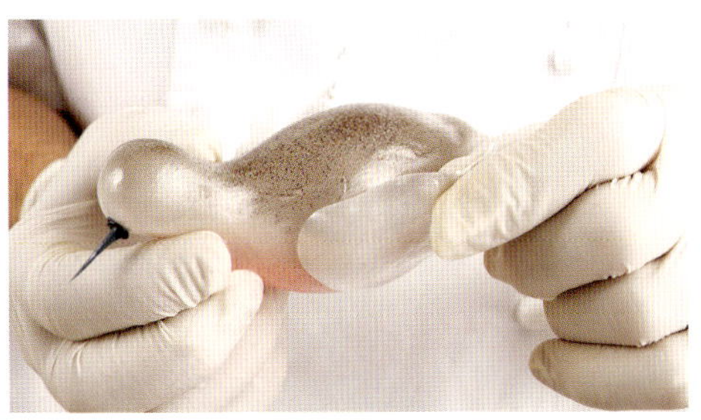

11 2つの翼をつくる。アメを引き、温めた胴体に貼り付ける。

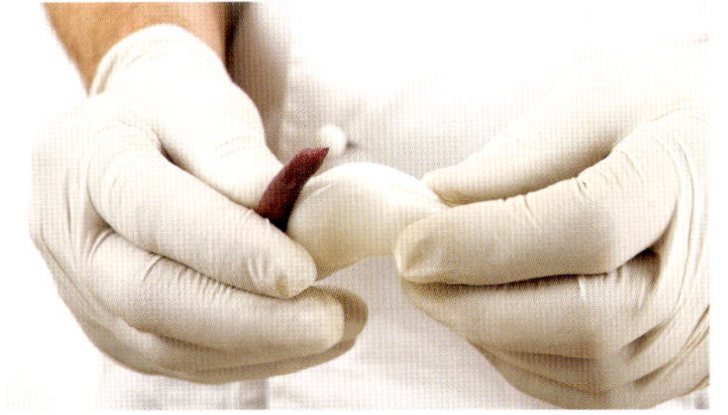

12 尾羽をつくる。アメの周囲に別の色を貼り合わせる。

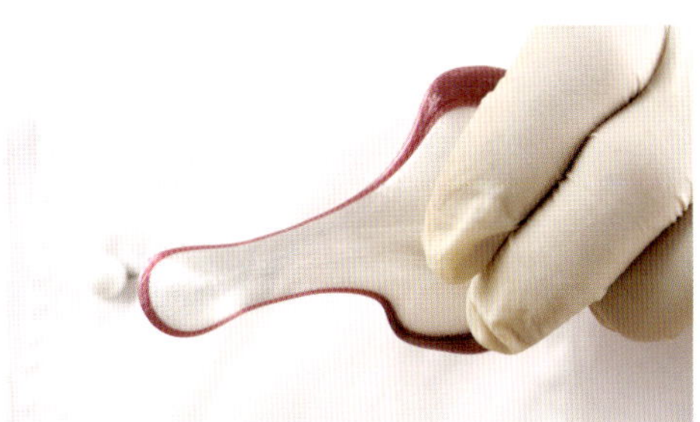

13 引いて形を整え、2枚の細長い尾羽をつくる。

14 温めた尾羽を貼り付け、冷風をかける。最後に目を付ける(p.236「白鳥」参照)。

白鳥

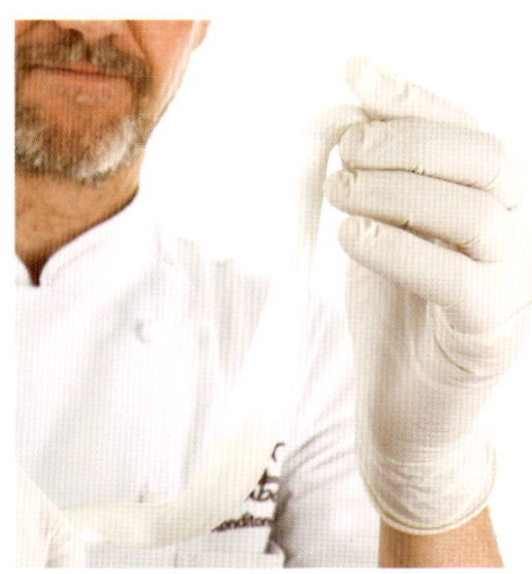

1　小さなボールを吹いてつくり、細長く成形する。白鳥の首の部分になる。

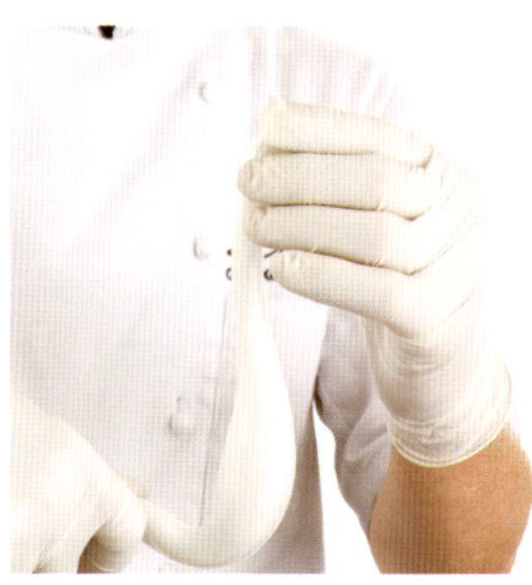

2　ポンプで空気を送り、体をふくらませる。

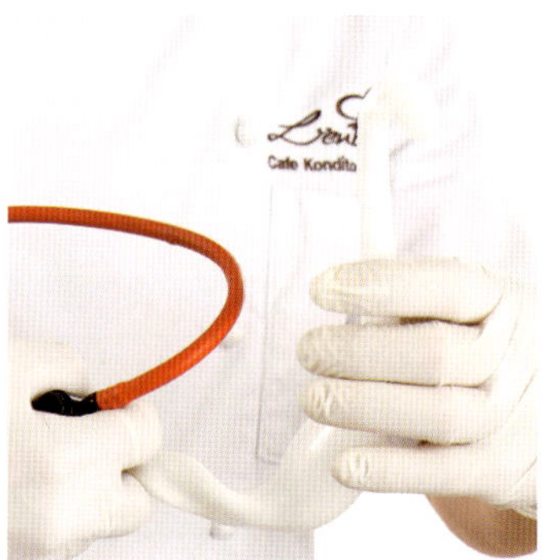

3　手で胴体部分を成形し、微調整する。

4　冷風をかける。次に「鳥」と同様にノズルの先、空気の出入り口のところを切断する。

5　シート状に丸く引いたアメの上につくった白鳥を座らせる。

6　翼と尾羽のアメを引く。葉型で形をつくったら、温めて接着する。

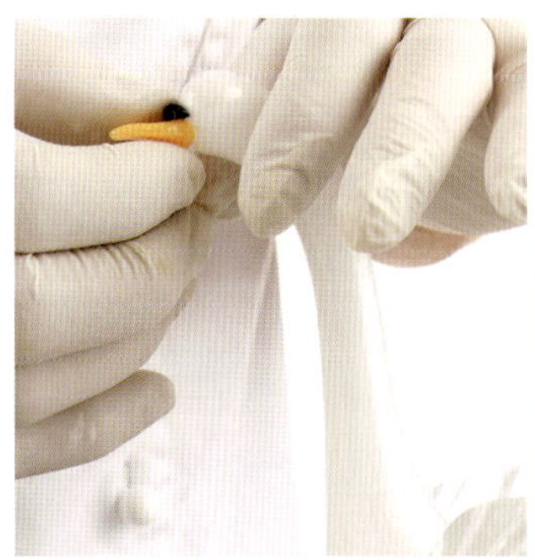

7　クチバシは、黄色と黒のアメを温めて接着する。

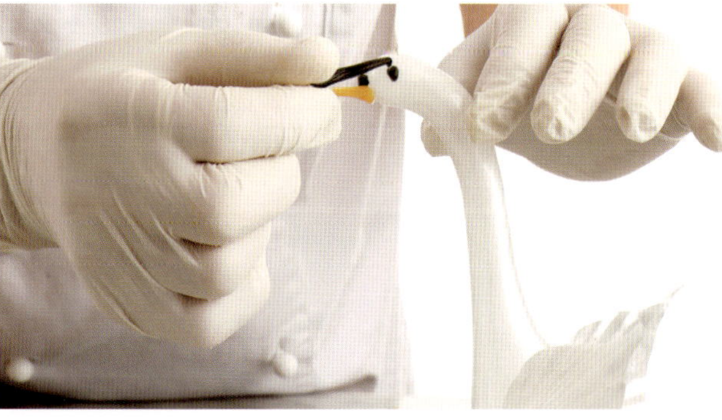

8　目の部分は、黒のアメを温めて1滴を接着する。または、筆で黒の着色料を塗る。

解説
動画

フルーツ

ほとんどすべてのフルーツは、基本的な形、ボール(球体)からつくることができる。

洋ナシ

1　小さなボールをつくる。

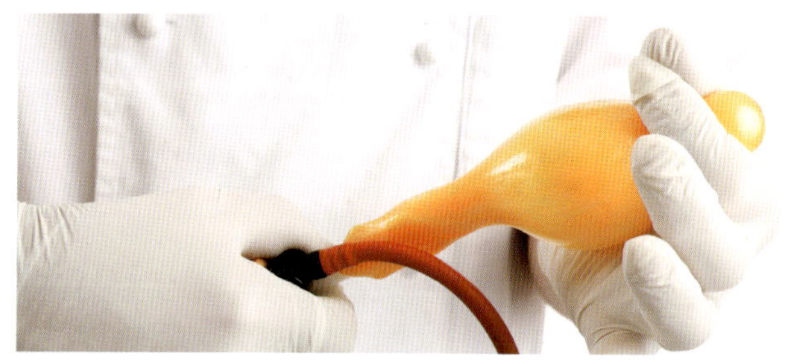

2　ボールを動かしながら全体を引き伸ばす。親指と人差し指で洋ナシの首(くびれたところ)を固定し、さらに空気を送ってふくらませる。

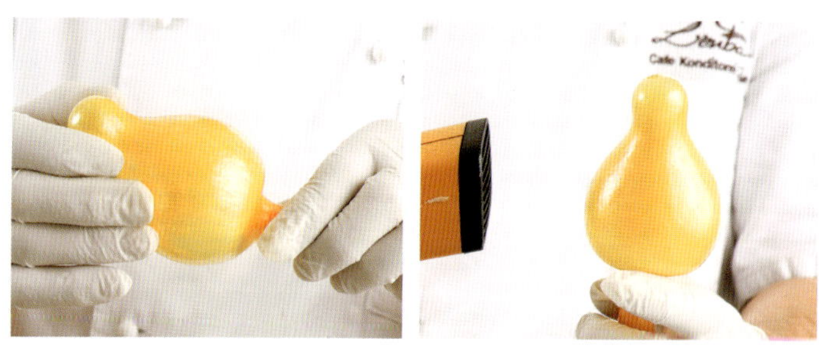

3　均等になるようにバランスを整える。エアブラシなどで着色し、冷風をかける。

4　「鳥」と同様に、ポンプのノズルの先を温めて切断する。洋ナシの特徴的な形をつくるために底を軽く押して平らにする。半球のシリコン型に置いて、斑点をまだらに振りかける。

5　茎の部分は、引きアメで短い棒をつくり、温めて挿し込む。

ZUCKER GIEẞEN

流しアメ

引きアメや吹きアメと同様に、流しアメにも必要な道具がある。これらはアメを流す前に準備しておく。以下に記した金属とプラスチックの型、およびほぼすべての型は、つくりたい形状や表面の構造に応じて、それぞれ組み合わせることが可能だ。

作業のための道具

さまざまな型

金属製フレーム

鉄製のフレームや抜き型、金属の枠縁などは軽く油を塗ってから使う。好みの型、重しを用意する。

プラスチック製の型紙

シリコンゴムマット、または厚さ2mmのソフトプラスチック、または食品対応の安全なゴムマットを用意する。

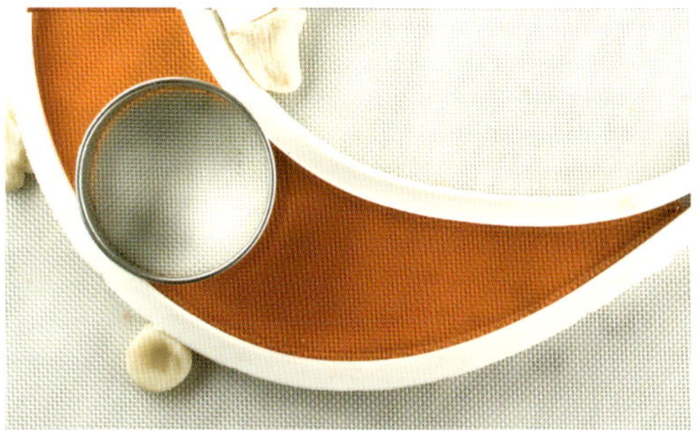

シリコンテープ（バンド）

シルパットの上にこのテープで型をつくり、マジパンで固定する。軽く油を塗った抜き型を中心に置く。

シリコン型

ひとつまたは複数の部品からなり、たとえば、半球型（シカゴ・モールド・スクール製）。球体やフィギュアなどの立体物を制作できる。

豆知識

- シリコン型は、型ごとやわらかいグラニュー糖の上に置くと、底の部分が平らにならずにつくることができる。
- シリコン型を使うと、表面に小さな気泡ができてしまう。なめらかで光沢のある表面にするには、冷して型からはずした後、バーナーで表面を温めるとよい。

シリコン製の焼き型

平面または、立体の流しアメをつくるのに向いている。

さまざまなモチーフのシリコン型

大きさや厚みが異なる。たとえば、ショーストッパー（Showstopper™ シカゴ・モールド・スクール製）。背面部分は光沢がなく、小さな気泡ができる。

ソフトプラスチックの型

なめらかで光沢のある表面をもつ、立体的オブジェをつくるときに。ソフトプラスチックのシートを切りとって個々のパーツをつくり、セロテープで貼り合わせる。

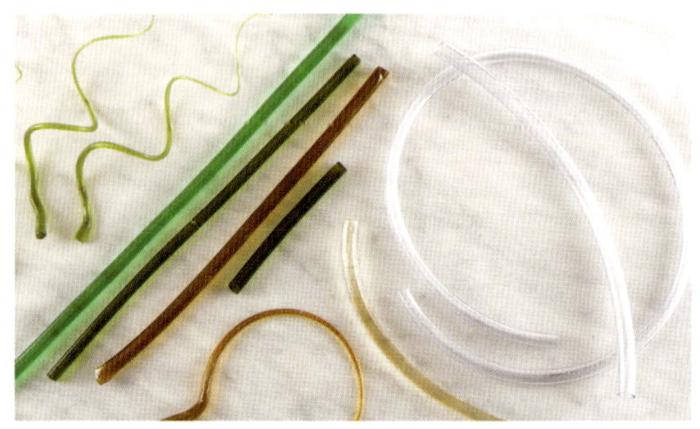

ソフトプラスチックのチューブ

平らで光沢のある表面をもつ、ひも状のアメをつくるときに。ホームセンターなどで、さまざまな厚さ、直径のものを購入できる。

土台

土台にはさまざまな素材を選ぶことができる。つくりたい表面の効果とともに決める。

ベーキングペーパー

基本は、裏面はツヤがなく表面はとてもなめらかだ。紙をシワにすると面白い効果が出る。

アルミホイル

クシャクシャすると表面に風合いが出る。軽く油を塗り、固まったらすぐにはがすが、作品の場合はホイルをはがさない。底の部分が台につかない利点だけでなく、ホイルが光を反射して特別な輝きの効果が出る。

シルパット

シルパットは通常、流したアメにも明瞭に残る繊維の模様がある。

模様のついたフィルムやマット

模様のついたフィルムは、主にチョコレートのデコレーションに使われるが、充分に冷やせばアメにも使用できる。シリコン製のマットは耐熱性があり、ツヤのない表面に小さな気泡ができる。

ソフトプラスチックの型とマット

表面はなめらかで光沢が出る。マットの下に白い紙をおき、アメの色を見えやすく鮮明にする。

レリーフ

1　シリコン型にアメを流し入れて、冷ます。

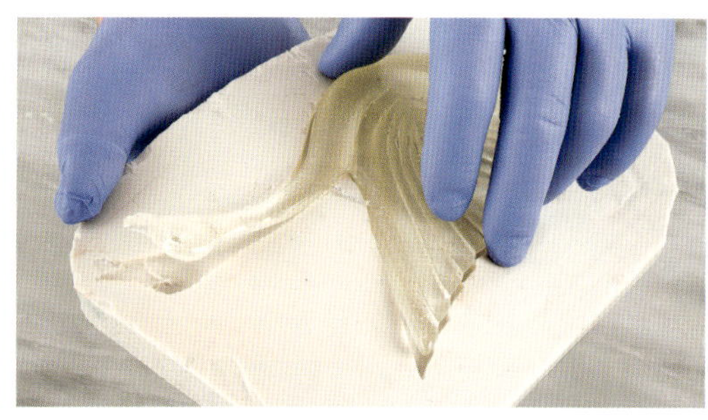

2　型からレリーフをとりはずす。

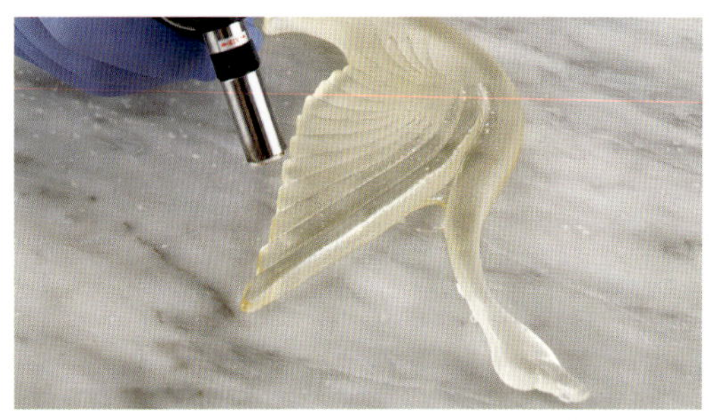

3　表面をバーナーであぶる。

4　バーナーであぶることで気泡が消え、表面に光沢が出る。

ボール

1　アメを型に半分ほど流し入れ、もう一度注ぎ、少し冷ます。

2　異なる色のアメを半分くらいの高さまで流し入れる。

3　ストローで空気を吹き込むか、棒などを挿し込み、再度引き抜く。

4　最初に注いだアメで型を満たす。ボールのサイズにもよるが、シリコン型が熱を遮断するので、2～3時間おいて固める。

5　セロテープをはがし、シリコン型を開ける。

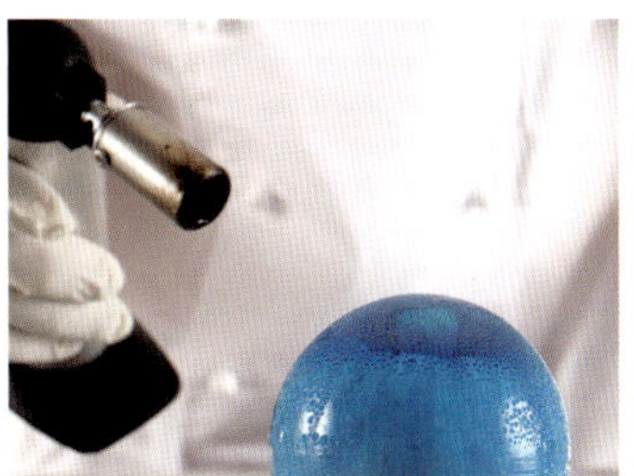

6　型からボールをとり出し、適当な抜き型の上にのせる。バーナーで表面を軽くあぶる。

ひも

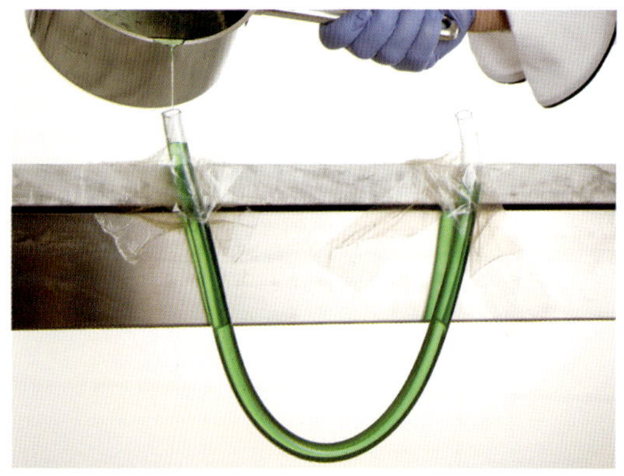

1　テーブルの端に、セロテープでホースを固定する。アメを流し込み、ホースの先をクリップではさんで止める。ホースをはずし、作業台の上に置いて約30分間冷ます。

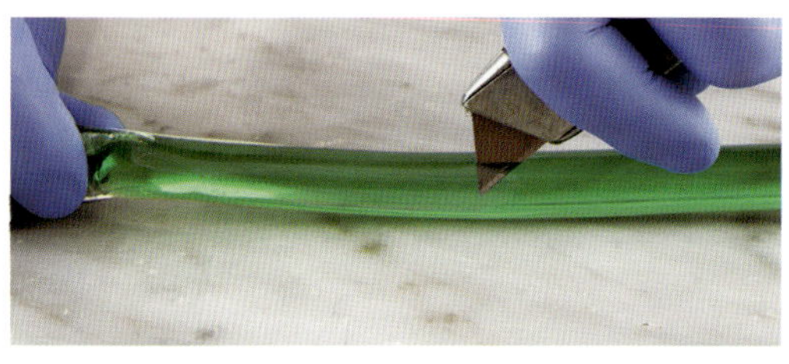

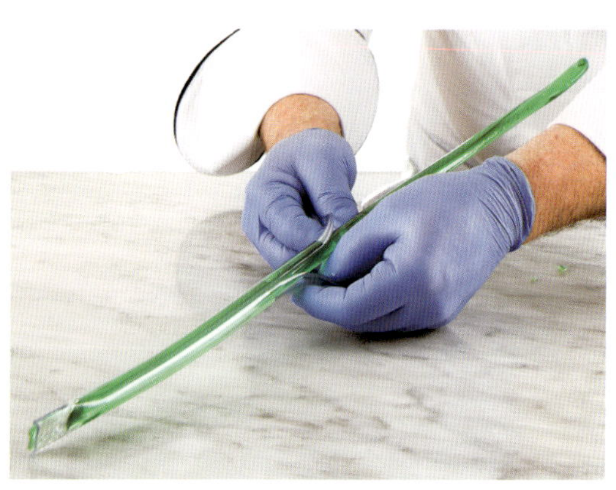

2　クリップをはずし、鋭利なナイフでホースを縦に切る。注意深く、アメを壊さないように切る。ホースを慎重にとりはずす。

抽象的なオブジェ

より大きな立体的オブジェの場合、数回に分けてアメを流し入れる。

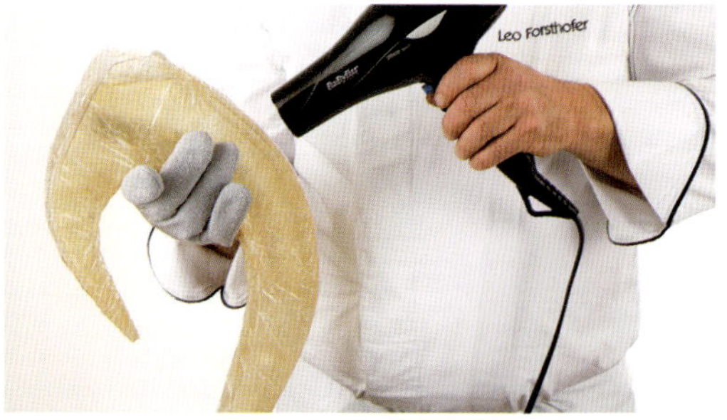

1　透明、または軽く着色したアメを型に注ぐ。冷風を当てて冷ます。

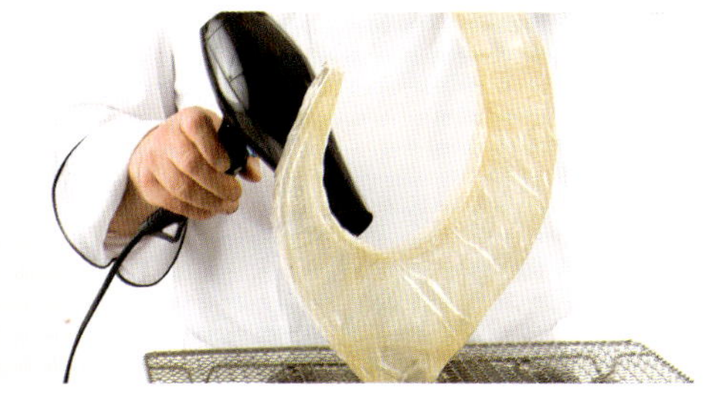

2　型を逆さにして、余分なアメを流す。冷風を当てて冷ます。

3　アメを注ぎ、少し冷やし、また余分なアメを流し出し、冷風を当てて冷ます。

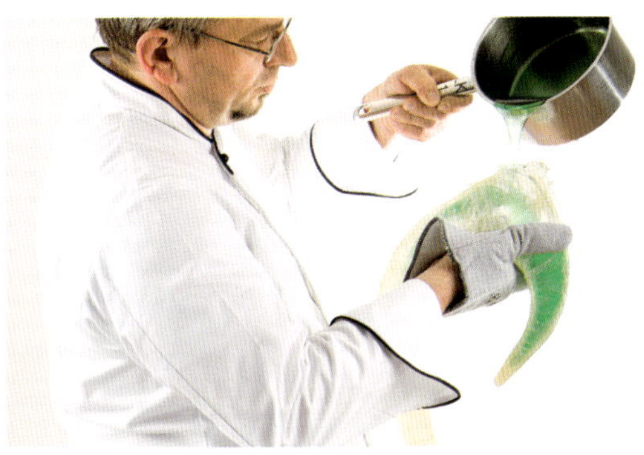

4　異なる色のアメを流し入れる。少しおいてから、余分なアメを流し出す。

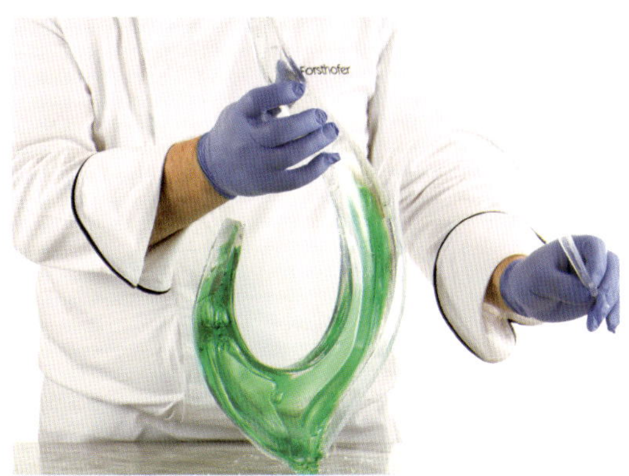

5　型を逆さにして、冷風をかけると、アメが流れ出てこなくなる。その後、2時間ほど冷ます。最初は、アメが安定するまで5～10分おきに型の上下を返す。セロテープをはがして型からとり出す。オブジェのもっとも繊細で薄い部分のシリコンの帯もはずす。

モチーフをはめ込む

とりわけ魅力的な制作物のひとつは、モチーフをアメの中にはめ込んだもの。たとえば、真ん中にカエルが入ったボールなど。または、立方体、丸や四角い板の背面に造形物を貼り付けると、前面からは造形物がアメの中に浮かんでいるように見える。そのようなアメ細工は、作品のベースとしても理想的だ。

豆知識

造形物の立体感を出すため、シリコンのレリーフにメタリック系の色素を振りかけておく。または、完成したレリーフ部分にエアブラシで着色する。

1　ベーキングペーパーの上にソフトプラスチックのマットを敷き、浮彫（凹凸）のあるモチーフを用意する。軽く油を塗った型枠、または枠の内側にベーキングペーパーを敷き込んでアメを流し入れる。

2　デコレーションの例として、たとえば、岩に見立てたアメ（p.254参照）を置く。アメを流す。

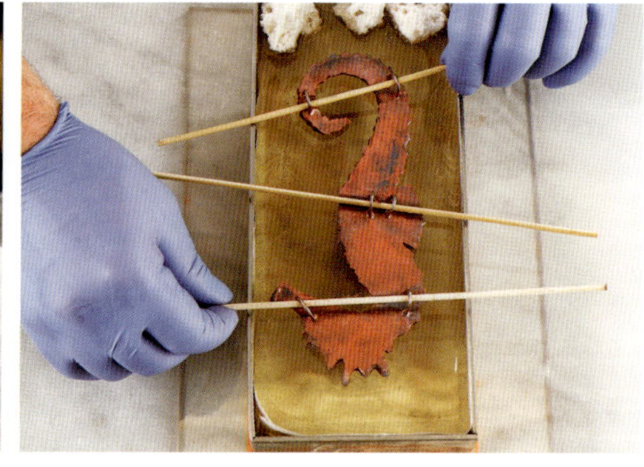

3　シリコン製のレリーフは沈まないよう棒で固定して、アメの中に入れて冷ます。

4　アメが固まったら棒をはずし、レリーフをとり出す。

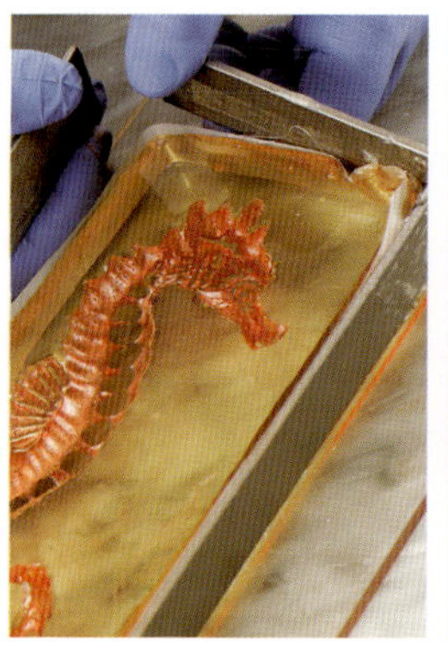

5　型枠からはずす。

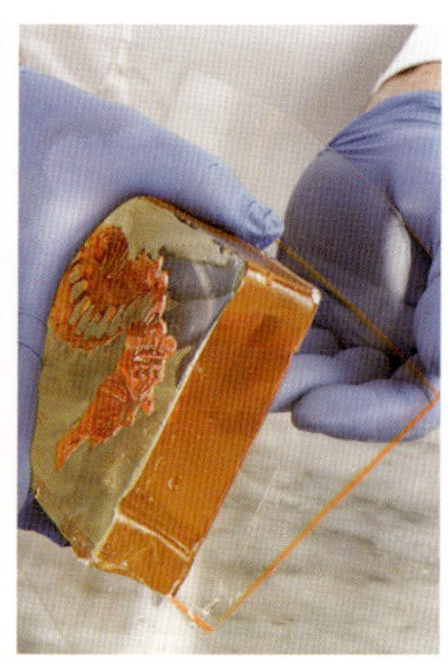

6　マットをとりはずす。

247

特殊な流しアメの技法

とくに抽象的な造形は、テクニックというより偶然の産物といえる。これらはテンパリングしたクーベルチュールにも応用できる。

氷に流す

この技法が適しているのはパラチニット。結果として得られる造形物は、自然のままの姿で有機的な形になる。それはサンゴに似ていて、水中の世界によく合う。

1　わずかにどろっと粘性が出るまで、煮詰めたアメを冷ます。

2　氷を入れた金属製のボウルにアメを注ぎ、冷ます。

3　氷から造形物を慎重にとり出す。カドが鋭いため、手袋を着用する。

4　網の上に置き、すべての氷が溶けるまで水をきる。

完成後は、プラスチックボックスに入れてシリカゲルで完全に乾燥させ、残った水分を除去する。

砂糖の上に流す

ほかのアメ細工と比較したときに、この技法は初心者でもとり組みやすい。流しアメには、伝統的なグラニュー糖とパラチニットの両方ともが適している。アメができたら、グラニュー糖、または粉糖を型押ししたところへ流し入れる。基本的に、砂糖の粒が細かいほど正確な形状に仕上がる。この技術の本質的な利点は、水分を引きつけないことである。

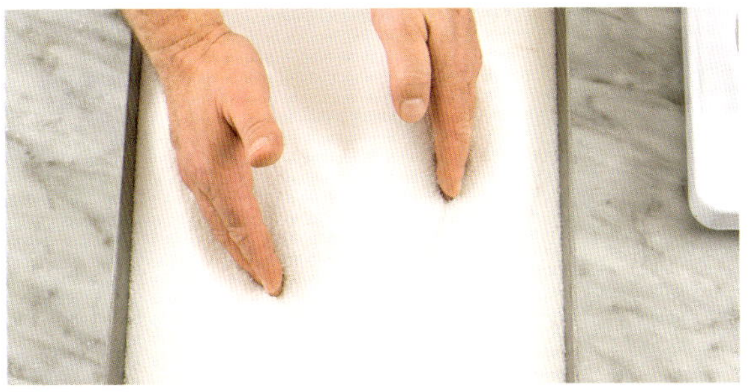

1　深さのある容器にグラニュー糖を入れ、抽象的な形を手でつくる。

2　冷ましたアメを注意深く流す。

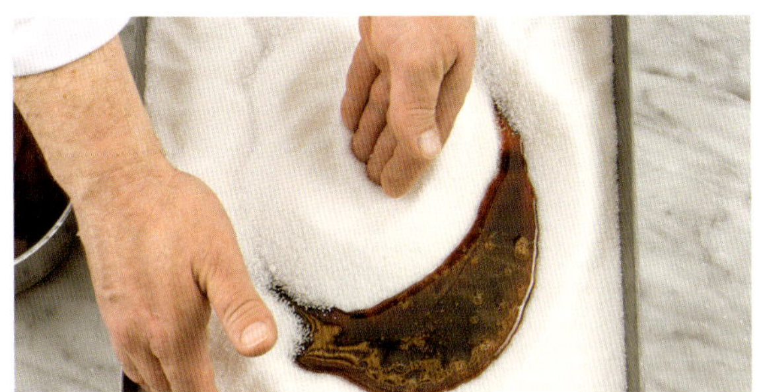

3　全体をグラニュー糖で覆う。

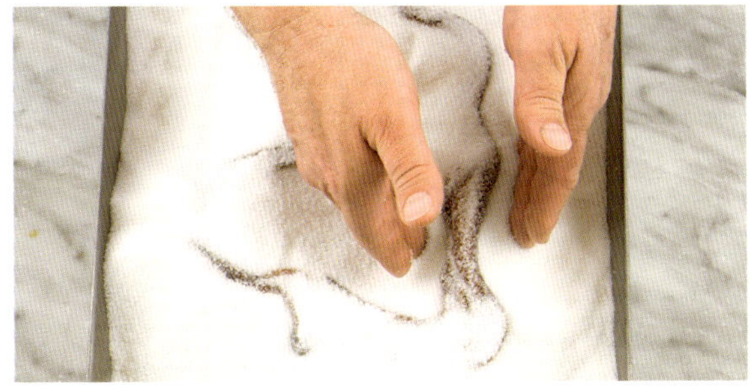

4　アメの形をつくる。沈んだり、下に流れた部分を動かして形を整え、冷ます。固まったら、余分な砂糖を刷毛ではらい落とし、エアブラシで着色する。

BLASENZUCKER

気泡入りのアメ

気泡入りのアメは、作品の装飾的な背景だけでなく、デザートの装飾パーツとしても人気がある。主に、パラチニットからさまざまな形に加工する。

パラチニットでつくる

1　クッキングペーパーをアルコールで湿らせる。

2　アルコールを手で広げる。

3　熱いアメ（160℃まで加熱する）を流す。

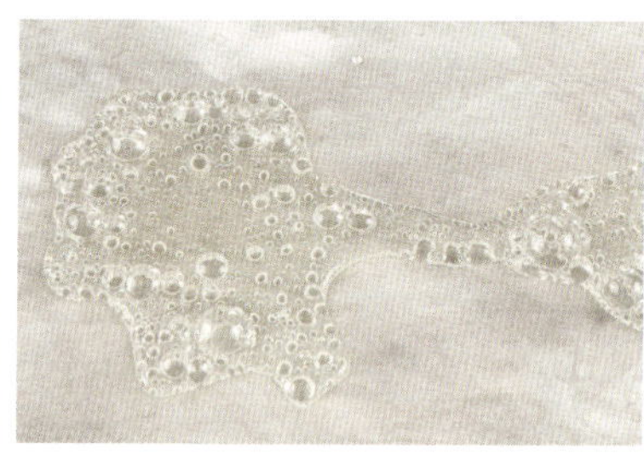

4　アメが急速に冷えるときに、アルコールが蒸発して気泡ができる。

5　クッキングペーパーを持ち上げると、アメが流れて模様ができる。

6　エアブラシで着色する。斜め方向から噴き付けると、色の濃淡が出て、輪郭がより強調される。冷まして、紙からはがす。

解説
動画

パラチニット顆粒でつくる

1　シルパットの上に、パラチニット顆粒を薄く広げる。着色する場合は、液体の着色料をかけるか、または着色したパラチニットを使用する。

2　この上にシルパットをかぶせて、180℃のオーブンで約12分間加熱する。パラチニットが沸騰しはじめ、特徴的な気泡の模様をつくる。

3　オーブンから出し、麺棒で上から押して伸ばす。大きなパーツは厚めに、デザート用のパーツはできる限り薄く伸ばす。そのまま冷ます。

4　シルパットをはがす。

5　アメをマットから持ち上げ、適当な大きさに分ける。

豆知識

- オーブンに入れる時間が短いほど、小さな気泡ができる。逆に、加熱時間が長すぎると気泡が大きくなり、最終的には完全に形がくずれる。
- 気泡入りのアメは、最初にマットからはずしたときに、アメをやわらかく戻すことができる。短時間だけ温めて、型抜きしたり、小さくカットする。とくに華やかに仕上げるときは、扇や波の模様など装飾的にするとよい。

SPINNZUCKER

糸状の細いアメ

糸アメの名前で一般にも知られて人気がある繊細なアメ（シュークルフィレ）は、デコレーションの場面でも多方面に使うことができる。たとえば、デザート、鳥の巣、そして作品にも。とくに目立つのは、このアメとオブジェの組み合わせ。より大きくつくるときは、泡立て器が便利で、先端が切れた形状のものが市販されている。小さなサイズをつくるときは、スプーンを使うとよい。

糸状のアメ

- アメを少しおいて、わずかに粘性が出るまで冷ます。
- ベーキングペーパーの上に、よく油を塗った2本の棒を充分に離して置き、テーブルの端やスタンドなどに固定する。

1　専用の泡立て器をアメに浸し、固定した棒にこまかな糸状にかかるように振る。

2　アメを棒からはずす。

解説動画

3　形を整える。シリカゲルの入ったプラスチックボックスに入れて密閉する。

扇

1　クッキングペーパーの上に台座（抜き型など）を置き、その上に油を塗った金属製プレートをのせる。少しおいたアメをスプーンですくい、プレートの上に細く流す。

2　プレートからはみ出た部分をカットする。エアブラシで着色する。

3　端の部分をバーナーで温める。

4　ナイフを使ってプレートから慎重にアメをはずし、形を整える。

FELSENZUCKER

溶岩のようなアメ

「ちょっとした工夫で、大きな効果が得られる」は、このアメの特徴を表している。できたものは、視覚的に溶岩石を思い起こさせるので、エアブラシで着色し、さらに本物に近づけてもいいだろう。

1　流しアメをつくり(p.216参照。水アメは無し)、最後にアメの総量の10%のアイシング(p.44参照)を加えて泡立て器で素早く混ぜる。アメは強く発泡する。

解説動画

2　背の高い金属製の容器にアルミホイル、またはベーキングペーパーを敷き詰め、アメを流し入れる。

3　アメは発泡し続ける。2時間ほどおいておく。

4　ベーキングペーパーの上に、アメをとり出し、ホイルをはがす。

5　ナイフでアメを切り、シリカゲルとともにプラスチックボックスに入れて密閉する。

ZUCKERKRISTALLE

砂糖を使った結晶化

砂糖の結晶化を利用する技法。必要な砂糖溶液（砂糖：水＝３：１）は、糸を引くまで煮立たせる。濃度はブリックス34～35%。糖度計がない場合は、砂糖溶液を約１分間沸騰させる。

水晶

清潔な容器の上に、セロテープなどを渡す。ゼラチン、トラガント入りパスティヤージュ、マジパンなどの小片を、針金や糸、楊枝などにつけて、セロテープに固定して吊るす。これらが元になって結晶化する。

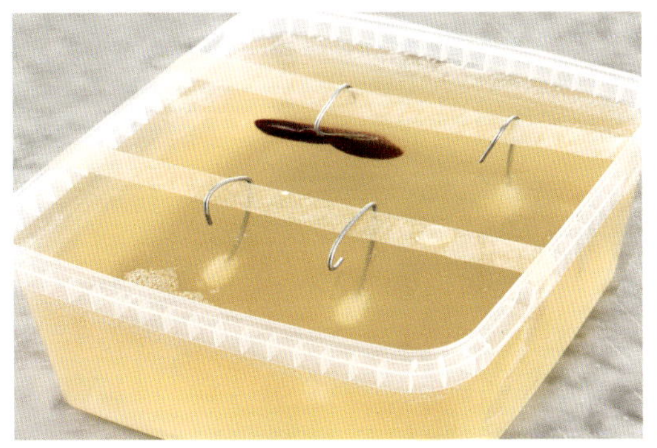

1　冷ました砂糖溶液を容器に注ぎ、吊るした素材が完全に浸かるようにする。

2　素材の周りに大きな結晶ができるまで、１～２週間ほど放置する。

3　でき上がったら網の上にのせて、余分なアメをきる。

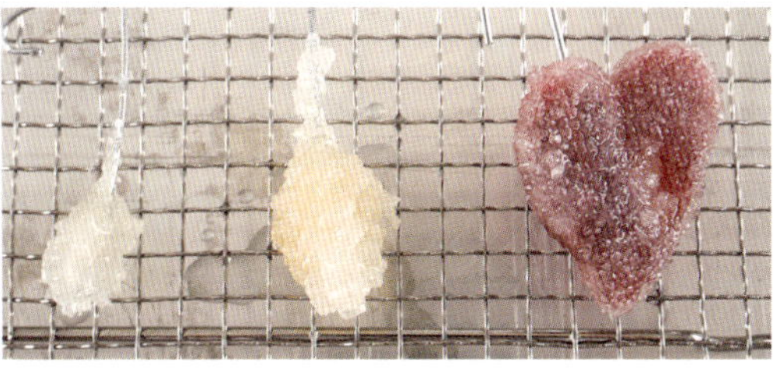

豆知識

流しアメなどほかのアメでも、結晶化させることができる。１～２週間後、オブジェは全面的に結晶で覆われる。

表面を結晶化させる

抽象的な形

- 熱い砂糖溶液を、空の平らな容器に入れる。
- 砂糖をまぶす。
- 好みのサイズに結晶化するまでおく。
- とり出して、適応な大きさに分ける。

枠の中を結晶で埋める

1　熱い砂糖溶液を、空の平らな容器に入れる。シュガーペースト、トラガント入りパスティヤージュなど、枠の形につくった(中央が空いた)パーツを浸す。上からグラニュー糖を振りかける。

2　すき間が結晶で満たされるまで4～5時間放置する。その間は容器を動かさない。

豆知識

グラニュー糖を振りかけることで、結晶化が早くはじまり、より均一な結晶ができる。振りかけなければ、表面は薄く透明に仕上がる。

砂糖の晶洞

- パスティヤージュで2つの半球をつくり、アイシングで接着して中が空洞の球体に仕上げる。乾燥させる。
- 球体に小さな穴を開け、着色した飽和砂糖溶液を注ぎ入れる。
- 約2週間おく。
- 余分な砂糖溶液を流し出す。
- 球体をたたいて、割る。

GELATINEZUCKER (PASTILLAGE)

パスティヤージュ

パスティヤージュ（pastillage）は、その特性からウエディングケーキのデコレーションによく使われる素材だ。

- 新しくつくった生地は、伸ばしたり切ったり、成形も容易にできる。
- パスティヤージュでつくったパーツは雪のように白く、乾燥後は比較的安定している。そのためエアブラシでの塗装や着色に適している。
- パーツは持ちがよく、湿度や熱にも強い。この熱に強い特性は、店のショーウインドウを飾る作品にはとくに重要で、暑い日差しでもパーツが傷つかない。

酸や、小麦でん粉を加えるものなどさまざまなレシピがあるが、以下のレシピは準備が簡単で、年間を通じて練習するのによい。実際に何十年もの間、広く使用されている。

材料

粉ゼラチン　20g

水　100g

水アメ　100g

粉糖　1500g

1　ゼラチンを水に溶かしてふやかす。

2　電子レンジで温め（熱しすぎないこと）、水アメを加えてもう一度温める。

3　粉糖を入れたミキサーに加える。

4　生地がしっかりとなじむまで、パン生地用のフックでこねる。

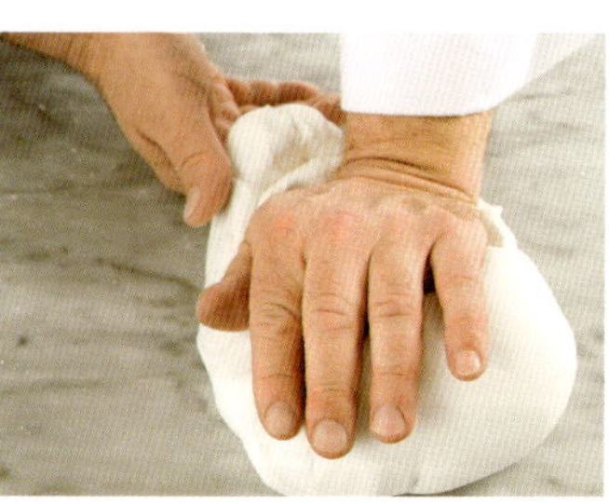

5　手でよくこねてから、プラスチック袋に分けて冷やす。包装し、冷蔵した生地は4週間ほど保存することができる。

豆知識

- パスティヤージュの表面はそれほどなめらかでないため、粉糖の代わりに微細グラニュー糖（粉糖よりは粗い）を使ってもよい。
- 材料が一度で混ざりきらないときは、一部を電子レンジで温めながら混ぜるとよい。
- 長期に保存する場合は、真空パックにする。必要に応じて、電子レンジ（と手の温もり）で温めてからこねるとよい。
- 頻繁に電子レンジで加熱すると水分が蒸発するので、少量の水を加えるとよい。

加工

- パスティヤージュの加工は簡単だが、表面がすぐに乾燥する。生地を伸ばしたら、切るなり、型抜きを迅速に行なうこと。カットする際は、鋭いナイフが適している。
- 加工する前、生地は12時間ほど乾燥させて安定させる。パーツが小さくて薄ければ乾燥時間は短くなる。大型の作品でパーツの厚さが５～10ｍｍほどの場合は、数日間乾燥させる必要がある。
- 残ったパスティヤージュは、よくこねてビニール袋などに密封し、さらに蓋の付いたバケツなどに入れて、涼しいところで保管する。
- 組み立てる前、パーツの角や側面をなめらかにするため、乾燥後にサンドペーパーなどを使う。
- パスティヤージュを貼り合わせるときは、パラチニットが適している。湿度に強く、より安定させるために、アイシングとパラチニットを合わせて接着するとよい。
- 小さいパーツはアイシングと同様、熱したフォンダンでも接着できる。素早く安定し、湿度にも強い。
- どんな状況でも、大きなパーツをパラチニットや温めたフォンダンで接着してはならない。面積が大きいと、温度差で圧力が生じて生地が裂けてしまう。

型抜きやカット、成型などでさまざまな形に仕上げたパスティヤージュ

エアブラシで着色する

パスティヤージュはエアブラシで着色するのに適している。元の色が白く、また素材自体が着色料をよく吸収する。モチーフは手描き、または型紙を使うとよい。

モチーフから型紙へ

型紙のつくり方は、そのモチーフを何回使用するかによる。一度しか使わないなら、コピーから切りとるだけで充分。複数回、または連続使用する場合は、コピーをラミネートして切りとることをすすめる。いちばんよい材料は、厚さ0.5mmのプラスチック板（ポリスチレンプレート）で、カットしやすく、安定している点で優れている。色は白系で半透明のものが使いやすい。

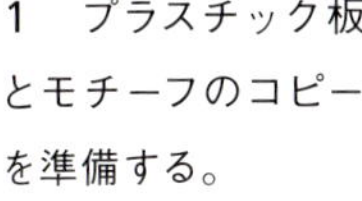

1　プラスチック板とモチーフのコピーを準備する。

2　印刷された面を下にして、コピーをプラスチック板の上に置く。

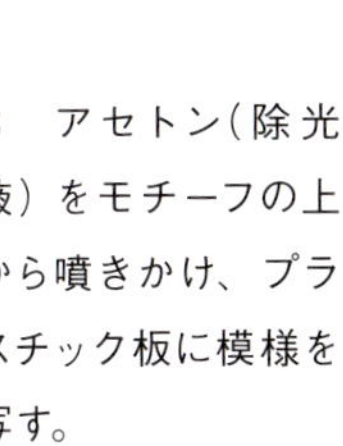

3　アセトン（除光液）をモチーフの上から噴きかけ、プラスチック板に模様を写す。

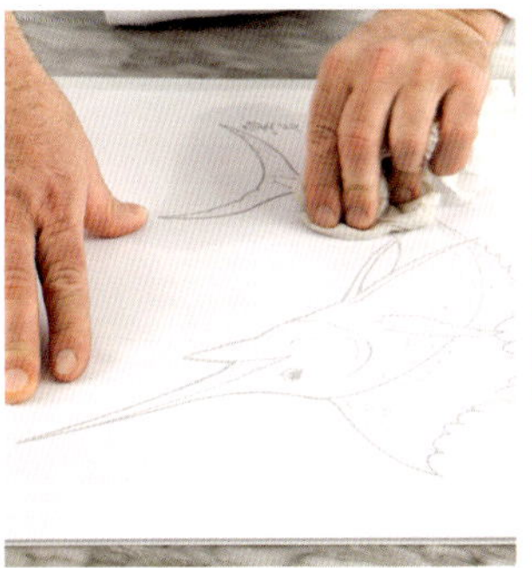

4　コピーをすばやくはがす。

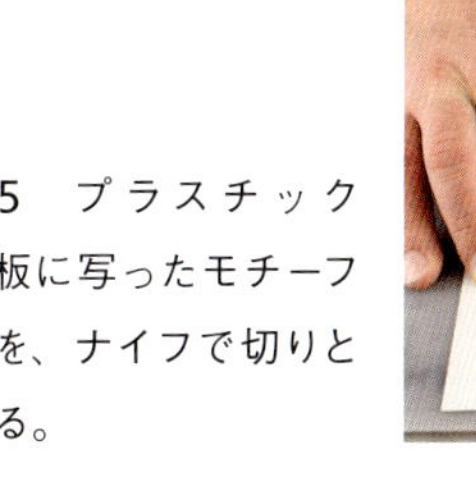

5　プラスチック板に写ったモチーフを、ナイフで切りとる。

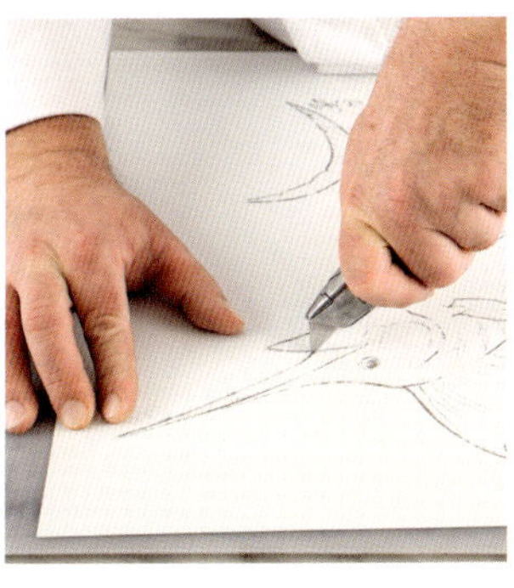

6　使用する色層によって、複数の型紙が必要になる。それぞれの型紙が、互いの色を効果的に補完するように、元の図柄の上にぶれずに配置されていることを確認する。

エアブラシを使った着色方法

1　切りとったパスティヤージュを作業台に置く。余分な粉を刷毛で落とす。

2　最初の色層の型紙をのせる。

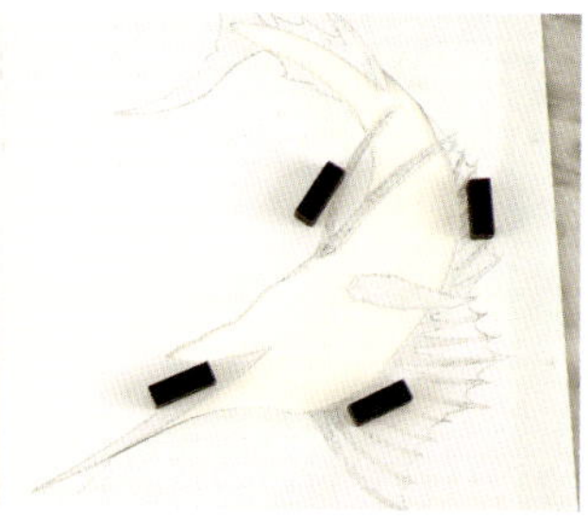

3　型紙がずれないように、小さな金属ブロックなどの重しを置く。

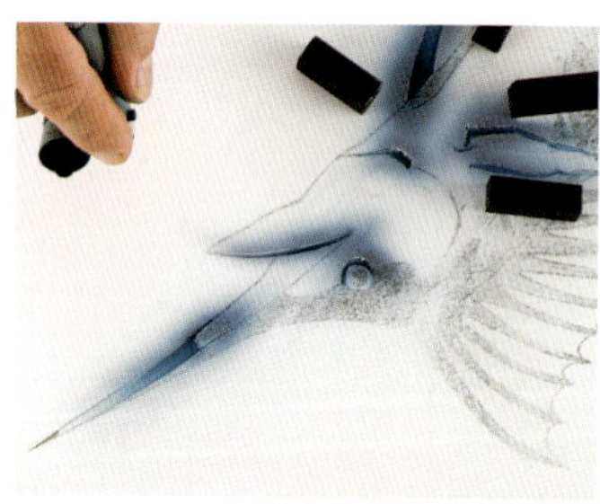

豆知識

エアブラシの効果は高く、表面をメタリックやクロムメッキ、または石のようにもつくれる。

4　エアブラシで着色する。次の型紙を使って、同じ手順をくり返す。

5　目など小さな白い部分は、小さいナイフで削る、または、刷毛で水滴をつけてから紙でふきとる。線や目などの黒いパーツは、あとから筆などで描き入れる。完成したオブジェは乾燥した場所で保管する。

クリスタルパスティヤージュ

グラニュー糖特有のキラキラとした結晶構造が得られる、特別なパスティヤージュ。この技法でつくるオブジェは、魅力的な光沢を持ち、抜群の存在感で作品全体を統合する。

材料
粉ゼラチン　5g
水　10g
粉末の食用着色料　適量
グラニュー糖　500g

1　ゼラチンを水でふやかし、電子レンジにかけて溶かす。着色する場合は、ゼラチン液の中に粉末の着色料を入れて混ぜる。グラニュー糖に加える。

2　ゴムベラで混ぜる。再度、電子レンジで短時間加熱する。

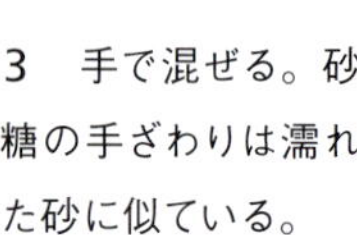

3　手で混ぜる。砂糖の手ざわりは濡れた砂に似ている。

豆知識

グラニュー糖がうまく混ざらないときは、再度電子レンジで加熱する。乾燥している場合は、少量の水を加える。

ボール

1　クリスタルパスティヤージュを、軽く油を塗ったプラスチックボールに詰める。

2　一方の型をはずす。小さいボールは約2時間、大きいボールなら12時間ほどして、くずれずに表面がつかめるようになったら、もう片方の型をはずす。

胸像

1　クリスタルパスティヤージュを、シリコン型に詰める。

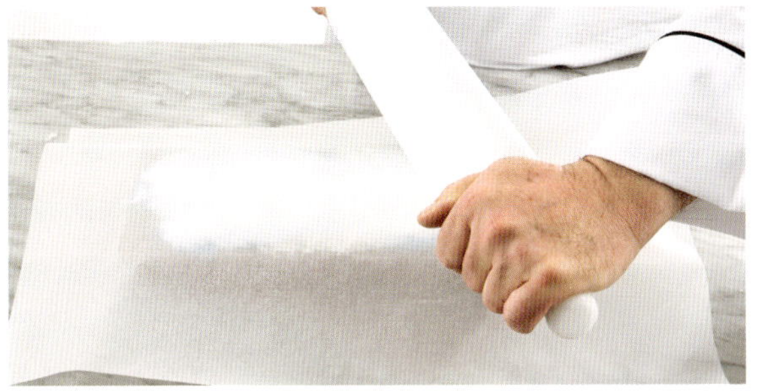

2　ベーキングペーパーをかぶせ、麺棒で上からさらに押す。

3　余分なパスティヤージュをカードでとり除き、もう一度、麺棒で押して、約24時間乾燥させる。

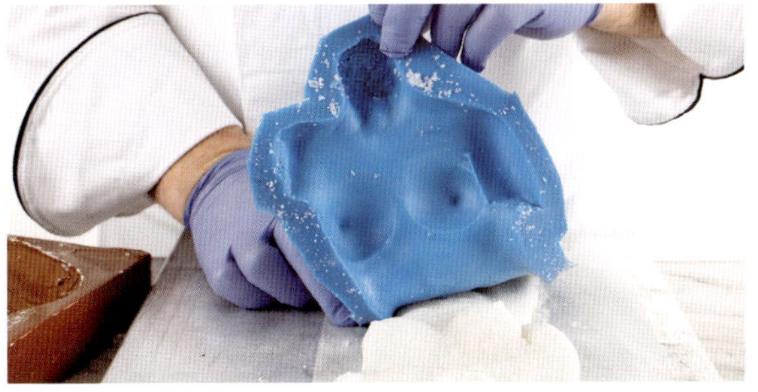

4　クッキングシートの上に返してのせ、外側の型とシリコン型をはずす。

シュガーペースト

シュガーペーストは、誤ってロールフォンダンと呼ばれることが多い。この言葉は、砂糖を煮立たせてつくるクラシックな砂糖がけで、液状で使用されるという点で誤解を招いている。シュガーペーストは、装飾用の白いペーストで、ケーキを覆うのに理想的だ。高価な完成品なども市販されているが、比較的簡単につくることができる。

材料

粉ゼラチン　10g
水　50g
水アメ　200g
転化糖（トリモリンなど）　150g
粉糖　1000g
白い液体の植物油（ココナッツ油など）　150g

- ゼラチンに水を加えてふやかし、電子レンジで加熱して溶かす。
- 水アメと転化糖を加え、なめらかになるまで混ぜ合わせる。
- これをふるった粉糖に加え、ざっと混ぜる。
- 植物油を加え、なめらかになるまで混ぜる。
- 使う前に2時間ほどやすませる。ビニール袋で密封して冷蔵保存する。

豆知識

- シュガーペーストは、必要に応じて食用着色料で着色する。
- オーナメント、フィギュア、デコレーションをつくるときは、シュガーペーストにCMSパウダー（増粘剤。カルボキシメチルセルロース）を加える。CMSは、生地を完全に硬化させ、装飾品に必要な固さと安定感を与える。

シュガーペーストでケーキを覆う

1　白く、なめらかな表面をつくるために、ケーキ本体にバタークリームを塗る…

2　…バタークリームの厚さは1mmを超えないように。

3　シュガーペーストに小麦でん粉を振りながら、2～3mmの厚さに伸ばす。

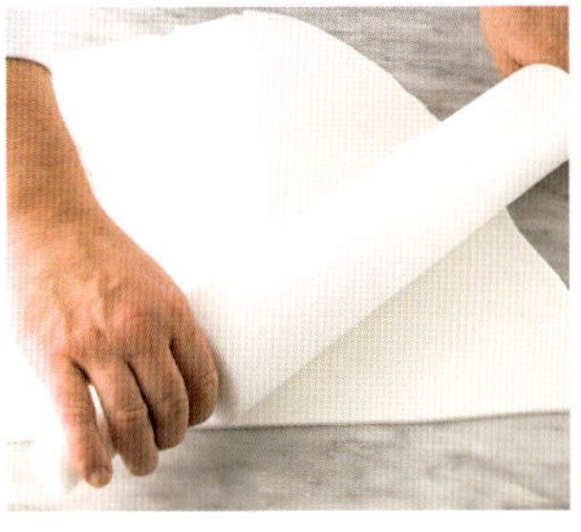

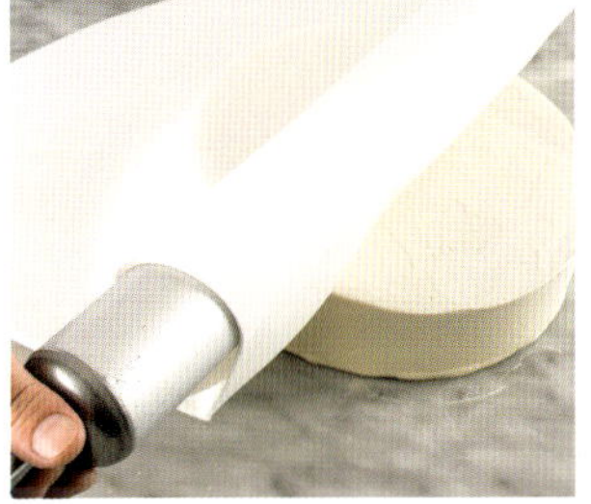

4　シュガーペーストを麺棒に巻きとり、端からケーキの上にかける。

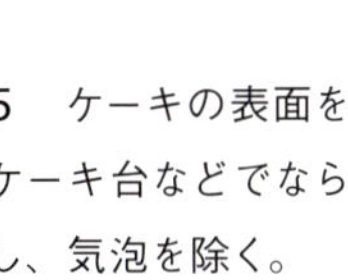

5　ケーキの表面をケーキ台などでならし、気泡を除く。

6　ケーキの端から、手でシュガーペーストを貼り付けていく…

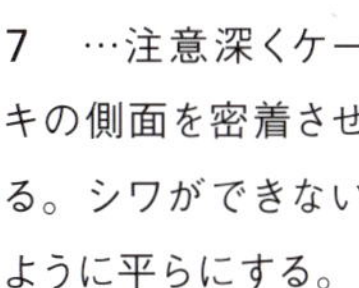

7　…注意深くケーキの側面を密着させる。シワができないように平らにする。

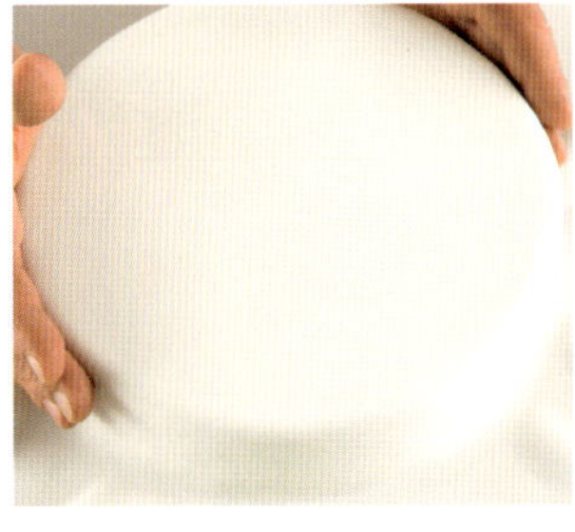

8　カードを使い、ケーキの端と側面をなめらかに仕上げて、余分を切り落とす。

9　余分な生地をとり除く。

豆知識

四角いケーキの場合は、まず角を密着させてから、側面に貼り付けて、全体を整えるとよい。

TRAGANTZUCKER

フラワーペースト

トラガントを使ったフラワーペーストは、とても薄く安定した形状をつくることができる。

作業中にすぐ乾燥するパスティヤージュと比べて、この生地は薄く伸ばしたりする形状に向く。繊細な花や葉をつくるのに理想的だ。

材料

粉糖　4125g
小麦でん粉　540g
トラガント粉　90g
粉ゼラチン　54g
水　400g
白い植物油　（ココナッツ油など）138g
水アメ　120g
卵白　300g

- 粉糖とでん粉を混ぜ、トラガント粉を加える。
- 覆いをして湯せんにかける。
- ゼラチンは水を加えてふやかし、電子レンジで加熱して溶かす。
- 水アメと植物油を加える。
- ここに卵白を加え、温めた粉類を合わせてミキサーでこねる。
- すべての材料が結合したら、ミキサーのレベルを「強」にして、生地が白くなるまで撹拌する(5～10分間ほど)。
- でき上った生地は小分けにしてビニール袋で密閉し、蓋付きのバケツに入れて24時間やすませる。長期保存の場合は、真空にして冷凍する。

花

エアブラシで繊細に着色されたフラワーペーストの花と葉は、とても自然で魅力的な外観を持っている。この生地は湿気に強いため、清潔な環境では長期保存がきく。これは「ラン」(p.270参照)と同じ方法でつくることができる。

胡蝶蘭

スイレン

野バラ

ラン

1　でん粉の打ち粉をし、麺棒でフラワーペースト生地を薄く伸ばす。

2　花びらを型で抜く。

3　花びらを半球型にのせて、軽くカーブをつける。

4　唇弁（ガク）の花びらを切り出し、上端に沿って爪楊枝で波のようなひだをつけ、形を整える。

5　花びらの左右を中心に向かって折り込み、下部を重ねて付ける。

6　カーブをつけた花びらは余分を切り落とし、そのまま半球型の上に置いて形を整える。

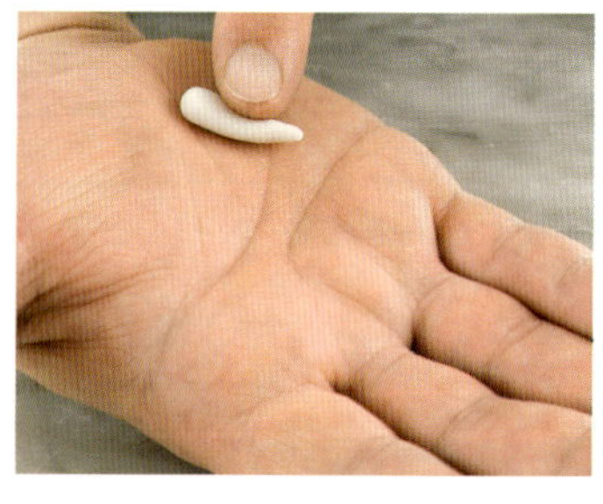

7　花粉の格納部（やく）をつくるため、まず球体をつくり、それからしずく形をつくる。

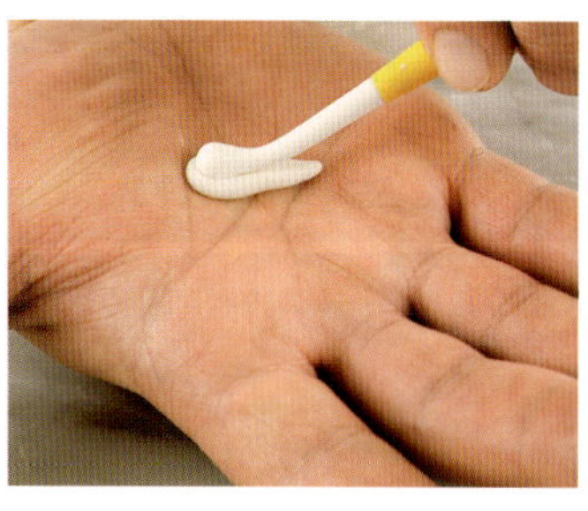

8　マジパンスティックで伸ばして形をつくる。

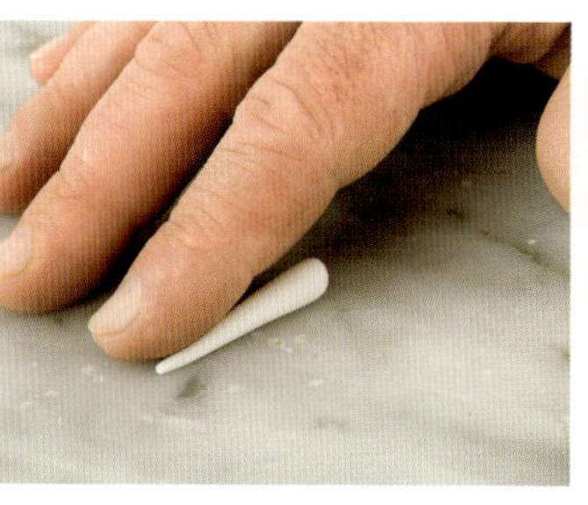

9　次に、雄しべ用に細長い円すい形をつくる。

10　中央部に切り込みを入れる。

11 切り込みを入れたところに、先のとがったスティックを挿し込む。

12 半球型の上に雄しべを置いてカーブをつける。下部を切りとる。

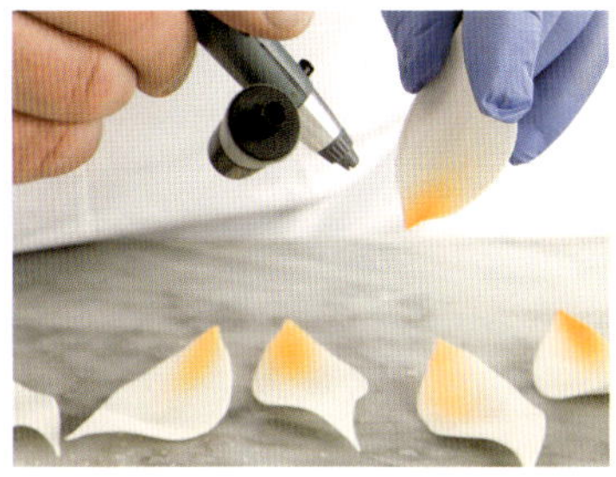

13 花びらが乾いたらエアブラシで着色する。

14 円形に切った生地に、アイシングを丸く絞り出す。

15 5枚の花びらを組み立てる。

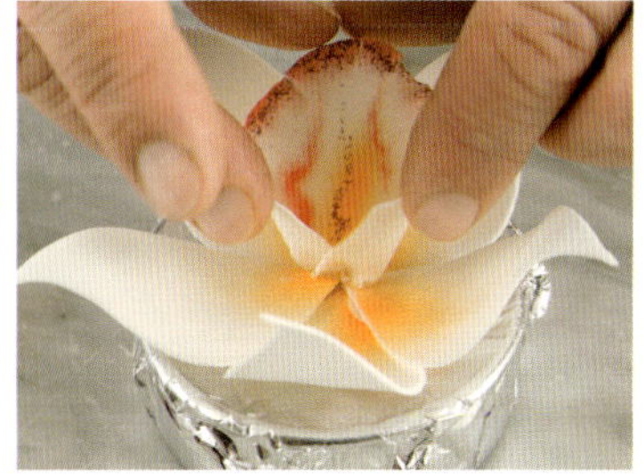

16 唇弁を温めたフォンダンに浸して、中心に貼り付ける。

17 花粉の格納部と雄しべも同じ方法で貼り付ける。倒れないように小さなスポンジなどで支え、乾燥させる。

ユリ

ハイビスカス

ヒマワリ＆小さい花々

葉

さまざまな葉の形は、花びらと同様に型で抜いてから形を整え、エアブラシで着色する（左の画像参照）。

TELLERDEKOR

デザートプレートのデコレーション

繊細なアメと砂糖細工を使ったデコレーションは、とくにデザートの味わいと調和しているときに、ビジュアルと味覚の楽しさを倍増させる。

リング、細い糸、または格子のような微細で薄いパーツの場合は、パラチニットが適している。これでつくられたパーツは、高い張力によって表現が広がる。ただし、パラチニットはお腹がゆるくなりやすいため、控えめに使用する必要がある。事前に装飾パーツをつくるときは、湿度に注意して密閉保存し、提供の直前に皿に盛り付けるとよい。

抽象的で装飾的なパーツは、気泡入りのアメや、とても繊細なフラワーペーストでつくられる。糸状の細いアメもデザートの装飾として理想的だ。氷菓の器に使う薄いカラメルは、とくにナッツとの組み合わせると魅力的なメニューとなる。

抽象的な模様の気泡入りのアメを合わせて

フラワーペーストでつくった花と、引きアメの曲線美

糸状の細いアメ(シュークルフィレ)の巣

GEBACKENES DEKOR

焼いてつくるデコレーション

焼いてつくるデコレーションは、視覚的な効果だけでなく、味わいの観点からも楽しみたい。
とくに現代のガストロノミーにおいては、味と見た目の両方の基準を満たすことが重要だ。
デコレーションが皿の上に残っていたら、それはお客さまが満足しなかったことを示す。
お客さまを喜ばせるには、菓子職人の芸術的パフォーマンスだけでは不十分で、
デコレーションがデザートの構成と完全に調和している必要がある。
これは、アイスクリームやほかのデザートについても同様だ。
視覚的な印象が優先される誕生日やウエディングケーキとは対照的に、
デザートプレートはつねに見た目よりも味わいが重視されなければならない。
そうしてはじめて、芸術的なデコレーションが完成する。

DEKOR AUS HIPPENMASSE

ヒッペン生地でつくる

「ヒッペン」と呼ばれる薄焼き生地の魅力は、そのカリッとクリスピーな食感にある。紙のように薄く焼いたフランスのウエハーロール（訳注：中が空洞のスティック）に近いもので、そのままアイスクリームに添えたり、ほかに花や葉、さまざまな飾りや円すい形、器などの形をつくることができる。

さまざまなヒッペン

ヒッペンの生地は汎用性が高く、さまざまなバリエーションが存在する。マジパンやバター、生クリームを使ったものや、あるいは卵や小麦粉を加えた重い生地など。後者の生地を「ヒッペンの基本生地」、または「シガーレの生地」と呼ぶ。

アーモンド風味のヒッペン

材料
マジパンローマッセ　50g
全卵　150g
粉糖　180g
シナモンパウダー、塩　各適量
W480タイプの小麦粉　150g
生クリーム　50g

- マジパンローマッセと全卵の一部を合わせてなめらかになるまで混ぜ、残りの卵を少しずつ加えて生地にする。
- 粉糖、シナモン、塩を加える。
- 小麦粉を混ぜ合わせる。
- 生地をなめらかになるまで混ぜ、目のこまかい網で裏漉しする。
- フィルムでぴったりと表面を覆い、最低でも1時間、冷蔵庫でやすませる。
- 型にすり込む前に生クリームを混ぜ合わせる。

バター入りヒッペン

材料（すべての材料を室温に戻しておく）
やわらかいバター　100g
粉糖　100g
塩　適量
卵白　100g
W480タイプの小麦粉　100g

1　バターと粉糖、塩を混ぜる。

2　卵白と小麦粉を交互に入れて混ぜ合わせる。

3　生地がなめらかになったら目のこまかい網で裏漉し、30分間ほどやすませる。

チョコレートのヒッペン

材料
やわらかいバター　100g
粉糖　100g
塩　適量
W480タイプの小麦粉　80g
カカオパウダー　20g
卵白　100g

「バター入り生地」と同じようにつくり、小麦粉とカカオパウダーを一緒にふるう。

着色

効果的な着色には、カカオパウダー（「チョコレートのヒッペン」参照）や粉末の食用色素を使う。色粉を使うときは、少量の液体で溶いてから生地に混ぜる。強い色は、さらに視覚的な印象を高める。

香り付け

特別なアクセントとして、たとえば、シナモン、ナツメグ、トンカ豆、アニスなどを加える。とくにレモンやオレンジは上品な印象に。コーヒーのヒッペンは、コーヒーペーストで風味付けする。

つくり方

- ヒッペンをつくるときは、オイルコートしたベーキングシートに打ち粉をするか、シルパットの上にステンシルの型紙を置き、その上から生地をすり込むように（シャブロネ）して型抜きする。もっともよいのは、厚さ0.5～1mmのプラスチックフィルム（たとえばポリスチレン）、またはビニール加工の厚紙や金属製のステンシル型。
- または、絞り袋で生地を絞る。
- または、生地を伸ばしてから形を整える。
- オーブンを160～190℃に予熱する。
- 成形した生地は、扉を半開きにしたオーブンに入れて少しだけ焼き、オーブンから出して冷やす。この段階で好みの形状にカットする。
- 再度、オーブンに入れて今度はしっかりと焼く。2回に分けて焼く意図は、生地に均等に火が入り、表面に見苦しい焼きムラが出ない。
- 着色した生地は約150～160℃の温度で焼き、2度目は軽く焼く。茶色になるまで焼くと色が褪せてしまう。
- 焼き上げた生地はオーブンからとり出した直後、熱いうちに成形する。冷めるとすぐ固くなるが、短時間オーブンに入れると再びやわらかくなる。

保存方法

焼き上げたヒッペンは、細心の注意をはらって密閉し、乾燥状態を保つ。湿ると、仕上がりの形状やカリっとした触感が失われ、デコレーションに適さなくなる。そのため冷暗所で保存する。製菓店では必要なときにスピーディにヒッペンを扱うこと。いつでも最適な状態で使えるように準備・保存しておく。

蝶のヒッペン

1　「バター入りヒッペン」を、蝶の形に抜いた型紙にパレットですり込む。

2　「チョコレートのヒッペン」、または「着色したバター入りヒッペン」で模様を描く。

3　焼成後、パレットで注意深くシルパットからはずし、準備した型にのせて成形する。

TUILLES

チュイル

フランスでとても人気のある薄焼き生地で、繊細な味わいと触感を特徴とし、デザートやアイスクリームの完璧な仕上がりを約束する。この言葉は、フランス語の「チュイル（瓦）」に由来し、ドイツ語の屋根瓦（ダッバツィーゲル）とともに湾曲した形を表している。

チュイルのバリエーション

つくり方は、ヒッペンやフロレンティーナと似ている。味のバリエーションも広く、ナッツ、フルーツペースト（ベースの生地に入れる）、砕いたカカオ豆、ゴマなどがよく使われる。

基本のレシピ

材料

グラニュー糖　120g
リンゴペクチン　2g
バター　80g
水アメ　40g
水　40g

- グラニュー糖とペクチンを混ぜる。
- 水アメとバターを溶かす。
- ここへグラニュー糖とペクチンの合わせたものを加えて攪拌し、溶かす。
- 水を少しずつ加える。
- 合わせたものを短時間沸騰させ、デザートに合わせて味つけする。
- 容器に入れラップで覆い、冷蔵庫に入れる。

チョコレートのチュイル

材料

グラニュー糖　120g
リンゴペクチン　2g
カカオパウダー　8g
バター　40g
水アメ　32g
カカオマス　40g
水　64g

- グラニュー糖とペクチン、カカオパウダーを混ぜる。
- バター、水アメ、カカオマスを合わせて溶かす。
- ここへ少しずつ水を加える。
- 絶えず撹拌しながら、グラニュー糖とペクチンとカカオパウダーを混ぜたものを加える。弱火でゆっくりと加熱し、ベシャメルくらいのとろみがつくまで火を通す。

アーモンドチュイル

材料

グラニュー糖　100g
水アメ　100g
有塩バター　100g
こまかくきざんだアーモンド　100g

- 「基本のレシピ」を参照してつくる。

ラズベリーのチュイル

材料

グラニュー糖　200g
W480タイプの小麦粉　60g
バター　125g
ラズベリーペースト　100g

- 「基本のレシピ」と同じつくり方で、最初にグラニュー糖と小麦粉を混ぜる。

つくり方

- シルパットの上に生地を薄く伸ばす。ゴマや亜麻仁、ケシ、スライスアーモンド、ドライフルーツ、カボチャの種、砕いたカカオ豆、きざんだナッツなどを振りかける。
- または、シリコン型に敷き込む。この生地は、焼成中に伸びてしまうため、ヒッペンのようにステンシルで型抜きできない。
- または、スプーンや絞り袋を使って、シルパットの上に充分なスペースを確保しながら伸ばす。焼成中に抽象的な形ができ上がる。
- 予熱したオーブンに入れ、170～190℃でカリカリに焼く。
- 焼き上がった生地は、オーブンからとり出したらすぐに抜き型やナイフで切り、熱いうちに成形する。冷めると割れてしまう。
- 冷めたらカカオバターを噴き付ける。こうすると湿気を吸いにくくなり、カリッとした触感を長く保つ。

フロレンティーナチュイル

材料

グラニュー糖　300g
NHナパージュのペクチン　5g
牛乳　100g
バター　250g
水アメ　100g
スライスアーモンド　300g

- グラニュー糖とペクチンを混ぜる。
- 牛乳、バター、水アメを合わせて加熱する。約50℃になったらグラニュー糖とペクチンを混ぜて、そのまま106℃で沸騰させる。
- スライスアーモンドを加えてすばやく混ぜ、手早く2枚のシルパットの間に薄く広げる。
- 小分け(カット)して、冷凍または冷蔵庫で保存する。
- 必要な分だけ、シルパットに並べて180℃のオーブンで焼く。

豆知識

アーモンドの代わりに、ヘーゼルナッツ、ピスタチオ、カカオ豆、ほかのナッツも使うことができる。

シュー生地でつくる

華やかなデザート、ケーキ、生菓子、アイスクリームなどを飾る、フィリグリー（銀線細工）のような繊細な生地。この装飾パーツはシルパットの上で成形して焼き上げる。味わいと視覚効果の両面で優れたこのデコレーションは、シュー生地、またはやわらかいヒッペンの生地を絞り出してつくる。

シュー生地

材料
牛乳　110g
バター　40g
塩　1g
W480タイプの小麦粉　70g
全卵　100g

豆知識

伝統的なレシピでつくるシュー生地の代替として、市販のインスタント生地があり、とくに少量をつくるときに有効だ。生地に水を入れるだけなので、製造コストを最小限に抑えることができ、手間なく、生地の一貫性が得られる。手づくりとインスタントで、味に大きな差はない。

1　牛乳とバター、塩を合わせて沸騰させる。

2　小麦粉を加え、生地がまとまって鍋肌から離れるようになるまで火を入れる。

3　生地を火からおろす。

4　溶いた卵を少しずつ加えて、よく混ぜる。

5　必要に応じて、食用色素やカカオパウダーで着色する。カカオパウダーを加えるときは水を最大50gまでとし、生地の様子を見ながら調整する。生地がやわらかすぎると焼いているうちに流れたり、空気が入ってしまうので注意する。生地を裏漉して、冷しておく。

さまざまな飾り

解説動画

1　シュー生地は、フリーハンド、または型紙を置いたシルパットの上に絞る。素早く作業して、焼く前に生地が乾かないようにする。

2　220℃に温めたオーブンに入れ、ダンパーを開いて、上火で焼く。またはサラマンダーで焼く。これらの繊細なデコレーションは焼き色を付けすぎないこと。注意深くシルパットからはずす。

DEKOR AUS WINDMASSE

メレンゲでつくる

空気を含んだやわらかいデコレーションで、通常は2つの材料のみでつくる。アイスクリームと完全に調和するほか、さまざまなデザートに使われる。また、以前より減っているものの、クリスマス用の飾りとして今も根強い人気がある。

メレンゲ

バリエーション1

材料

グラニュー糖　650g
冷水　200g
殺菌卵白　250g
グラニュー糖　150g

1　グラニュー糖650gと水を混ぜ、火にかける(119℃まで。p.210「シロップの一覧」参照)。

2　シロップが沸騰しはじめたら、卵白とグラニュー糖150gをミキサーに入れて泡立てる。

3　沸騰したシロップを、高速で泡立てているメレンゲに少量ずつ加える。

4　メレンゲのかさが出てきたら低速にして、35～40℃になるまで泡立ててしっかりと固いメレンゲをつくる。必要に応じて、エッセンスや食用色素(水溶性)を加える。

バリエーション2
（砂糖を減らしたメレンゲ）

材料
グラニュー糖　300g
冷水　100g
殺菌卵白　250g
グラニュー糖　200g
小麦でん粉　30g

- ミキサーで混ぜて温度を下げるところまでは、バリエーション1と同じ。メレンゲの温度が下がったら、でん粉を加えてよく混ぜる。
- メレンゲは絞り袋で絞る。使用する直前まで、ボウルの中で泡立て続けると、しなやかな状態が保てる。
- 110℃に予熱したオーブンで2時間焼く。軽くカラメルの風味を付けたいときは温度を150℃に上げる。最終的に、サイズに応じて50℃のホイロで10～12時間乾燥させる。

豆知識

メレンゲを成功させるためのベストな方法は、新鮮な卵白、または乾燥卵白（アルブミナなど）を使うこと。デコレーションを安定させたいときはアルブミナを多くし、水1リットルに対してアルブミナ120gを入れる。これを一晩（約24時間）ふやかしておく。このときアルブミナは沈殿するのでくり返しかき混ぜる。

フィギュア

例：ホッキョクグマ

1　丸口金を入れた絞り袋にメレンゲを詰める。

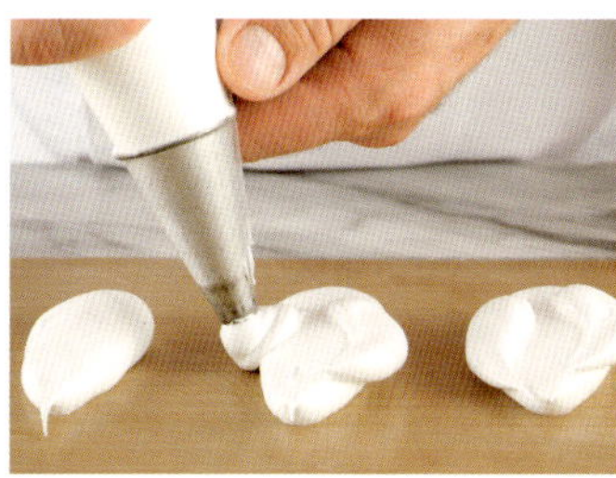

2　体の表側と裏側を、ベーキングマットに絞る。

3　頭と耳を絞る。

4　マジパンスティックに水をつけ、目と耳の部分にくぼみを付ける。ココナッツパウダーをまぶす。

5　着色したメレンゲを、鼻の部分に絞る。

6　80℃に予熱したオーブンに入れ、1時間半ほどかけて乾燥させる。その後、サイズに応じて50℃のホイロで10～12時間乾燥させる。体の裏と表をメレンゲで貼り合わせる。

7　でき上がった体を、メレンゲでできた土台にのせる。

8　メレンゲで目の白い部分を描き入れる。

9　絞り用チョコレートで瞳を描く。

10 胴体の上にメレンゲを絞る。

11 頭部をのせる。

12 着色したアイシング、またはメレンゲで足を描く。

13 メレンゲを絞り、足を胴体に貼り付ける。

棒や飾り

1 ベーキングシートの上に、好みの長さの棒を絞る。

2 飾りを絞る。たとえば、ハート、湾曲した形など。

3 微細グラニュー糖（粉糖よりは粗い砂糖）をまぶし、乾燥させる（「ホッキョクグマ」参照）。

DEKOR AUS MAKRONENMASSE

マカロン生地でつくる

この生地の特徴は、光沢があり、表面にひびが入っていて、うまく仕上げるには焼き菓子のプロも緊張する。

この生地は味がよく、ケーキやデザートにとって価値の高いデコレーションだ。マジパンフィギュアの胴体としても、純粋な楽しみを約束する。

マカロン生地

材料
粉糖　300g
アーモンドパウダー　150g
卵白　約140g

- 粉糖とアーモンドパウダーを混ぜる。
- 卵白を加えて適度な固さにする。
- 生地は混ぜるか、火にかける。
- ベーキングペーパーの上に、口金をつけて好きな形に絞るか、型紙を使って形をつくる。
- 約150℃のオーブンに入れ、ダンパーを開いて焼く。

豆知識

最適な生地の固さになるように、つねに試し焼きをして生地の様子をチェックする。表面にひび割れがなければ、生地が固すぎるので卵白を加える。また、表面にこまかいひびは入るが平らに流れてしまうときは、生地がやわらかすぎるので比例する量の粉糖とアーモンドパウダーを加えて、生地を固くする。

DEKOR AUS ZWEIMAL GEBACKENEM (ZWIEBACK)

2度焼きした生地でつくる（ラスク）

ラスクでつくるデコレーションは、視覚的にも味わいの点でも、デザートに特別なアクセントを与える。これは伝統的なラスクではなく、薄く切った焼き菓子で、2度焼きすることでパリッとした触感となる。

レープクーヘンのラスク

レープクーヘン生地

グラニュー糖　250g
水　80g
ハチミツ　750g
全卵　50g
卵黄　60g
シナモンパウダー　30g
ヴァニラシュガー　20g
クローブパウダー　8g
カルダモンパウダー　8g
ナツメグパウダー　4g
レモンのゼスト　適量
R960タイプのライ麦粉　600g
W700タイプの小麦粉　600g
ヒルシュホルンザルツ（膨張剤）　12g
ポタッシュ（炭酸カリウム）　5g
牛乳　100g

- シロップをつくる。グラニュー糖と水を沸騰させ、ハチミツを加えて30℃まで冷ます。
- 全卵と卵黄、スパイス類を泡立てる。
- シロップ、卵液、粉類を素早く混ぜる。
- ヒルシュホルンザルツとポタッシュは、それぞれ別々に50gの牛乳に溶かして生地に入れ、そのつど4分間ほどこねる。
  ※重要：この2つは一緒にせず、必ず別々のまま加えること。
- 覆いをして冷蔵庫に入れ、一晩（約24時間）やすませる。
- この生地を2～3cmの厚さに伸ばし、ベーキングペーパーを敷いた天板、または型に入れる。
- 160℃に予熱したオーブンに入れ、ダンパーを開いて約30分間焼く。生地を厚くすれば、それだけ焼き時間も長くなる。
- 冷めたら、フィルムに包んで一晩（約24時間）おく。

1　レープクーヘンを好みの厚さに切る。ここではスライサーで約1mmにスライスする。

2　シルパットの上に並べ、80℃のホイロで乾燥させる。

3　まだ熱いうちに形をつけたり(カーブ、リング状など)、型で抜く。

4　でき上がった装飾パーツは、乾燥した状態で保存する。

ヘーゼルナッツ、
またはアーモンドのラスク

卵白でつくるナッツの生地

卵白　200g
グラニュー糖　200g
W480タイプの小麦粉　200g
ローストしたヘーゼルナッツ、
　または皮をむいたアーモンド　250g
シナモン、クローブ　各適量

豆知識

- この生地は、必要な仕上がりサイズにに焼くことができる。焼いている間にふくらむことはほとんどない。
- この生地は、2cmの厚さに薄く広げた場合、焼き時間は約25分間ですむ。

1　卵白とグラニュー糖、スパイス類をミキサーで泡立ててメレンゲをつくる。

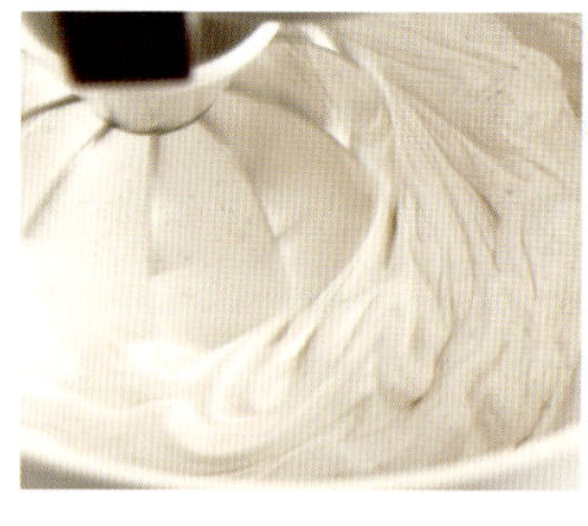

2　小麦粉とナッツを混ぜ合わせる。

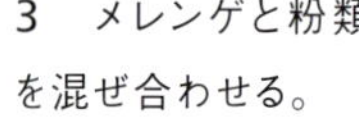

3　メレンゲと粉類を混ぜ合わせる。

4　型枠に約3～4cmの高さまで生地を流し、予熱したオーブンに入れて160℃で約45間焼く。

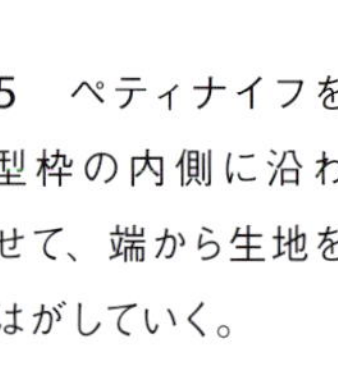

5　ペティナイフを型枠の内側に沿わせて、端から生地をはがしていく。

6　型枠からはずし、生地を冷ましてからフィルムで包み、一晩（約24時間）涼しいところにおく。

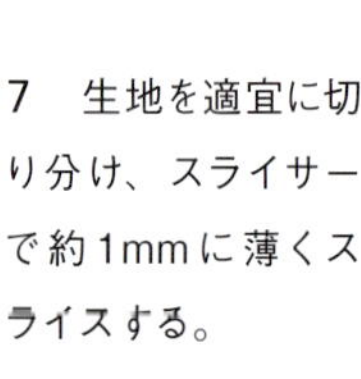

7　生地を適宜に切り分け、スライサーで約1mmに薄くスライスする。

8　スライスした生地をシルパットにのせて160℃で約10～15分間焼く。レープクーヘンのラスクのように、必要に応じて熱いうちに成形する。

解説
動画

SPEZIALITÄTEN

スペシャリテ

この章で紹介するデコレーションは、一部に焼き上げるタイプもあるが、煮たり、乾燥するものを含むため、厳密には「焼いてつくるデコレーション」に当てはまらない。共通するのは、新しいものを望む人たちを鼓舞し、ときに夢中にさせること、そして、職人の創造性を刺激することにある。

フルーツのチップス

ときには簡単なことで、人びとを驚かせることができる。フルーツのチップスは手間をかけず安価につくれて、同時にデザートにとっては味の面でも視覚的にもハイライトとなる。

材料

新鮮なフルーツ　適量
（たとえば、パイナップル、リンゴ、洋ナシ、オレンジ、ショウガ、ビーツなど）
シロップ（砂糖と水の割合は1：1）　適量

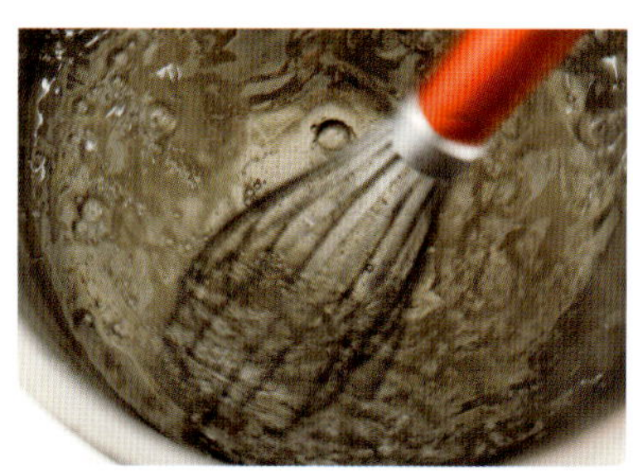

1　シロップをつくる。フルーツはスライサーでできるだけ薄く切る。

2　スライスしたフルーツをシロップに入れ、軽く沸騰させる。鍋を火からおろし、フルーツが透き通ってくるまでおく。

3　シルパットの上にフルーツを並べる。

4　90℃のオーブンに入れ、乾くまで（最低でも1時間）火を入れる。その後、ホイロなどに一晩入れて完全に乾燥させる。密閉容器にシリカゲルとともに入れて保存する。

豆知識

水分量の多いフルーツは、視覚的に美しく仕上げることが難しい。果肉がとてもやわらかくて煮くずれしやすいフルーツは、シロップで煮るのではなく、刷毛でシロップを塗るか、粉糖を振りかけるだけで乾燥させるとよい。

スポンジのようなビスキュイ

この生地は、その名の通り、魅力的なスポンジ状の構造をしている。小さくちぎってデザート皿に盛り付けるだけで、ユニークなアクセントになる。

材料

アーモンドパウダー　80g
W480タイプの小麦粉　40g
グラニュー糖　160g
卵黄　200g
卵白　320g
サラダ油（抹茶の着色用）　20g

解説動画

1　すべての材料をハンドミキサーで混ぜる。

2　生地を漉す。

3　専用の炭酸ボトルの半分くらいまで生地を入れ、2つのカードリッジを充てんし、15分間やすませる。

4　ボトルごと振って混ぜ、紙コップの半分まで生地を流す。

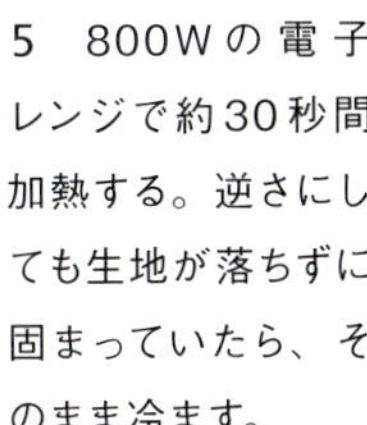

5　800Wの電子レンジで約30秒間加熱する。逆さにしても生地が落ちずに固まっていたら、そのまま冷ます。

6　冷凍庫で保存し、必要に応じて型からとり出してちぎる。

豆知識

- この生地は、好みで食用色素やハーブ（たとえば抹茶など）やさまざまなスパイス（シナモン、クローブ、ナツメグなど）で色や香りを付けることができる。
- パリッとクリスピーに仕上げる場合は、一晩ホイロなどで乾燥させる。

オパリーヌ

たった3つの材料でつくる装飾デコレーション。軽やかさとパリッとした繊細な食感が印象的。

材料
フォンダン　450g
水アメ　300g
バター　40g

1　すべての材料を煮る。

2　好みで、トンカ豆、ナツメグ、シナモンなどで香りを付ける。

3　よく混ぜながら、生地が軽く色付くまで沸騰させる。わずかに薄茶色になる。

4　シルパット、またはベーキングペーパーに生地を薄く広げる。そのまま冷ます。

5　でき上がった砂糖の板を小さく割る。

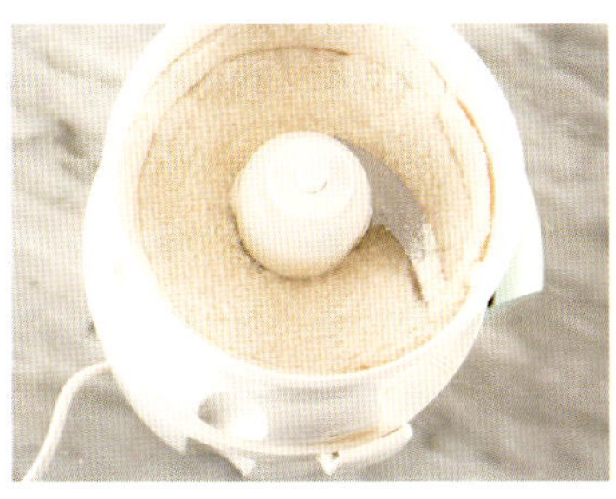

6　コーヒーミルやテーブルカッター（ロボクープなど）で粉砕して、粉糖くらいの粉末にする。

7　粉状になった生地をふるいで漉しながら、シルパットの上に広げる。ステンシルの型紙を置くか、または単に抽象的な形にする。

8　型紙をはずし、好みでココナッツフレークやきざんだナッツ、ピスタチオ、スミレの砂糖漬けなどを振りかける。

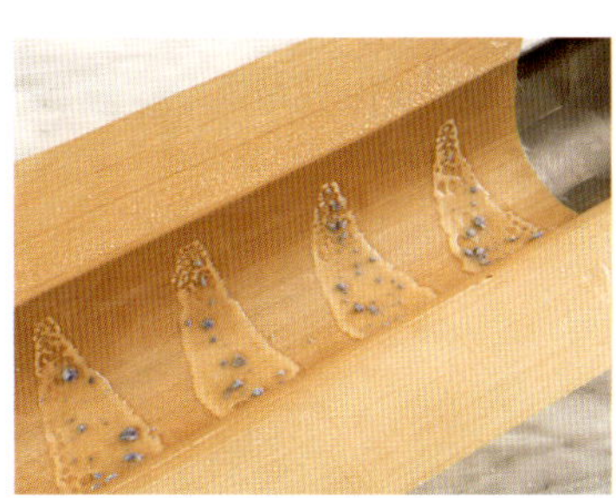

9　生地が透明になるまで（約２～３分）、予熱したオーブンに入れて約170～180℃で焼く。オーブンからとり出したらすぐに、テリーヌ型などに並べて形をつくる。冷して型からはずす。

デザートプレートとアイスクリームのデコレーション

この章で紹介してきたすべての装飾パーツ、たとえば繊細な蝶や銀糸細工のような焼いてつくるデコレーション、クリスピーなラスク、薄いフルーツのチップスなどで、デザートやアイスクリームの仕上げを飾ってみよう。

デザートプレートのデコレーション

ヒッペンの生地でつくった容器、ヘーゼルナッツ入りのラスク

アーモンド入りチュイル、着色したシュー生地のデコレーション

フルーツのチップス

チョコレートのチュイル

スポンジビスキュイのデコレーション、レープクーヘンのラスク

アイスクリームのデコレーション

チョコレートのヒッペンでつくるデコレーション

ヘーゼルナッツ入りのラスク

ヒッペン生地でつくった蝶

メレンゲでつくったデコレーション

Leo Forsthofer

SCHAUSTÜCKE

作品制作

鉛筆を手に持ちながら「考え」、

自分のイメージをビジュアル化するのが私のやり方。

SCHOKOLADEN-SCHAUSTÜCKE

チョコレートの作品制作

哲学的考察

チョコレートでつくった展示品――これについては人びとの意見が分かれるかもしれない。貴重な食品の無駄遣いと考える人もいれば、最高の形で職人のプロ根性が発揮できる対象ととらえる人もいるだろう。しかし、どちらの見方も私には少し大げさに思えてしまう。工芸菓子の技術が、特別なケーキのための小さな飾りに使われようと、あるいは通行人の目を引きつけるショーウインドウの大きな展示品に仕立てようと、どちらにしても工芸菓子の作品は存在価値がある。

制作する際、基本的なルールにさえ気をつければ、作品は基本的にいつもいい宣伝となる。

- もっとも重要な基本的ルールとは、何の材料を使って制作しているかを決して忘れないこと。チョコレートは食品であり、完成した作品でもチョコレートからつくられていることがわかること。着色は作品の効果を高める上で好ましいことだが、チョコレートの色と調和がとれていなければならない。
- 作品のテーマを決める際には、食べる歓びが最優先されるべきである。ネガティブな、あるいは政治的、ましてや不快感を与える要素はタブーである。
- 制作にかけた時間の長さに関係なく、展示品は必ず見る人においしそうという印象をもたれなくてはならない。つまり、味見をするために一部のかけらを割りたいという気持ちにさせることができれば、それは清潔に作業した証拠。不潔な印象を受けたり、チョコレートで汚れていたら、食べたいという気にならない。
- 他のものと同様に、やりすぎは禁物という原則を肝に銘じること。ディテールが多すぎると全体を邪魔し、装飾過多でまとまりのないものになってしまう。

デコレーションにおいて、チョコレートの応用範囲は実に広い。それに加えて、つねに新しい技術が加わるため、作品を制作する際のクリエイティブな可能性は限りなく大きい。作品は特定のテーマをもち、同時に宣伝のためにも展示される。ショーウインドウを飾り、人目を引くためのものであるか、国内外の大会のために制作されるものかの違いはあるが、いずれにせよ、展示品は職人の技量を反映する。

過度な装飾のアレンジメント

パーフェクトなアレンジメント

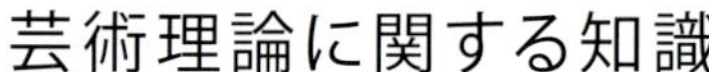

芸術理論に関する知識

大きなプロジェクトに着手する際には、芸術の専門理論は非常に役に立つ。プロポーション、コンポジションあるいは造形学に関しては数多くの出版物が出ているが、美術コースや講習もたくさんある。一冊の本に書かれている要点をここにまとめる。

プロポーション

とくに対象物をリアルに表現する場合、作品全体の均整をとるためには、自然のプロポーションをある程度守ることが重要である。もちろん、意図的にプロポーションをくずすことで作品の一部に焦点を絞ったり、何らかのメッセージを発することもできる。しかし、これには相当な経験を積み、繊細な感覚を持ち合わせていなければならない。

コンポジション学

一定の空間もしくは対象において、自然にメインへとフォーカスさせるのが黄金比である。つまり、どのような物にも、大部分の人が無意識に気にかけている一点がある。黄金比を意識してつくられた作品を見た人は、バランスがよく、美しいと感じる。

原型の意味

どの原型も何かを訴え、見る側の心を動かす。このことはつねに意識しておくべきである。色や音と同様に、形によっても見えないものを表現することができる。たとえば、丸い、丸みのあるもの、あるいはだ円的や球体を見る人は、やわらかく、おだやかで、気持ちのいいものと感じる。これに対して、とがって、鋭角、角ばった形は、固く、アグレッシブで不快に感じる。

リアルな描写をくずした表現は抽象的と呼ばれる。抽象表現の場合には、見る人が、アーティストが意図したアレンジを実感できるようでなければならない。このため、作品を計画し、制作する際には、あまり抽象的になりすぎないように、ある程度リアルな部分を残しておくよう心がけるべきである。パーフェクトな作品とは、それが何であるかが簡単にわかるものである。

スケッチから
チョコレートの作品が完成するまで

プランニング

コンテスト用の大きな作品やショーウインドウ用の展示品を制作する場合には、まず図面に描き起こすか、スケッチを描くことをすすめる。テーマに関連する図版や絵を見つけるのにインターネットも役に立つ媒体である。ただし、他の菓子職人の作品は決して参考にしないこと。とくにコンクールでは、審査員は誰の創作的アイデアを参考にしたかすぐにわかってしまう。着想のヒントは得ても、コピーは禁物である。

原型が決まり、次にディテールを考える際には、スケッチを原寸大の大きさに描き起こし、できれば大きな包装紙に再現して、サイズとプロポーションを考えるのが望ましい。

さらに正確にプロポーションを把握するためには、ボール紙を使って簡単な模型を作って確かめるとよい。部品をボール紙や段ボールでカットし、グルーガンでホットメルト接着することで完成したチョコレート作品がどのように仕上がるか実感できる。サイズは適しているか？　大会の場合には、定められた規準を満たしているかがわかる。この経験は、実際のチョコレートの作品を組み立てていく際にも大きなメリットになる。

とくに大きなプロジェクトを遂行する際には、設計のための時間を充分にとることで、作品を制作する時間が節約でき、イライラを和らげる。

力学

展示品が大きくなればなるほど、力学が重要になる。いくら素晴らしい作品を制作しても、搬送やプレゼンテーションの間に持ちこたえられなかったり、あるいはその前に壊れてしまったら、それまでの仕事は台無しになってしまう。このため、組み立てる際には、上部のパーツよりも下部のパーツの方が厚く、重くなければならない。

理由は簡単である。下の部分は、作品全体の重さを支えるため充分に頑丈でなければならない。搬送するときにも、重心は作品の下半分にあることが重要である。たとえば人のフィギュアの場合には、足をもっとも厚く流す一方で、頭部はできるだけ薄くすること。これにより、作品の安定性を脅かす張力と重力が軽減される。ただし、チョコレートの壁の厚さを過信しないこと。チョコレートが中まで詰まっているパーツよりも、空洞になっているパーツの方が安定していることが多いからである。中は空洞でも、内側にいくつも補強がなされているチョコレートのパーツがもっとも安定している。

仕上げ

手の込んだ大型の展示品では、組み立てた後で接着部分に指紋や汚れが残る。本来のチョコレートのツヤが失われている箇所もある。こういった問題は、薄いクーベルチュールを噴き付けることで簡単に修正できる。
いちばんよい結果は、均一な薄いチョコレートのコーティングであるが、これはエアブラシ（口径1.5mm）を使ってクーベルチュールを何層にも噴き付けることで達成できる。噴射する際には、先に噴き付けた層が固まっているのを確認すること、ビロードのような効果を出したい場合には、一回噴射すればよい（p.162参照）。

保管と搬送

チョコレートの作品は温度の高い場所での保管は避けること。理想的な保管温度は18～20℃、湿度は60%である。温度が28℃以上になると、パーツがとれたり、作品全体がくずれてしまう危険性がある。直射日光が当たるショーウインドウや車中に置くことも、作品がすぐに溶けてしまうため致命的である。一方、正しい状態で保管した場合、つまり、適温を維持し、ホコリがかからないようプラスチックシートなどで梱包されていれば、作品は長期間良好な状態で保存できる。

長期間保管していたために白っぽくなってしまった表面は、クーベルチュールを噴き付けることでツヤをとり戻せる。

チョコレート作品の運搬は、材料に多少弾力性があるため、アメ細工を運搬するよりもリスクは少ない。それでも、チョコレート作品を無事に目的地へ運べるよう、慎重に扱わなければならない。

とくに作品を長距離運ぶときには、保管する場合と同様に温度の調節は極めて重要になる。ただし、長時間冷しすぎても（12℃未満）チョコレートはもろく、壊れやすくなる。

一般的な冷蔵室の温度である5℃前後では、作品に大きな張力が発生し、ひびが入ったり、裂けたりする危険がある。さらに、冷蔵温と室温の極端な温度差によって、作品が温まってくると湿り気を帯びる。

作品は頑丈な木製、金属、プラスチックなどの台座に固定する。台座は作品の重量に合わせること。運搬する際に作品がたわんだり、ゆがんだりすることがあってはならない。

張りが大きすぎると作品の底が裂けたり、少なくともひびが入ったりして、全体の構造に致命的な影響をおよぼす。しっかり固定するためには、台座の表面にクーベルチュールが接着しているかを確認する。表面が非常にすべりやすい場合には、接着する前に、チョコレートの台座をざらざらにしたり、切削したり、穴を開けるとよい。クーベルチュールが固まった後に、台からはがれないためである。テンパリングしていないクーベルチュールで接着すること。

小さな作品の場合は、ポリスチレン板や厚い発泡スチロール板の上にのせ、接着しないで運搬できる。すべらないように、爪楊枝などで固定する。
車で作品だけを運搬する場合は、さらに梱包する

必要はない。ただし、車にケータリングや他の展示品も積む場合には、作品の運搬用に作った木箱などに入れて搬送することをすすめる。底に緩衝材としてウッドウールパッキンなどが敷けるように、箱はゆとりのあるサイズにすること。震動に対してはウッドウールパッキンがいちばんよい。作品の出し入れがしやすいように、サイドの壁がとりはずせる運搬用の箱が理想的である。

基本的に、壊れやすいパーツは別に梱包して、現地で作品にとり付けることをすすめる。

小さなパーツは留め針で発泡スチロールの板に固定する。

アメ細工の作品制作

哲学的考察

アメでできた展示品はズバリ宣伝効果が高い。見た目も変化に富み、素晴らしく、光沢があり、作品は菓子職人の技能の高さを示し、インパクトがある。アメ細工でも、この技術の意義について意見が分かれる。チョコレートの展示品の場合とは異なり、アメ細工では原料の砂糖はすっかり変わってしまい、完成品を見ても、パスティヤージュなどの一部を除いて、砂糖からできていることはまったく、もしくはほとんど見抜くことができない。

アメ細工の芸術性は、見る人に視覚的に訴えかけるだけではなく、食べる歓びをも伝える。

反感を起こさせたり、不快感を抱いたり、ましてやわいせつな要素はアメ細工にふさわしくない。

上質のアメ細工の作品は、アメ細工のさまざまな技術でつくられた要素を含んでいる。たとえば、引きアメ、吹きアメ、流しアメ、あるいは吹きアメと糸アメのコンビネーション。作品の構想を練る段階から、どこにどういった技術を用いるか考慮する。基本的には、事前にテーマをどう扱うかを考えるべきである。作品は季節に合わせるのか？特定の製品の宣伝用につくるのかなど。イベント、ビュッフェやコンテスト用の作品の場合には、テーマが事前に示されることが多い。重要なのは作品のもつ躍動感、引きつける力、そしてサイズもまた、テーマと一致している点である。

芸術理論

チョコレート作品の場合と同様に、アメ細工でもコンポジションとプロポーションに関する知識は不可欠である。さらに、流しアメ、吹きアメ、引きアメで制作されるアメ細工では色が重要な要素となるため、色彩論を知っておくとよい。色彩論も独特であり、学ぶべきである。

色のコンポジション

色彩で雰囲気や感情を表現できる。数多くのテストで確認されているように、ほとんどの人は特定の色を見ると同じように反応する。このため、色はどのようにつくられ、見る人がどのように感じ、どのような影響があるかを知っておくことは重要である。

色相環

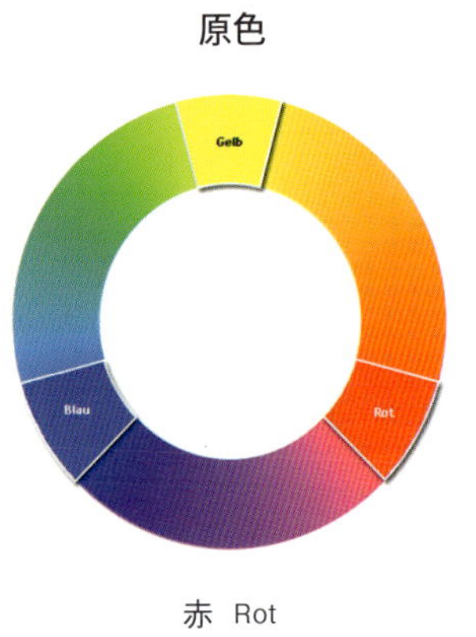

赤 Rot
黄 Gelb
青 Blau

原色を2色合わせる
ことでできる：
黄 ＋ 青 ＝ 緑 Grün
赤 ＋ 青 ＝ 紫 Violett
赤 ＋ 黄 ＝ オレンジ Orange

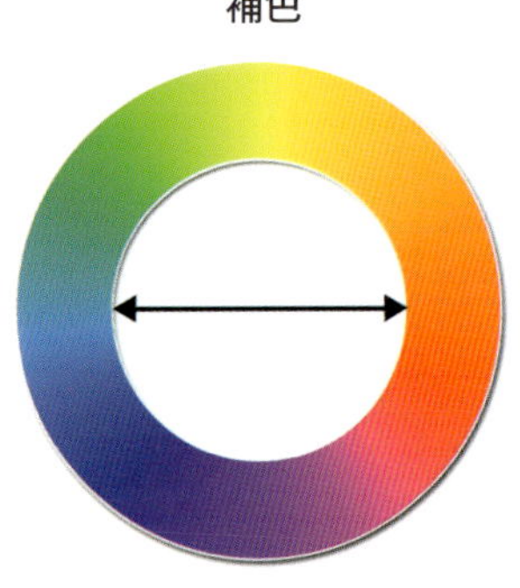

色相環の中で対角線上にある
互いにもっとも
コントラストが大きい色、
例：赤 ↔ 緑、
青 ↔ オレンジ、紫 ↔ 黄

色と見る人への効果

- 赤 ▶ 活動的、力強い、情熱的、刺激的、興奮させる、落ち着かない、アグレッシブ
- 黄 ▶ 活気づける、感じがいい、友好的、明朗、晴れた、楽観的
- オレンジ ▶ 建設的、活気のある、活気を与える、快活、陽気、元気づける、バランスがとれている
- 青 ▶ 鎮静、冷却、調和的、リラックス
- 緑 ▶ ナチュラル、鎮静、バランスがとれている、爽快、回復
- 茶 ▶ バランスがとれている、鎮静、居心地がいい
- 白 ▶ 厳粛、祝祭的、温和、時代を超越、落ち着かせる、無垢な
- 黒 ▶ 悲しみ、厳粛、威厳のある、不安、悲観的、絶望的

作品における色とその効果

暖色

寒色

**暖色 - **赤、黄、オレンジ
この色はシグナルカラーでもあり、作品中とくに目を引きたい所に使うとよい。

**寒色 - **青、紫、緑
寒色は作品中ではあまり目を引かない。他の色を引き立たせるために、背後で使うと効果的である。

**ニュートラル（無色）色 - **白、黒
白と黒は本来の意味で色ではない。ただし、他の色の効果に作用するため重要である。白は作品を視覚的に軽く、好ましく、明るくし、他の色をいっそう輝かせる。これとは対照的に黒は作品を重く、ときには少し陰気にする。黒は黄色など他の色と用いると、コントラストが強くなる。これによって他の色はいっそう濃く、強い印象になる。黒はとくに、いろいろなメタリック系の色粉と合わせて使うとよい。

補色
補色は互いに補い合い、赤と緑といった色のコンビネーションは作品に特別な緊張感をもたらす。

色使いを決める際には、色がテーマに合っているかが肝心である。たとえば、冬というテーマを、黄、オレンジや赤の色で表現することはできない。

スケッチから
アメ細工の作品が完成するまで

プランニング

基本的には、チョコレートの作品制作と立案の段階ではほとんど同じである。最初にスケッチを描き、実物大のサイズに拡大して、段ボールの模型を制作するという手順である。

アメ細工では色が重要な決め手となるため、スケッチには色を付けることをすすめる。これによって、色、形と訴える力の観点からパーフェクトな作品を考案できる。

とくに大きな作品の場合、ボール紙などで模型を制作することで、流しアメの型紙の寸法がわかり、また、模型から直接切り抜くこともできるので、有効な方法である。

通常、アメ細工の作品は数日かけて制作することが多い。パーツは事前につくっておき、乾燥した密閉式のプラスチックケースで保管し、できるだけ早く組み立てて作品を完成させる。

力学

構造はチョコレートの基準と同じである。基礎部分は安定してどっしりしていること。上部に行くにしたがい、パーツは軽く、繊細になっていく。

接着技術

正しい接着技術は周到な計画と同様に重要である。

引きアメのパーツを接着する

花びらや葉など、引きアメでつくった薄いパーツは別のアメを使って作品に接着する。この接着技術の方が、バーナーで作品や花びらを直接加熱して溶かしながら接着するよりもはるかに安全である。理由は、バーナーの高熱によって、作品やパーツにひびや亀裂が生じる危険があるため。

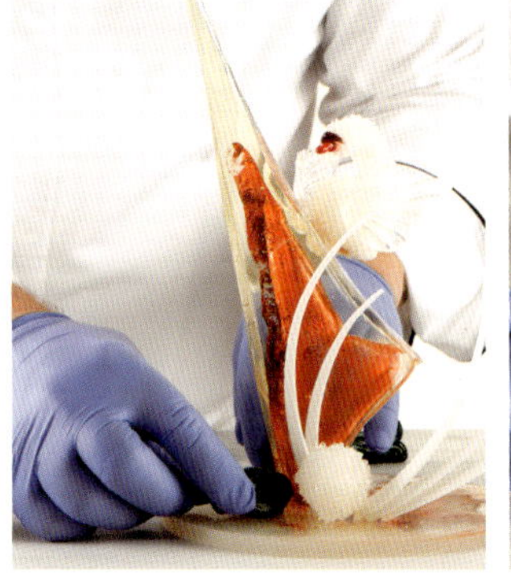

1　引きアメでつくったパーツを熱して、接着するポイントに貼り付ける。

2　バーナーでパーツを熱する。

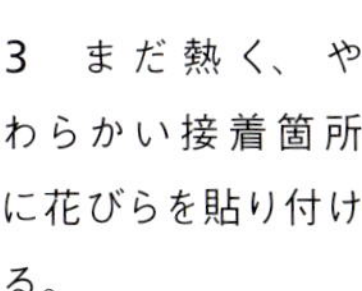

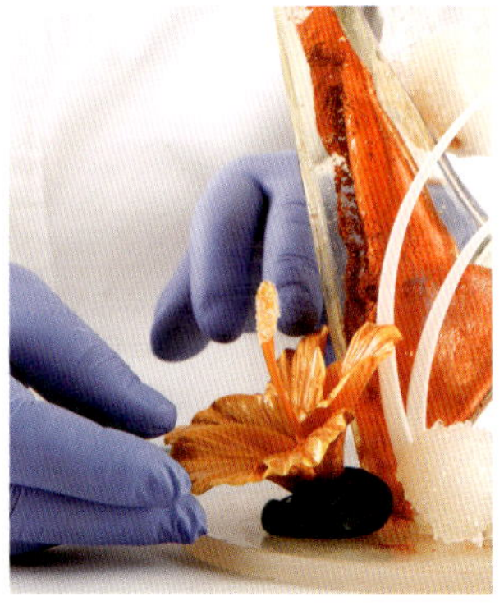

3　まだ熱く、やわらかい接着箇所に花びらを貼り付ける。

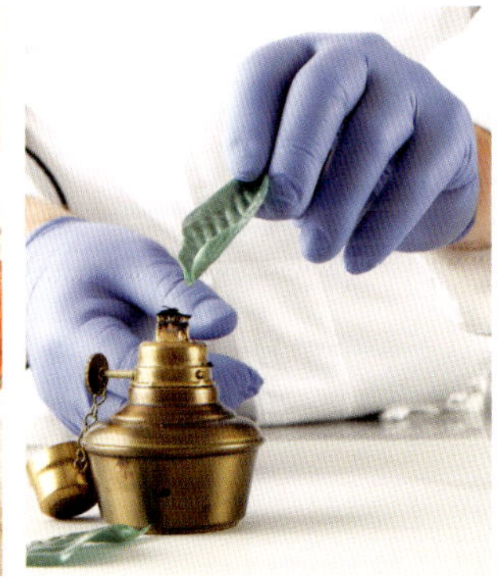

4　葉っぱを熱し、接着する。

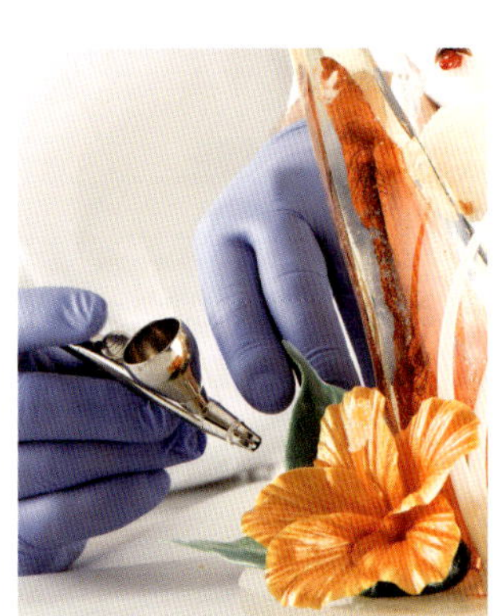

5　エアブラシのエアーを使って（色は使用しない）冷ます。

豆知識

小さく繊細なパーツは、冷却スプレーで簡単に固定できる。ソフトに正確に冷却するためにはエアブラシを使って、エアーを接着箇所に噴き付けること。

流しアメのパーツを接着する

流しアメのパーツを接着する際は、すでに固まりはじめた適温の状態で貼り付ける。長時間冷ました状態であってはならない。とくに大きなパーツは、温度の違いが張力を発生させ、パーツが砕ける危険がある。また、パラチニットからつくられたパーツは基本的にもろいため、煮詰めたアメよりも敏感に反応する。完全に冷めたパーツを無事接着するためには、温風でゆっくりと温めてから貼り付けなければならない。

保管と搬送

大げさな言い方ではあるが、保管方法は作品が生きるか・死ぬかにかかわる重大事である。砂糖は吸湿性があるために、湿度が高いとすぐにダメになってしまう。このため、アメでつくられた作品は完全に密閉式のガラスケース、もしくは大きなガラスの容器に保管しなければならない。この状態でしか、シルクのようなツヤを失わずに長期間保管できない。さらに、湿度から保護するために、シリカゲルなどの乾燥剤の使用をすすめる。アメ細工用のガラスケースの底は木製とプラスチックの二重底からできていて、そのすき間にシリカゲルを敷くことができる。

基本的には、夏は湿度が高いため、アメ細工の作品の制作はすすめないし、ほとんど不可能である。空調の効いた部屋で、除湿された状態で作業をする場合は別である。それ以外の状態では、アメは短時間でベタベタになり、特徴であるシルクのようなツヤを失う。

搬送する際には、チョコレート作品の場合と同様に、頑丈な板に接着する。パスティヤージュでできた台座はロイヤルアイシングで下の台としっかり接着する。小さなものを固定するには、水アメを使用することもできる。

もちろん、パスティヤージュでつくった小さなパーツを爪楊枝などで発泡スチロールに固定してもよい。引きアメでつくった作品の場合には、密閉式の箱に入れるためにプレートはあまり大きくしないこと。箱の中には湿気を吸収し、作品を乾いた状態にするためのシリカゲルを入れた小さな容器を置く。

非常に壊れやすい作品は段ボール、もしくは発泡スチロール製の搬送用の箱で運ぶ。箱の底はおよそ10cmのウッドウールパッキンを詰め、この上に作品が入ったショーケースをのせる。この後、箱全体にウッドウールパッキンを詰める。震動や衝撃の緩衝材となり、作品を保護する。非常に壊れやすいパーツは会場（現場）で接着することをすすめる。

TIPPS & TRICKS
AUS 20 JAHREN WETTBEWERBSERFAHRUNG

20年におよぶコンテスト参加経験によるヒント&コツ

長年国内外のコンテストに参加している経験から、
大会当日、そして参加のための準備を通して、
何よりも学びが大きいことを確信している。
この際、大会での勝ち負けは関係ない。

PHILOSOPHISCHE ÜBERLEGUNGEN

哲学的考察

菓子職人の同業者の中には、洋菓子・パティスリーのコンテストに対して非常に批判的な見方をする人がいる。時間の無駄だという意見や、あるいは現実とはかけ離れ、世間離れした戯れだという意見である。今まで大会に積極的に参加してこなかった人たちも、こういった意見に同調するだろう。

しかしながら、一度でも大会に挑戦したことがあれば、コンテストが仕事にとって、そして個人にとってもいかに充実感をもたらすかを知っている。日常のルーティンワークや安易なやり方では、おろそかにしがちなことに挑戦しようと自分を奮い立たせることになる。この中から、自分を鼓舞しなければ誕生しなかった製造方法や技術を発見することもある。大会では、できるだけ短時間に非常に要求の多いプログラムをクリアしなければならないため、集中して練習すると同時に、周到に計画を立て、そして革新的な技術が求められる。

どうしてコンテストは無駄ではないか

イメージづくり

多くの地方大会や全国規模の大会の他に、世界有数の国際大会につねに代表者を送り込んでいる、フランスや日本のようにコンテストが浸透している国が、長年、洋菓子業界をけん引している。こうした国では若手の職人が専門的な技術を高め、世界大会に参加するという夢に一歩でも近づくために、積極的にローカルな大会に参加し、切磋琢磨している。

オーストリアでは、コンテストに挑戦する３人のチームを編成すること自体がむずかしくなっているが、フランスや日本では、参加したいと思っている若手の菓子職人の長蛇の列ができている。これは、職業のプレステージと関係しているのかもしれない。たとえば、フランスではM.O.Fのタイトル（Meilleur Ouvrier de France 国家最優秀職人章）はもっとも優れた職人が授与されるものであり、エンジニアの肩書よりも名誉があるが、オーストリアでは、職人をしていると薄笑いを浮かべられる場合もある。職業に対する社会の見方はもちろん、外に向けてどのようにアピールしているかによっても変わる。

宣伝

コンテストへの参加は宣伝にもなる。直接、顧客のために菓子をつくる技術の高い職人に勝る宣伝はないだろう。高いお金を出して広告の専門家に依頼してもかなわない。店や企業の職人やチーフが大きなコンテストに参加し、しかも優勝した場合には、企業のイメージは大きくアップする。メディアはいいニュースに飢えている。テレビでも多くの料理番組があることからも明らかなように、食はトレンディなテーマである。当然、これをどのように生かすかにかかっているが。

外国とのコンタクト

個人的には、同じように情熱をもって仕事にとり組んでいる外国の仲間と知り合うことが大きな収穫になっている。野心的なプロフェッショナルにとって、同様の考えをもった人との活発な意見交換や経験の情報交換ほど、貴重な事が他にあるだろうか？　しかも、世界レベルで！大会に審査員として、あるいは参加者として加わることは、新しく人と知り合い、あるいは旧知の仲の人と親交を深める貴重な機会である。こういったつながりとそれに伴うプラスの影響が、結果の良し悪しに関わらず、大会から持ち帰るもっとも価値のあることである。

また、コンテストのもつスポーツの要素も忘れてはならない。芸術的・味覚的なコンテストにおいて最高レベルの同業者と競争することは、プラスの刺激であり、言葉では表現できないスリルがある。

VOR DER TEILNAHME

参加前

大会に挑戦しようと決心がついても、すぐに冷水に飛び込むべきではない。最初に、観覧者として大会を経験すべきである。コンテストとはどういうものかを体験するために、出場者の助手として参加するチャンスが訪れるかもしれない。

大会を前に練習をする際には、先輩や前にコンテストに参加した人から助言やアドバイスを受けることをすすめる。これにより、不要な失敗を防げる場合がある。最初の大会でよい結果が出せれば、他の大会にも出場したいと思うようになる。

参加条件と大会の流れ

規定

どのような大会でも、まずは規定に目を向けること。ガイドラインは、しっかりと手短に書かれている場合もあれば、何ページにも渡って書かれていることもある。

規定を正しく読みとるために大事なのは、禁止事項にいちばんに目を向けるのではなく、規定されていないすべての可能性を見極めること。たとえば、接着したパーツを持参するのが禁じられていても、複雑なものをひとつのパーツからつくれるように、事前に鋳型を用意できる場合もある。あるいは、手づくりの立体的な型が禁じられている場合には、カットする型紙を用意する方法でこの問題をかわすことができる。

それぞれの大会には、寸法や重量など守らなければならない規定がある。1mm大きかったり、数mg重かっただけで勝敗を分ける減点につながる。軽率なための減点はいちばん痛い。そのためにも規定はじっくりと読み、練習の際には、作品が規定に則しているかをつねにチェックすべきである。

また、とくに会場で制作するコンテストでは、時間のことも忘れてはならない。計画と練習の段階から、規定を守りながら、どこでいちばん時間が節約できるかを検討すべきである。

計画

規定を読んだ後は、テーマが決められているのか、あるいはテーマは自由かによって、次に行なうことが変わってくる。テーマが決まっていない場合には、誰もが喜び、自分が関わったことがあり、そしてクリエイティブな発想ができるテーマを選ぶ。この際、見る人にとってもわかりやすく、長い説明がなくても理解できる点も重要である。

テーマが決まったら、ケーキ、プラリネなどを制作するテーマにどのように反映させるか、できれば季節も念頭におきながら考えていく。たとえ季節が規定に含まれていなくても、個々の構成要素が互いに調和がとれて統一感があり、美的に配置されている方が、充分に考えられていると見なされ、評価が高いのが一般的である。

プログラムを組み立てる際の5つのステップ

- テーマに関連するアイデアを書き留める。
- スケッチを描き、図面を書き起こす。完成品は見たところどのようになるか？　作品の構成要素は調和がとれているか？
- 信頼できる同僚の意見を聞く。
- 頭の中にイメージしている作品を実際につくってみる。
- イメージ通りにするために、見た目、味にさらに手を加えていく。

プログラムに一本の赤い糸が通っているように、スタイルに統一感があるのはいつも好ましいことである。そのスタイルをリアルに表現するのか、あるいは抽象的に表現するのかは大会出場者自身が決めることである。リアルがいいのか、それとも抽象的な方が成功するかはどちらともいえないが、これらは私たちが普段から扱う食材であるという点を見失わないようにしたい。味覚はつねに主観的なものであり、作品の評価は予想がつかない。

つまり、スタイルと食べ物としての美しさが同居しているオリジナリティのある作品は、成功する可能性が極めて高いということである。

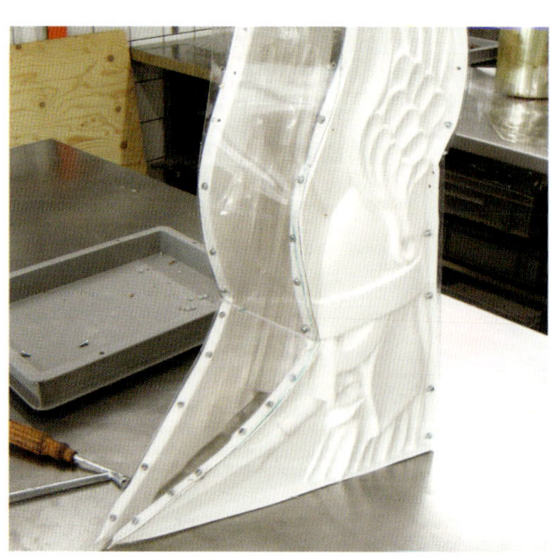

大会に向けた練習

プログラムが決まると、次は練習である。練習は大会の種類によって異なる。美食のコンテストは基本的に2つの種類に分かれる。料理、あるいは製菓の芸術品を展示するコンテストと、会場で実演するコンテストであり、この2つは準備の仕方が根本的に異なる。

規定に書かれた作品を事前に制作し、会場に持ち込むもので、実演して競うことはない。したがって、こうしたコンテストでは、時間は審査基準には含まれない。もちろん、作品を制作するために時間を費やすが、実際のコンテストでは、作品にどれだけの時間をかけたかは審査を左右しない。周到に準備した場合には、作品を仕上げるまでに何週間もかかることがある。とくに通常の業務に加え、空いた時間を使って制作する場合には長い時間かかるが、現実にはよくあることである。

こうしたイベントで重要なのは作品が頑丈につくられていることと、正しい方法で搬送することである。小さなピース、繊細なパーツは現場でとり付けることが多い。

食べられる作品は、それが試食されるのか、あるいはただ展示されるかにかかわらず、つくりたてでなければならない。ていねいに梱包し、保冷状態で、一般には大会開催日の前日の晩に会場に運び込む。

当然のことながら、作品が大会当日にパーフェクトな状態であるためには、事前に充分に計画を練り、何度も試してみる必要がある。ただし、会場で実演するコンテストに比べ、練習にかける時間は少なくてすむ。展示と実演と両方を組み合わせたコンテストで、あらかじめ決められた数のメニューを制限時間内につくらなければならない場合は別である。こういった2つの要素から構成されるコンテストは、大きな世界大会における国別選手権である場合が多い。実演する大会の場合には当然、チームで集中して練習する必要がある。作業の流れを最適にするためだけではなく、味覚的に統一感をもたらすためでもある。

こうした大会としては、ヨーロッパではドイツで開催される世界料理オリンピック（IKE）、ルクセンブルクのEXPOGAST（グルメエキスポ）と料理ワールドカップ（Culinary World Cup）、バーゼルのビックな料理ショーがある。名声あるコンテストとしては、シカゴ、シンガポール、そして香港の展示会、そして規模の小さい数々のイベントがある。多くの場合は料理の大会であるが、この中で製菓やデザート部門は重要な位置を占めている。ビジュアルな点でも注目される。

SWISS CULINARY JUNIOR NATIONAL TEAM

8

実演を行なう大会

こうした大会にはチーム、あるいは個人で出場する。参加者は決められたプログラムを決められた時間内に制作しなければならない。できるだけ手の込んだ作品を、制限時間ぎりぎりまで制作することが多いので、大きなチャレンジである。

プログラムをできる限り魅力的な内容にするために、はじめに入念な計画を立てる。そして、制作の流れがいちばんスムーズに進むために工夫を加え、それを調整するために、目標をもって練習する段階に入る。まず、それぞれの作品のパーツを設定時間内に制作し、これによって全体にかかる時間の見当をつける。この後、個々のパーツの制作をどのように組み合わせたら時間が節約できるかを考えながら、作業の手順を決めていく。たとえばクーベルチュールを使うすべてのパーツの制作を調整することで、テンパリングは1回ですむ工夫をする。

計画は紙に書きながら練ることが多いが、実際のコンテストの条件の中で制限時間内に制作することが重要である。間に充分な休憩を入れながら、3回通しで練習を行なうのが理想的である。

- 1回目の練習は、正しいタイミングをつかむために。
- 2回目の練習は作業の流れを決め、こまかい調整を行なうため。
- 3回目の練習は、プレッシャーに慣れるために公開にし、人が見ている前で行なう。

ゲネプロによって、大会当日に向けた安心感をもつことができるようになる。

世界大会の参加を考え、そのために充分な競争力をもつためには、相当な時間をかける必要がある。遅くとも大会の半年前から計画を立てるべきである。

これは通常業務以外の空いている時間に行なえる。ただし、集中して練習する時期に入ったら、大会に集中すべきだろう。つまり、通常の仕事の合間ではなく、1～2か月間は練習に集中するということである。大会への参加意義を理解し、短期的なものの見方をしない職場であるか、もしくは無給の休みをとるか、あるいは有給休暇を使うかを選択することになる。相当の理想主義者でなければならないが。

ここで示したアドバイスを心に留め、コンテストで運を自分に引き寄せることができれば、上位に入賞するか、あるいは優勝し、努力が報いられるだろう。

こうした世界大会にはフランス・リヨンの「クープ・デュ・モンド・ドゥ・ラ・パティスリー」、アメリカの「チーム・ペストリー・チャンピオンシップ」、そして「ワールド・チョコレート・マスターズ」がある。若手のためには、WorldSkills（国際技能競技大会）とUIBC（パン職人製菓職人国際連盟）ジュニア・ワールドカップが2年ごとに世界の各所で開催される。この他にも、私たちの職種のイメージアップにつながる大小さまざまなレベルの高い大会が世界中で開催されている。参加する人は皆、勝者である（参加することに意義がある！）。

DESSERTS FÜR
KOCHKUNSTAUSSTELLUNGEN

コンテスト用のデザート

冷やさないと鮮度が失われ、見た目も悪くなる皿盛りのデザート、プチ・フール、ケーキなどの制作およびプレゼンテーションには特別な課題がある。料理のイベントでは、これらの菓子も1日中、室温の中で見た目にもおいしそうな状態を保たなければならない。

作品の安定性と見た目

作品の鮮度をできるだけ保ちながら、レシピに忠実につくり、同時に安定性を改善するのが目標である。

ムースと生クリーム

室温だとすぐにやわらかくなってしまい、見た目が悪くなってしまうムースや生クリームは、基本レシピの固さに応じてゼラチンの量を2～3倍に増やす。見たところ自然な感じでゴムのようにならないために、ゼラチンの量は多すぎないように注意すること。

ババロア・クリームなど明るい色のクリームを、フルーツゼリーやとろみを付けたサワーチェリーやコケモモなど色の濃いフルーツと合わせる場合には、まずグラスの中にフルーツを入れ、その上にクリームをかける。これによって、フルーツの自然の色の付いた汁がクリームの中に浸み込み、変色するのを防ぐ。色が変わると減点対象になる。

作品が本物らしさを保つために、レシピにしたがってオリジナルの材料（コンポート、ヴァニラ、チョコレートなど）を使うべきである。たとえば、着色料と少量の生クリームとゼラチンでつくったストロベリークリームは、いくら本物のようであっても不自然に見える。

室温では短時間でクリームの表面に膜ができたり、表面が乾いてしまうため、以前はアスピックでコーティングをしていた。しかしながら、鮮度を表現するこの方法では製品の自然な感じが損なわれる。今日、ムースや型からはずすクリームは冷蔵したまま、密閉式のプラスチックケースに入れて運ぶことで、鮮度を保つことができる。

フルーツコーティング、フルーツソースとフルーツチャツネ

作品のツヤを完璧にするために、果肉にアスピック（ゼリー）と水アメを混ぜる。さらにツヤを高めるなら、表面に薄いゼリーの膜を塗るとよい。

皿にフルーツコーティングをほどこす場合には、フルーツネクターと少量のゼラチンを使う。このフルーツコーティングはツヤが失われることなく、つくるのも簡単である。フルーツネクターとゼラチンを混ぜ合わせ、温め、冷まし、固まる直前に皿に塗る。

カットフルーツにかける場合には、高価なゼラチンパウダーの使用をすすめる。メーカーの説明書にしたがい水に溶かして、比較的冷めた状態で扱う。フルーツをアレンジする際には、できるだけ指紋を残さないように注意すること。

プディングとスフレ

プディングとスフレは炊き上がった後につぶれないように、粉の割合を増やし、生地に強力粉を加える。

メレンゲ

メレンゲを安定させるためには、ゼラチンを加えて固めにするといい。

アイスクリーム

アイスは、実物のアイスクリームと間違えそうなほど本物そっくりのイミテーションをつくる。とくに、ヴァニラやヘーゼルナッツのクリームでアイスに色を付けるといっそう本物らしくなる。着色料で色付けすることも認められている。夏場のショーウインドウに飾るのにぴったりな、イミテーション・アイスクリームのレシピを紹介する。

イミテーション・アイスクリーム

材料
卵白　100g
グラニュー糖　480g
水アメ　260g
コーンスターチ　430g
粉糖　430g

- 卵白とグラニュー糖を泡立てて、水アメを加える。
- コーンスターチと粉糖を加えて、こねる。
- アイスクリームの種類に合わせて着色する。場合によっては添加物を加える。たとえば、ストロベリーは、できるだけ自然な感じに見えるように、乾燥したワイルドベリーの種を加える。
- アイスクリームディッシャーですくって球状にして、本物に見えるか確認する。表面は本物のアイスのようにフレッシュな感じであること。生地が固すぎる場合には、少し水を加える。やわらかすぎる場合には、粉糖とコーンスターチのミックスを少し加える。
- アイスクリームディッシャーですくって球状にする。
- 球は、サンデーや作品などに使用する前に2日間乾燥させる。
- しっかりと乾燥させ、ホコリがつかないように密閉式の容器で保管すれば、アイスのイミテーションは長期間保管することができる。

デザートの盛り付け

料理の展示会では、作品のプレゼンテーションが最優先される。きれいに盛り付け、全体が美しくおいしそうであることがもっとも重要である。デザートと視覚的・味覚的に調和がとれた繊細でていねいなデコレーションが求められるが、デザートよりも目立つことがあってはならない。決められた基準を満たしていれば、もちろん革新的な装飾が望ましい。

梱包と搬送

通常、展示するものすべて、ケーキ、デザート、一部の完成品などは料理のイベントや実演会場まで運ばなければならない。

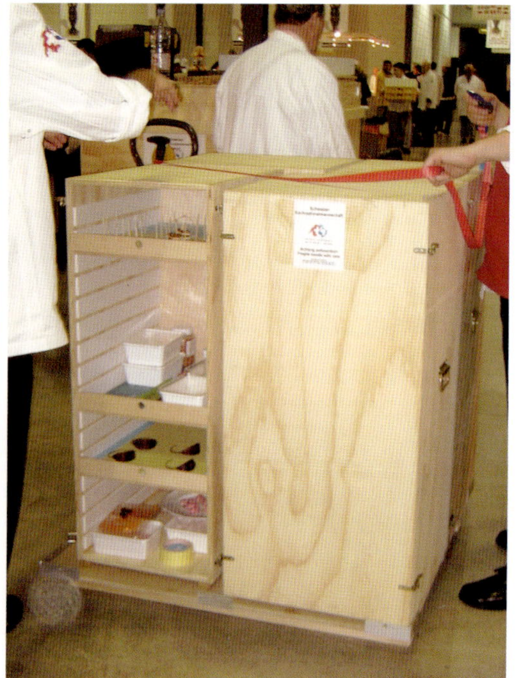

展示品

チョコレートやアメ細工の搬送については、すでに作品制作の章で詳しく書いている。

デコレーションケーキ

デコレーションケーキはケーキ箱に入れ、下がすべらないゴムなどのシートの上にのせで運ぶのがいちばんよい。長時間運搬する場合には、ケーキを発泡スチロールの箱に入れ、保冷剤も一緒に入れるのがよい。

デザート

ケーキと同じように発泡スチロールの箱に詰めて運ぶ。アイスクリームのデザートはクッキングペーパーを敷いた発泡スチロールの板にのせ、コーティングで固める。これによりデザートがペーパーの上に接着する。搬送する際には、ペーパーを待ち針で発泡スチロールの板に留める。

装飾用パーツ

小さく、繊細な飾り用パーツは爪楊枝や待ち針などで、発泡スチロールの板に固定して搬送する。チョコレートやパスティヤージュでつくった飾りはこの方法で搬送ボックスに入れて運ぶとよい。パスティヤージュや薄いビスケットなどが湿らないように、シリカゲルを置いた密閉式のボックスに入れ、プレートに固定したパーツを搬送する。

プラリネ

コーティングしたプラリネは、ベーキングペーパーの上におき、発泡スチロールの板にのせて運ぶ。接着用のクーベルチュールが結晶化することで下敷きからはがれるのを防ぐ。ペーパーは待ち針などで下敷きに固定する。

いろいろな形のプラリネは、下敷きにくっつかないように置く。型に入れたまま運び、会場で型からとり出すとよい。

プラリネに触れるときは、指紋が付かないように必ずコットン手袋を使用する。ラテックス手袋は素手でチョコレートに触れるときよりも、さらにはっきりと跡がついてしまうため、決して使用しないこと。

搬送時に破損した際の応急手当て

搬送する際に、何かが破損した場合には、できるだけ上手く即興で直さなければならない。このために、標準的な道具一式を常備していくことをすすめる。

- パレット、いろいろなサイズの刷毛、ハサミを含むナイフセットの小工具。
- チョコレートやアメを熱するため、パラチニットを溶かすためのドライヤー、ポイント付け用のバーナーとアルコールランプ。
- カカオバターのスプレー、メタリック系の色粉、場合によって冷却スプレー。
- ダークとホワイトのクーベルチュール、ミルククーベルチュール。
- アメを使っている場合にはパラチニット、およびロイヤルアイシング。
- 壊れやすいチョコレート、アメの予備パーツ。

作品の大部分を会場で組み立てる場合の必需品である、電子レンジとコンプレッサーも必要な道具に数える。

チョコレートのパーツを接着する

作品を支えるパーツが破損していない限り、また破損したパーツに複数の破損個所がない限り、小さな破損は正しく接着することにより、問題はとり除かれる。用心のために、壊れやすいパーツについては、予備のパーツを持参するべきである。

- とれてしまった小さなパーツは、テンパリングされていないクーベルチュールを温めて接着する。接着部分をきれいに保つために、接着時に横からはみ出した余分なクーベルチュールはすぐにふきとる。
- 折れて割れてしまったチョコレートのパーツは、ベーキングペーパーやプラスチックシートの上に平らにのせ、熱したクーベルチュールで接着する。接着部分が固まるように冷えた場所におき、その後、作品に接着する。
- 場合によっては、折れた所、あるいは接着箇所にカカオバターを噴き付け、指紋や接着跡を隠すために、メタリック系の色粉をかける。
- 小さな接着箇所は、刷毛かスポンジにチョコレートを噴き付けてそっと貼り着けることもできる。
- 直径の小さなノズル(口径7mm) を付けたエアブラシで噴き付けるのがいちばんよいが、そのためにはコンプレッサーが必要になる。

支えるパーツ、もしくは力学的に固定するのが難しいパーツに関しては、p.139のチョコレートの章で詳しく解説している。

アメ細工のパーツを接着する

アメ細工のパーツが折れた場合には、粉々になってしまうことが多い。このためチョコレートの場合よりもさらに、予備のパーツを充分に用意しておく必要がある。また、全体が破損するリスクはアメ細工の方がチョコレートよりも高い。このような事態になってしまった場合には、果たして破損した作品を展示するかどうかという問題になる。

細部だけが破損し、折れたところを別の要素でうまく隠すことができれば、もちろん修復してみるべきである。

- 引きアメ、吹きアメによるパーツは、溶かしたパラチニットで上手に接着できる。パラチニットは電子レンジやバーナーで液状にできる。
- パスティヤージュでできたパーツはアイシングで接着し、しっかりと押し付ける。接着部分がきれいになるように、はみ出したアイシングはふきとること。パラチニットは接着剤には適していない。すぐに吸着され、折れた部分にはっきりとした砂糖の層が見えてしまうためである。
- 流しアメのパーツでは、割れた部分を溶かして、押し付けて接着する。この際、オリジナルの形状が保たれるように注意すること。つなぎ目がなめらかな平面になるまで、バーナーで熱する。こうした部分をメタル系の色粉で隠すこともできる。もしくは、その上に新しくパーツを接着する。「禍を転じて福と為す」という諺のように。

STICHWORTVERZEICHNIS

キーワードインデクス

☆はレシピ掲載ページ

あ

か

さ

た

350

な

は

ま

や

ら

FILMVERZEICHNIS

動画Webアドレス

本書は、動画による解説が付属しています(計35本。ドイツ語のみ)。スマートフォンやタブレットでスキャンするためのQRコードは、それぞれの関連ページに記載されています。以下は、同一内容の動画のWebアドレスです。
※動画の公開期間や内容、および推奨環境などについては、トラウナー社が管理しています。

絞りの基礎と応用

p.39 絞り袋をつくる
http://www.trauner.at/redirect/süßekunst1

p.41 アイシングのバラ
http://www.trauner.at/redirect/süßekunst2

p.58 アイシングのドーム
http://www.trauner.at/redirect/süßekunst3

p.61 埋め込み技法
http://www.trauner.at/redirect/süßekunst4

p.62 絞り絵技法
http://www.trauner.at/redirect/süßekunst5

マジパン

p.76 マジパンフィギュア
http://www.trauner.at/redirect/süßekunst6

p.83 マジパンのフルーツに着色する
http://www.trauner.at/redirect/süßekunst7

p.101 マジパンのバラ
http://www.trauner.at/redirect/süßekunst8

p.107 マジパンのスイレン
http://www.trauner.at/redirect/süßekunst9

チョコレート

p.122 テンパリング - タブリール法
http://www.trauner.at/redirect/süßekunst10

p.123 テンパリング - フレーク法
http://www.trauner.at/redirect/süßekunst11

p.125 ゼラチンの模様をはめ込んだチョコレートの型どり(中が空洞)
http://www.trauner.at/redirect/süßekuns12

p.132 熱成形でつくる型 - 葉
http://www.trauner.at/redirect/süßekunst13

p.146 パーツを立てて接着する
http://www.trauner.at/redirect/süßekunst14

p.148 チョコレートの筒
http://www.trauner.at/redirect/süßekunst15

p.153 チョコレートのアーチ
http://www.trauner.at/redirect/süßekunst16

p.164 木目模様をつける
http://www.trauner.at/redirect/süßekunst17

p.173 ダリア
http://www.trauner.at/redirect/süßekunst18

p.183 空想上の花 - ロザリア
http://www.trauner.at/redirect/süßekunst19

p.185 チョコレートの小花をナイフでつくる
http://www.trauner.at/redirect/süßekunst20

p.194 カカオパウダーで描く
http://www.trauner.at/redirect/süßekunst21

p.201 プラスティックチョコレート
http://www.trauner.at/redirect/süßekunst22

アメ細工

p.212 基礎講座
http://www.trauner.at/redirect/süßekunst23

p.214 アメを煮詰める
http://www.trauner.at/redirect/süßekunst24

p.218 シルクのようなバラ
http://www.trauner.at/redirect/süßekunst25

p.221 菊
http://www.trauner.at/redirect/süßekunst26

p.229 シルクのようなリボン
http://www.trauner.at/redirect/süßekunst27

p.233 吹きアメ - ボール
http://www.trauner.at/redirect/süßekunst28

p.236 吹きアメ - 白鳥
http://www.trauner.at/redirect/süßekunst29

p.250 気泡入りのアメ
http://www.trauner.at/redirect/süßekunst30

p.252 糸状の細いアメ
http://www.trauner.at/redirect/süßekunst31

p.254 溶岩のようなアメ
http://www.trauner.at/redirect/süßekunst32

焼いてつくるデコレーション

p.287 シュー生地でつくる
http://www.trauner.at/redirect/süßekunst33

p.299 フルーツのチップス
http://www.trauner.at/redirect/süßekunst34

p.301 スポンジのようなビスキュイ
http://www.trauner.at/redirect/süßekunst35

日本版監修：柳 正司
銀座三笠会館、ピュイダムールを経て、フレンチレストラン「クレッセント」シェフパティシエ兼、専務取締役総料理長。98年「パティスリー　タダシヤナギ」を開業。2007年「クープ・デュ・モンド（ワールドカップ菓子選手権）」国際審査委員兼日本チーム団長として、日本チームを優勝に導く。その後、3回連続で日本チーム団長を務める。13年「ワールド チョコレート マスターズ」国際審査員。15年「現代の名工」に選出。

翻訳：本郷はつき（p.34-307担当）
ドイツ国家公認製菓マイスター（1998年）。約10年間、ドイツやルクセンブルクなどのさまざまな菓子店、レストランで修業を積む。帰国後、㈱ユーハイムを経て、2009年「ムッティスクーヘン」（東京世田谷）を独立開業。

翻訳：本間純子
（p.14、16-33、308-347担当）
ドイツ語通訳・翻訳家。
（専）日本菓子専門学校ドイツ語講師、NHK-BSワールドニュース通訳。
ドイツ語圏からのパン・菓子マイスター講習会の通訳のほか、オーストリア大使館関連の通訳も務める。

デコール 菓子の細工と装飾

マジパン、チョコレート、アメ、絞り、その他の技法

初版印刷　2019年2月15日
初版発行　2019年3月1日
著者　レオ・フォルストホーファー、エルンスト・リーンバッハー
発行者　丸山兼一
発行所　株式会社柴田書店
東京都文京区湯島3-26-9 イヤサカビル 〒113-8477
電話　営業部 03-5816-8282（注文・問合せ）
書籍編集部 03-5816-8260
URL　http://www.shibatashoten.co.jp
ISBN　978-4-388-06296-6

印刷・製本　シナノ書籍印刷株式会社

本書は2016年にオーストリアで初版刊行された
『Süße Kunst（ズューセ・クンスト）』を日本語に翻訳して刊行した書籍です。
写真や図版は原書と同じもので、
掲載情報は原書の内容を翻訳したものです。